感天动地
关汉卿传

乔忠延 著

作家出版社

中国历史文化名人传

组委会名单

主任：李　冰
委员：何建明　葛笑政

编委会名单

主任：何建明
委员：何西来　李炳银　张　陵　张水舟　黄宾堂

文史组专家成员（按姓氏笔划为序）

王春瑜　王家新　王曾瑜　孙　郁　刘彦君　李　浩　何西来
郑欣淼　陶文鹏　党圣元　袁行霈　郭启宏　黄留珠　董乃斌

文学组专家成员（按姓氏笔划为序）

王必胜　白　烨　田珍颖　刘　茵　张　陵　张水舟　李炳银
贺绍俊　黄宾堂　程步涛

出版说明

中华民族五千年文明史中，涌现了一大批杰出的文化巨匠，他们如璀璨的群星，闪耀着思想和智慧的光芒。系统和本正地记录他们的人生轨迹与文化成就，无疑是一件十分有必要的事。为此，中国作家协会于2012年初作出决定，用五年左右时间，集中文学界和文化界的精兵强将，创作出版《中国历史文化名人传》大型丛书。这是一项重大的国家文化出版工程，它对形象化地诠释和反映中华民族文化的基本精神，继承发扬传统文化的精髓，对公民的历史文化普及和建设社会主义文化强国都具有重要而深远的意义。

这项原创的纪实体文学工程，预计出版120部左右。编委会与各方专家反复会商，遴选出在中国文化发展史上产生过重大影响的120余位历史文化名人。在作者选择上，我们采取专家推荐、主动约请及社会选拔的方式，选择有文史功底、有创作实绩并有较大社会影响，能胜任繁重的实地采访、文献查阅及长篇创作任务，擅长传记文学创作的作家。创作的总体要求是，必须在尊重史实基础上进行文学艺术创作，力求生动传神，追求本质的真实，塑造出饱满的人物形象，具有引人入胜的故事性和可读性；反对戏说、颠覆和凭空捏造，严禁抄袭；作家对传主要有客观的价值判断和对人物精神概括与提升的独到心得，要有新颖的艺术表现形式；新传水平应当高于已有同一人物的传记作品。

为了保证丛书的高品质，我们聘请了学有专长、卓有成就的史学和文学专家，对书稿的文史真伪、价值取向、人物刻画和文学表现等方面总体把关，并建立了严格的论证机制，从传主的选择、作者的认定、写作大纲论证、书稿专项审定直至编辑、出版等，层层论证把关，力图使丛书经得起时间的检验，从而达到传承中华文明和弘扬杰出文化人物精神之目的。丛书的封面设计，以中国历史长河为概念，取层层历史文化积淀与源远流长的宏大意象，采用各个历史时期最具代表性的文化符号与雅致温润的色条进行表达，意蕴深厚，庄重大气。内文的版式设计也尽可能做到精致、别具美感。

中华民族文化博大精深，这百位文化名人就是杰出代表。他们的灿烂人生就是中华文明历史的缩影；他们的思想智慧、精神气脉深深融入我们民族的血液中，成为代代相袭的中华魂魄。在实现"中国梦"的历史进程中，必定成为我们再出发的精神动力。

感谢关心、支持我们工作的中央有关部门和各级领导及专家们，更要感谢作者们呕心沥血的创作。由于该丛书工程浩大，人数众多，时间绵延较长，疏漏在所难免，期待各界有识之士提出宝贵的建设性意见，我们会努力做得更好。

《中国历史文化名人传》丛书编委会

2013 年 11 月

关汉卿

目录

魂系苍生感天地

散场

序幕

大江东去，浪淘尽，千古风流人物。

苏东坡用惊涛拍岸的气势活画了人世沧桑，岁月烟云。不过，他那如椽的巨笔指向的仅是帝王将相，在他的眼中帝王将相才是风流人物。

倘若换一种眼光看历史，似乎就不尽然了。大江东去，大浪淘沙，千古风流人物洗尽铅华，更能见本真的光色。当然，这里的风流人物不再是帝王将相，而是文学大师、艺术泰斗。我这么思考，是因为我的目光锁定了关汉卿。

在历史的风云册上，翻遍里里外外都找不到关汉卿的名字。触目可及的帝王将相多如牛毛，横竖皆是，可是世人谁能忆起这些面孔？这些名字能够载入史册，是因为在世事的涡流里，曾经弄潮逐水，甚而回转波澜。不过，当世事成为历史，他们却只能躺在册卷里蒙染尘埃。

倒是关汉卿这样的文人墨客，活着被权贵主宰的世道挤对在主流以外，死后却越来越辉煌夺目。书写中国文学史，无论怎样也绕不开中国戏剧；书写中国戏剧，无论怎样也绕不开元代杂剧；书写元代杂剧，无论怎样也绕不开关汉卿。关汉卿和元代杂剧的兴起繁盛，和中国戏剧的发展成熟，生死相依，血肉相连。换言之，关汉卿用他生命的挣扎、灵魂的呐喊，撞响了文化的黄钟，奏出了戏曲的大吕，世人在那音韵里听到了石破天惊的尘寰绝唱。在关汉卿的绝唱声里，元代杂剧走向繁盛，中国戏剧走向成熟。

关汉卿在大江东去波澜壮阔的淘洗之中，更见风采，更见光芒！

自然，为这样一位屹立在文化苍穹的伟人作传，应该将目光紧紧盯住他的血脉基因、他的生命行迹。这没有错误，却远远不够，倘若关汉卿仅是某一时段、某一地域的文化名人，这样的关注或许绰绰有余。但是，对于关汉卿这位戏剧泰斗、文化巨擘，却难免深深陷入"不识庐山真面目，只缘身在此山中"的深壑。只有"会当凌绝顶"，才能"一览众山小"，才不至于盲人摸象，以偏概全。而且，这绝顶不只是中国戏剧的绝顶，还必须是历史的绝顶，以及在历史中并肩耸立的文化绝顶和文学绝顶。如此俯瞰观览就会发现，成就一位关汉卿中国历史颠簸了数千年，中国文化积淀了数千年，中国戏剧孕育了数千年。

一

纵目世界戏剧史的阔野，中国戏剧的发萌并不迟缓。若是与印度、古希腊的戏剧相比，我们不仅没有丝毫的落后，甚而还要比之更早。中华的戏剧快要万条垂下绿丝绦了，印度和古希腊还只是草色遥看近却无。可是，当人家早已万紫千红春满园，我们却连一枝出墙红杏也未见。步履蹒跚的中国戏剧似乎在耐心等待，等待一个时代的到来，等待一个人的降生，这个时代是元朝，这个人是关汉卿。

当然，这等待不是无所作为的空耗，而是为关汉卿那震撼尘世的绝唱积蓄应有的能量。穿透岁月的迷雾，我们听到了先民的歌声："日出而作，日入而息。凿井而饮，耕田而食。帝力于我何有哉！"这是古老的《击壤歌》。《击壤歌》和关汉卿的距离十分遥远，似乎毫无瓜葛，但是，那击壤游戏里包含的歌之舞之，却是戏剧不可或缺的因素。就在那个时候，虞舜要夔教化年少的孩童，夔"击石拊石，百兽率舞"。研究上古史的专家解析说，这是孩童们装扮成各种动物，随着石磬声款款起舞。款款起舞，还要装扮，显然朝戏剧的目标迈进了一步。若是打量后来成熟的戏剧，无疑装扮是戏剧关键的因素。假如以这样的速度成长，中国戏剧断然不会落后于印度，更不会落后于古希腊。

遗憾的是，戏剧却奇迹般地拐个弯，进入祭祀的场所。《书·伊训》疏有载："巫以歌舞事神，故歌舞为巫觋之风俗也。"每逢祭祀之际，巫觋就装扮成各种神鬼，手舞足蹈，在无意识的舞蹈中表演得像模像样。即使在《论语》中出现过的乡人傩，也在祭祀的圈圈里徘徊。乡人傩是每年腊月举行的驱除鬼怪仪式，表演者扮饰着傩，头戴凶神恶煞的面具，身披兽皮，手持戈矛，蹦蹦跳跳驱赶鬼神。戏剧专家视之为"傩戏"，只是这古老的傩戏没有走上舞台，现今还在河北、安徽、湖北那些偏远乡村的胡同里辗转。

回眸戏剧漫长的渐进过程，也有比傩戏令人欣喜的亮点，一个是装扮表演的具体化，一个是表演人物的多样化。探究这两个亮点，我们可以把目光聚焦在春秋战国时期的楚国。一是楚庄王身边的优孟，模仿公孙敖竟然能以假乱真，简直就是一出惟妙惟肖的宫廷活剧。另一个亮点潜藏在屈原的《离骚》里，《东皇太一》便如一场角色鲜活的小戏。可惜的是宫廷戏没能走向舞台，屈原笔下的人物表演只有少数专家学者能够窥视，中国戏剧还在狭小的圈子里打转转。

在中国戏剧史的链环上，不能缺少了百戏杂陈和歌舞小戏。但无论是百戏杂陈，还是歌舞小戏，抑或是圈圈在宫廷，抑或是拘禁在狭小的市井瓦棚。百戏杂陈在汉代才出现，《总会仙倡》那场景盛大的歌舞表演，《东海黄公》那情节简单的搏击武打，明显拓展了随兴发挥的表演，进入预先编排的程序。这"规定性的情景"，又是戏剧发展的一个里程碑。

光大和弘扬这百戏杂陈的"规定性的情景"，中国戏剧的成熟便会指日可待。然而，中国戏剧没有坐直达车，而是在朝代更迭中不断换乘车辆，似乎延缓时间就是在等待关汉卿的降生。因而，直到唐朝歌舞小戏才掀开她的红盖头，出现了《踏摇娘》和参军戏。尤其是参军戏，里面分开了角色，一个被嘲弄者参军，一个嘲弄者苍鹘，这被视为"行当"的最早雏形。

行当的绽露，趋近了戏剧的形态。似乎挺胸冲刺，抬脚跨越，就会迈进戏剧的家门。然而，时光又过去漫长的数百年，这个冲刺和跨越还未能实现，即使宋杂剧和金院本也不能如愿以偿。

活跃在勾栏瓦舍的宋杂剧，完成了两个固定。固定了戏剧的形态和角色。形态由艳段、正杂剧和杂扮组成。艳段，是招徕观众的开端；正杂剧或是以唱为主讲故事，或是以说为主来搞笑；杂扮，是结尾，是在笑声中结束演出的一种手段。角色被固定为五种：男主角末泥，亦称正末，或生；戏头引戏，多数还兼扮女主角，亦称装旦；来自参军的副净，还是被调笑的对象；来自苍鹘的副末，仍是调笑者；再一个角色就是扮演官员的装孤。前一个固定成为后来戏剧折子的基础，后一个固定则演变为"生、净、末、丑"四大行当角色。

站在当代回望，真为宋杂剧的这两个固定击节叫好。它已经贴近戏剧成熟的门扉，倘若有一个完整的故事情节贯穿始终，倘若有一套与故事情节相适应的曲调贯穿始终，就是戏剧划时代的开端。而且，我欣喜地看见，故事在宋杂剧中并不鲜见，顺应故事情节边说边唱的诸宫调也已出现。令人惋惜的是，故事却未能从始至终连贯起来，即使金院本也未能实现这种连贯。这副重担无疑落在了关汉卿和他所处的元朝的肩上，他们能挑得起吗？

何况，世事远不是这样简单，中国戏剧的成熟还需要历史机遇、传统裂变、文学元素，这诸多条件岁月会慷慨赐予吗？

二

千呼万唤始出来，犹抱琵琶半遮面。

扫描过中国戏剧成长的艰难历程，我立即想起白居易的这两句诗。戏剧在岁月的风尘里艰涩跋涉，好不容易接近了成熟的门槛，突然一个弯转，又绕开多远。是谁迫使中国戏剧辗转蛇行？

孔孟儒学。

说起孔孟儒学拉长中国戏剧成熟的进程，真有点不可思议。打开关汉卿的剧作，触目可见孔孟之道，传统礼仪诗文无时不在他的血脉里流淌。在《山神庙裴度还带》里，他借助裴度的口发言："孔孟之徒，岂有戏言！"既不戏言，要有何为？"正人伦，传道统，有尧之君大哉；理纲常，训典谟，是孔之贤圣哉。"是孔孟哺育了关汉卿，而关汉卿用自身的努力，和同仁一起成就了中国戏剧。如此看，何谈孔孟儒学延缓了中国戏剧的进程？

还真是这样。我们知道，中国戏剧的萌芽较之外国不仅不晚，还先生先发。那为何赤橙黄绿青蓝紫，各色花朵次第开，却迟迟不见枝头挂果？

用这样的目光逡巡，无论是外国还是中国，戏剧的萌芽几乎都是在原始歌舞的母腹中孕育，都是在祭神礼仪的氛围里滋生。我国的春秋战国时期，祭神的礼仪已如清泉喷涌，表演的清流已经潺潺出山。飞流直下，就可以与印度、与古希腊的戏剧并驾齐驱。偏偏印度和古希腊的戏剧"诗人早慧"，而我们的戏剧待到元代方能"大器晚成"。分野何在？

在于水同渠异。

公元前五六〇年，古希腊的雅典城里出现了戏剧。它近似于乡村祭祀活动，又与之有所不同。不同在加演了祭祀以外的内容，更能吸引观众的眼球。引进者是僭主庇西士特拉妥，他无疑成为古希腊戏剧的开渠人。顺着他开挖的水渠，戏剧水紧流急，澎湃于世。

　　此时，在中华大地也出现了一位开渠人，这就是被后世称为至圣先师的孔子。他没有将流水引进戏剧的渠道，却固定为规范的礼仪。主渠道内，祭祀表演的基因备受压抑，无法放展肢体，挺进戏剧。主渠道之外的细流，只能九曲十八弯于茫然而混沌的大地。

　　平心而论，孔子并没有扼杀戏剧的意思，是要匡正走偏的祭祀。那个年代祭祀已沦为权贵乡绅巧取豪夺的手法，司马迁写进《史记》的西门豹治邺，治理的就是地方劣绅以祭祀河神为名，搜刮民财，草菅人命的陋习。西门豹能治理了属下弹丸之地的陋习，却改变不了更大地域的社会弊端。这时候站出来的孔子，矢志向社会祭祀弊端挑战。核心是克己复礼，手法是抵制装神弄鬼，目标是恢复在他看来还算仁爱的周礼，行动是周游列国四处宣讲，主体成果是儒学思想从此诞生，而次生成果则是延缓了中国戏剧的进程。谁也不会想到，同古希腊的僭主庇西士特拉妥一样，孔子也是在兴修一条渠道。庇西士特拉妥的渠道将祭祀的表演因子引导进戏剧，孔子却将其扩散进广众的生活。前者是集中光大，后者是分化弥散。因而，当古希腊戏剧亮相人寰时，我们的戏剧因素却化为吉光羽片遍地闪烁。再要将这些夺目的碎片捡拾起来，粘连为一体，需要的竟是上千年漫长时间。更何况，捡拾与反捡拾的较劲从来也没有终止。

　　反捡拾这说法显然是站在戏剧立场上发言，真实的情形是儒学的传播推广。传播推广最为醒目的有两个时段，一个是西汉时期的"罢黜百家，独尊儒法"，使孔孟之道正式成为政治家打理国事的品牌手段；一个是宋朝理学的问世，将孔孟之道推向了"存天理、灭人欲"的险峰。这两个时段，都不同程度地扩散了孔子无意间分散开去的那些吉光羽片。假设没有西汉的"罢黜百家，独尊儒法"，或许百戏杂陈就会大成气候；假设没有理学出现，或许宋代杂剧就会成熟中国戏剧。可惜，世事从来没有假设，中国戏剧的似锦繁花只能在儒学纲常松懈涣散的时代才能爆开。随着这些繁花的爆开，关汉卿的剧作也才会光彩照人。

这未免有些纠结。在关汉卿身上我们看到的是满腹经纶,那经纶是典谟诰训,是孔孟儒学;在关汉卿剧本中我们看到的是满纸经纶,那经纶也是典谟诰训,是孔孟儒学。却怎么要成就戏剧倒需要王纲解纽,儒学崩溃?这不得不说几句戏剧。戏剧属于文化艺术的范畴,艺术创作最忌讳理念化、道统化、类型化。最钟爱的则是独抒性灵,颇有个性,带着一己体温和表情的作品。不要说禁锢在宋代理学中,即使局限于孔孟儒学里,也无法将精神遨游在浩渺天宇。

因而,中国戏剧只能继续在九曲十八弯的黄河里弯转,弯转着寻找一片适宜自我生长的沃土。

这片沃土终于找到了,一个马背上的民族入主中原,缔结出一个尚武轻儒的元代。戏剧荣盛的沃土找到了,按理说,生活在沃土上的关汉卿应该仰天大笑出门去,大展才华,亮响属于自我,也属于时代的歌喉。但是,事实远不是这样,反而是关汉卿既定的梦想和追求化为泡影,只能带着辛酸上路。

纠结的历史,同样纠结着关汉卿。

三

在世间诸多物事之中,文学艺术独具性情。其他物事的发育、生长有正因素即可,而文学艺术仅有正因素不够,还需要负因素。甚而,负因素的多寡决定着文学艺术的深度、价值和意义。作为文学艺术氏族当中一个部落的戏剧,当然无法跳出这个逻辑。以魅力独异屹立在文学艺术史上的元代戏剧是这般,以自身成就催化戏剧生长,并将之推向成熟的关汉卿也是这般。

元代戏剧的成熟是多方面的,以戏剧的尺度丈量,歌、舞、说、演无所不包;以角色的眼光审视,生、末、净、旦、丑无所不有;以矛盾冲突鉴别,情节引发的感情落差无所不在;以戏剧结构观赏,分折演进,外加楔子和散场的形式无所不整。当然，作为本书主人公的关汉卿对这些的统驭都是驾轻就熟。驾轻就熟的根本原因在于他的自身素养是多方面的，因而才能把需要诸多因素的戏剧玩得滴溜溜转。

不过，我在读元代剧本时的突出感受不是这些，而是其中蕴含的美学因素，或说撩人心魂的诗意。这才是元代戏剧能够进入文学艺术氏族，并且自成一家的关键所在。纵观关汉卿的剧作，无处不闪耀着诗意的光芒。他标榜社会的安宁，将素常的现实升华了："声名德化九重闻，良家夜夜不闭门；雨后有人耕绿野，月明无犬吠花村。"他揭示社会的动乱，将粗野的行径提纯为精神的质感："卷地狂风吹塞沙，映日疏林啼暮鸦。满满的捧流霞，相留得半霎，咫尺隔天涯。"他书写男女离别，将无形的悲情描画得历历在目："则明朝你索绮窗晓日闻鸡唱，我索立马西风数雁行"，"休想我为翠屏红烛流苏帐，撇了你这黄卷青灯映雪窗。"……不必再更多地列举，就这些也可以看出关汉卿的血脉里流淌着诗意的音符。《诗经》《楚辞》，唐诗、宋词，早已内化为他的神魂。他移步张口，都会散发诗情。这是关汉卿一枝独秀于元杂剧作家群的正面因素。对此，早有更多的人关注，我不再赘述。

我要多唠叨的是负面因素。强加于关汉卿身上的负面因素是多样的，最关键的一点是科举入仕。古代，科举考试是进入仕途，飞黄腾达的捷径。出身于关氏门第的关汉卿更是如此，他的血液基因更多的是指点江山，治国安民。因而，他对科举的愿望强烈过当时的任何人，至少强烈过元代的任何戏剧作家。他在剧作里一次又一次表达对科举的向往，塑造裴度，将之作为自己的精神寄托。"我胸次卷江淮，志已在青霄云外。叹穷途年少客，一时间命运乖！有一日显威风出浅埃，起云雷变气色。""我稳情取登坛、登坛为帅，我扫妖氛息平蛮貊，你看我立国安邦为相宰。"如何"登坛"？"登科甲便及第"，"金榜无名誓不回"。胜券在握的他，"稳情取禹门三级登鳌背，振天关平地一声雷。"这已把关汉卿的科举情结展示得一清二楚，他还嫌不够，还要再写一个《状元堂陈母教子》，强化科举考试。在该剧中，考中不再是他的目的，目的只有状元。陈母的三儿子中进士不行，中解元不行，只有中状元才能如愿。那陈母的愿望，何尝不是关汉卿的望眼欲穿的梦想？

科举入仕，平步青云，关汉卿有这样的愿望并不奇怪，并不罕见。古代有志向的文人，哪个不心存"学成文武艺，货于帝王家"的雄心？这雄心来源于早已成为传统的科举考试。如此上溯，似乎自科举初始的隋朝就已经通过关汉卿的先祖给他灌输这样的基因了。隋朝之前，朝廷实行的是九品中正制，大小官员都由门阀士族担任。出于巩固自家江山的考虑，隋文帝杨坚决计打破门阀统治。打破的愿望一经变为现实，也就是科举考试的初始。那时参加考试的学子，要由地方州县推荐，尚有明显缺陷。到了唐朝，逐步完善，参加考试的人不再由地方官吏选拔，或由学校推选，或由州县初考挑选。从此，科举考试如同大江东去滔滔奔流，像黄河、长江一般何曾断流？而且，随着朝代变更，更趋完备，更趋合理，日渐成为整个寰宇最为先进、最为固定的选贤任能制度。这制度，即使马背上民族入主中原建立的金国也不曾间断。数百年连绵延续的科举，成为无数少年才俊的雄心志向，追逐目标。关汉卿想要通过科举"一举成名天下知"自在情理之中。曾经风华正茂的他，梦想鱼跃龙门，青云直上，也属常情，绝不是什么非分之想。

然而，曾经多彩的梦想顷刻沦为梦幻，迷茫得再难真实。蒙古大军铁蹄嗒嗒，铺天盖地。金国原野生灵涂炭，改天换地。我之所以用"改天换地"，不用"改朝换代"，是因为"改朝换代"无法涵盖这次朝代变易的实质。同建立金国一样，元朝的诞生也是战马铁蹄横扫的成果。大而言之，这与无数次朝代更替大同小异，都是强势取代弱势，或说是一场野蛮实力的角逐。谁更野蛮，谁更具兽性，谁就会成为主宰者。这有些过头，有些武断，也有凭智慧巧取政权的。不过，那智慧必须洗心革面，沦成狡诈，否则，想统辖天下只能是痴人说梦。但是，不论是靠野蛮夺得天下，还是凭狡诈巧取政权，只要登上龙庭，就必须立即改头换面，举起仁爱的旗号稳定人心，护佑社稷。这逻辑早成为一个磨道，哪一任皇帝都会蒙住国人的眼睛驱赶他们转圈。遮眼布多色多样，科举也算是一块。可惜，元朝就是元朝，愣是不用这块遮眼布，只用皮鞭驱使苟活的人推磨。天地沦为罕见的混沌、罕见的黑暗，真正是改天换地啊！

科举化为泡影，入仕化为泡影，青云直上化为泡影，出人头地化为泡影！久有凌云之志，翱翔于诗书天宇，一心要蟾宫折桂的关汉卿，猛然坠落于黑暗凄凉的深渊。这落差实在太大，大得用天壤之别说明，绝无一丝一毫的夸饰。

此时，关汉卿勃发的生命亟待突围，恶劣的处境亟待改变。关汉卿向何处去？关汉卿需要奋斗，或说需要挣扎。但是，再奋斗，再挣扎，也不会科举入仕，也不会一举成名。他犹如凤迷大海，龙锁荒山，迷蒙一团。迷蒙中忽现一丝光亮，循着那光亮走去，一路疲惫走来的戏剧竟然在灯火阑珊处。

关汉卿不走向戏剧行吗？

四

关汉卿走向了戏剧，而且疾步奔向戏剧。

关汉卿不走向戏剧还罢，一进入元杂剧就惊涛拍岸，浪花卷起千堆雪，成为文学艺术史上壮观醉人的风景。

这风景里固然不乏关汉卿的挣扎、搏击，但是切莫忘记外在的背景。稍稍回首就会发现，中国戏剧在九曲十八弯的河道里匍匐蛇行，渐趋完善，就待一个宽阔的领地，舒展身躯，奉献成果；中国戏剧等待的那个领地已在眼前，元朝统治者打破了孔孟儒学的囹圄，往昔不登大雅之堂的倡优歌伎可以"自由泛滥"，无忌于尘世；中国戏剧需要的文学羽翼也已丰满，诗意弥漫在大小卷帙，萦绕在才俊胸怀；中国戏剧的收获者早已造就，他们满腹诗文，他们身陷深壑，他们满腔愤情，不登上舞台去何处释放憋屈在身魂里的怨愤！

关汉卿不登台则罢，一登台就站在领异标新的潮头。

古往今来，读破青史的圣哲无不感叹：时势造英雄。时势造武雄，时势也造文雄。关汉卿拼却性命也无法改变时势，时势却会轻而易举改变关汉卿。时势让关汉卿心酸，让关汉卿痛苦，关汉卿在戏剧里释放心酸，释放痛苦。戏剧便与关汉卿结下了不解之缘。关汉卿因戏重生，从戏而终，谁要动摇他的信念绝不可能。他狂狷放言《不伏老》：

〔一枝花〕攀出墙朵朵花，折临路枝枝柳。花攀红蕊嫩，柳折翠条柔，浪子风流。凭着我折柳攀花手，直煞得花残柳败休。半生来折柳攀花，一世里眠花卧柳。

〔梁州〕我是个普天下郎君领袖，盖世界浪子班头。愿朱颜不改常依旧，花中消遣，酒内忘忧。分茶攧竹，打马藏阄，通五音六律滑熟：甚闲愁到我心头？伴的是银筝女银台前理银筝笑倚银屏，伴的是玉天仙携玉手并玉肩同登玉楼，伴的是金钗客歌金缕捧金樽满泛金瓯。你道我老也，暂休。占排场风月功名首，更玲珑又剔透。我是个锦阵花营都帅头，曾玩府游州。

〔隔尾〕子弟每是个茅草冈、沙土窝初生的兔羔儿乍向围场上走，我是个经笼罩、受索网苍翎毛老野鸡蹅踏的阵马儿熟。经了些窝弓冷箭铁枪头，不曾落人后。恰不道人到中年万事休，我怎肯虚度了春秋。

〔黄钟尾〕我是个蒸不烂、煮不熟、捶不扁、炒不爆、响当当一粒铜豌豆，恁子弟每谁教你钻入他锄不断、斫不下、解不开、顿不脱、慢腾腾千层锦套头。我玩的是梁园月，饮的是东京酒，赏的是洛阳花，攀的是章台柳。我也会围棋、会蹴踘、会打围、会插科、会歌舞、会吹弹、会咽作、会吟诗、会双陆。你便是落了我牙、歪了我嘴、瘸了我腿、折了我手，天赐与我这几般儿歹症候，尚兀自不肯休！

〔尾声〕则除是阎王亲自唤，神鬼自来勾，三魂归地府，七魄丧冥幽，天哪，那期间才不向烟花路儿上走！

关汉卿早已和梨园烟花，和戏剧演艺，生死相依，难舍难离。

一个素有凌云志、志在蟾宫折桂的学子，如何自甘堕落，堕落进烟花倡优之列，还是那样自信，自信到不可自拔的地步？

一个沉沦在烟花梨园之中的浪子，为何又会成为戏剧泰斗，一代宗师，大红大紫，光彩得让那些跻身蟾宫的王侯将相都矮之三分，自愧弗如？

就让我们拉开大幕，进入关汉卿演绎的人生大剧。

铁蹄踏碎科举梦

楔子

帷幕拉开，出现在世人面前的应该是一幅温馨的画面。那时候，蒙古军的萧萧战马还没有起程，中原大地天蓝水碧，草绿花红。田野里点缀着农人躬耕的身影，或种瓜，或点豆，忙忙碌碌。幼年的关汉卿不必去农田忙碌，却也忙个不闲。坐在书案前捧读圣贤典籍，读得专心致志，那情景大有不知春去几多时的意味。

原以为顺着这个思路，就可以将关汉卿的传记一气连贯下去，可是，问题出现了，我们将关汉卿读书的案几往哪儿摆放呢？摆在他的家乡不就妥了。在其他人该是这样，然而，对关汉卿不行，他的家乡在何处，是一个历时很久的谜，而且至今仍然是个谜。

为破解这个谜，无数学人花费了无数心思，无数笔墨。在他们的墨色里驰目纵览，有三个地方进入我的视野。首先映入眼帘的是元大都燕京①，即今日的北京。继而，祁州②伍仁村跃现在我的眼前，即今河北省安国市伍仁村。一个人有两个故乡，就够人辨析了，可关汉卿的故乡又出现了第三处：解州③，即今山西省运城市解州镇。这真有些乱花渐欲迷人眼，令人犹豫到底该往何处安放那张案几。

犹豫间只好捧读关汉卿的剧作，读着，读着，耳边萦绕起两个字：乡音。随着乡音入耳的还有唐朝诗人贺知章的诗句：乡音未改鬓毛衰。少小离家老大回的诗人，在外闯荡了大半辈子，晚年回到生养自己的故乡，青春不再，壮硕不再，老迈之躯早在世事沧桑里淹没了风华正茂的书生意气。一切都已改变，唯一没能改变的童年印记就是乡音。此刻，乡音里的认同感化为一把钥匙，手持这把金光灿灿的钥匙，就能叩开关汉卿故里的大门，乡关何处的谜底也就昭昭在目。

我们且注目《王闰香夜月四春园》里面的两个用语。头折有这样的句子："我无钱，将是么来娶你？"看得出"是么"的意思是什么。这样的句子在道白里面接连出现，第四折更为频繁。"兀那老的，为是么叫冤屈？""我唤出女孩儿闰香，看她说是么。""父亲唤我做是么？"一连串的什么，都用成"是么"。若问关汉卿为什么要这样用？不为什么，乡音就是这样，随口而出，随手而写。

再看一个"与"字。《王闰香夜月四春园》第二折写道："与我拿将过来"、"父亲，你与我救了者"。到了第四折更是连连出现："着我与你依旧配合成婚"、"我与父亲说去"、"将桂英依旧与我为妻"、"将老夫奉

① 关汉卿故乡元大都说依据有二，一个是元人钟嗣成编纂的《录鬼簿·卷上》（据曹氏《栋亭藏书十二种》刊本）记载，关汉卿"大都人，太医院尹，号已斋叟。"另一个是元人熊自得所著的《析津志·名宦传》记载："关一斋，字汉卿，燕人。生而倜傥，博学能文，滑稽多智，蕴藉风流，为一时之冠。"
② 清乾隆二十一年（1756）王楷、张万铨等修纂的《祁州志》卷八有关汉卿故里的条目："汉卿，元时祁之伍仁村人也。高才博学而艰于遇，因取《会真记》作《西厢》以寄愤，脱稿未完而死。棺中每作哭涕之声。此言虽云无稽，然伍仁村旁有高基一所，相传为汉卿故宅。至今竖子庸夫犹能道其遗事。"
③ 朱右所撰的《元史补遗》记载："关汉卿，解州人，工乐府，著北曲六十本。"朱右，元末明初人士，曾任翰林院编修。

钱与李员外做个庆喜的宴席"。无疑，"与"就是给的意思。若问关汉卿为什么要这样用？不为什么，乡音就是这样，随口而出，随手而写。

这样的发音，不只是元代，即使今日的解州也人人如此。身体说成"身起"，疯癫说成"风欠"，冰凌说成"冬凌"，拉话说成"攀说"，等待说成"听候"，逗趣说成"迤逗"，讨吃说成"抄化"，玷污说成"展污"，如此多不胜举。

循着关汉卿剧本里的乡音追寻，我们会走进今日运城市解州镇，不妨就将他的书案摆放在这里，倾听他诵读经典的声音，探究他科举梦想的产生，再看那铁蹄承载的暴力又是如何踏碎他那科举梦的……

第一折

东原乐

南风之薰兮，
可以解吾民之愠兮。
南风之时兮，
可以阜吾民之财兮。[①]

浩浩天宇，茫茫大地，隐匿着人们说不清道不明的秘密。自然的奥秘就够人类破解的了，可是，虞舜的歌声又为人世留下新的秘密。

那一天，天气肯定格外的晴朗。虞舜的心情肯定和这天气一样，晴朗得万里无云，碧蓝如洗。而且，肯定有风，是微风，还是春天里的微风。微风从南面轻轻吹来，吹来了曾经染绿江南岸的温润，这温润拂

---

① 选自《古诗源》之《南风歌》。

在颜脸，轻柔可心。就在这可心的温润里，虞舜走来了，看见了忙碌在盐池里的身影。他们或背，或担，或抬，把白花花的池盐运走，运回各自的部族。看着这情景，他乐从心生，放开喉咙，一曲《南风歌》便回荡在四野。也许，他的歌声只是给劳作的人们助兴，也许歌唱着他已走进盐池，融入那些辛忙的身影。但是，他不会想到，数千年后这歌声仍然在荡漾，荡漾进《史记·乐书》，并由此继续往后荡漾。再过上千年，还会荡漾在一个人的面前，这个人就是关汉卿。

关汉卿就出生在虞舜吟唱《南风歌》的盐池边上，那地方自古至今或为州，或为县，或为镇，但都一个"解"字相称。这个"解"字，自古至今没人读解（皆），均以"害"相称。初识这"解"字时，关汉卿还忽闪着童真的大眼睛，而要读懂内在的蕴含，则需要沧桑阅历。关汉卿提出问题时，应是金代，这地方属于河东南路辖域，名称解州。为什么家乡这解不叫"皆"，而叫"害"？他这问题若是一般的邻舍长者还真难回答，好在他的父亲是位满腹学识的官吏，尚能圆满作答。关汉卿的父亲是什么官吏？可能是品级过低，史书上没有留下他的名字，甚而连一点点蛛丝马迹也难找到。能够捕捉到的信息是从民间传说里得来的，说他叫关恬。这个名字真实与否无法考证，能够知道的仅是还算文雅，与他书香门第的出身，与他衙门官吏的身份不无相称。

父亲的回答将关汉卿带到村庄的北面，带到浩渺的盐池。若是用今天的目光俯瞰，敢不敢用浩渺还需要打个问号。但那个时候，在幼小的关汉卿眼睛里，确实是一片浩渺的湖泊。湖泊阔大无际，碧蓝的湖水从村边延展开去，不见边沿，和远处的蓝天弥合在一起。湖边上银装素裹，白茫茫的雪花层层叠叠，高高低低。高的如雪山，低的像雪丘，环绕着碧波荡漾的湖水，活画出一派千里冰封的寒冬景象。然而，不只寒冬如此，即使烈日炎炎的盛夏酷伏，这里也是银雪环湖的隆冬风光。那雪山，那雪丘，不是雪，而是盐，是湖水生成的盐。不知从何时起，就有了这浩浩渺渺的湖水，就有了这能够垒起千堆雪的盐池。

也许这盐池早早就把美丽和奇妙的感受播种在关汉卿的心域。早晨红日东升，湖水飞霞流红，壮观得如同天色一般。日上头顶，湖水变清，将整个蓝天装进自己的胸怀，就连洁白的云絮也在水中漂游。多么美丽的画卷啊！这画卷不光美丽，还很奇妙。奇妙得令人百思不得其解。村南有条小河，清澈见底的流水潺潺淙淙，昼夜不停。那水丝毫不咸，撩一掬入口淡中带甜。盐湖的水却不是这样，一沾嘴唇就咸，进入口中咸得发涩。同样是水，村南的河水与村北的湖水为何差别这么大？对于现代人来说，可以用科学的方法来解释这差别，在当时即使比关汉卿年长的父亲也无法说清其中的奥秘。因而，那风景也就牢牢美丽而奇妙在他的心里。

关汉卿万万想不到这美丽奇妙的画卷，会蕴藏着一个惊心动魄的故事。这惊心动魄的故事，潜在着历史文明进程中混沌迷茫的逻辑。那混沌迷茫的逻辑，需要他用生命的行迹去理解，而那惊心动魄的故事当时就鼓荡着他的心旌。那是一场战争，一场屡屡嵌进史书典籍的战争。

《史记·五帝本纪》记载："蚩尤作乱，不用帝命，于是黄帝乃征师诸侯，与蚩尤战于涿鹿之野，遂禽杀蚩尤。"

《山海经·大荒北经》中亦记载："蚩尤作兵，伐黄帝，黄帝乃令应龙攻之冀州之野。应龙畜水。蚩尤请风伯、雨师从，大风雨。黄帝乃下天女曰魃，以止雨，雨止，遂杀蚩尤。"

《战国策》苏秦劝导秦惠王，曾说："黄帝伐涿鹿而禽蚩尤。"

黄帝和蚩尤这场大战，载入的典籍确实不少。要么是"蚩尤作乱"，要么是"蚩尤作兵"，好像挑起事端的就是蚩尤。因而，那结果无论是"禽蚩尤"，还是"遂禽杀蚩尤"，都通情达理，合乎道义。不过，父亲讲给关汉卿的故事不是如此，却是另一种情节。这个情节足以说明，"解"字为什么读"害"。

这个情节的起因就是那风光如画的盐池。

盐池本由蚩尤掌管，他的部族生活在浩渺的盐湖南边，至今那里还有一个名叫蚩尤的村庄。据说，蚩尤部族的人们祖祖辈辈都居住这里。

最早开始吃盐，让食物生发滋味的就是他们。后来，这滋味成为世人的喜好，他们就用这池盐换回许多吃食和穿戴。部族的人们不必耕种，不必打猎，衣食丰裕，过着比其他部族要好的日子。用后人的话说，盐池是他们的聚宝盆。守着聚宝盆的人们，过着悠闲而富足的光景。他们做梦也不会想到，这聚宝盆既能带来好处，也能带来祸害。

有一日，悠闲的人们紧张起来，手持棍棒冲了上去，和外族人厮打在一起。那是因为外族人不愿再拿东西交换池盐，公然前来抢夺。抢夺盐池的人是黄帝部落的。蚩尤部族的人哪能拱手让出自家的聚宝盆？一场不可避免的流血厮杀就这样爆发了。蚩尤部族的人气疯了，疯狂的人们将长长的头发绾在头顶，绾成犄角，挥舞着石耜、木杈扑向侵犯的人群。前面的倒下了，后面的冲上去，血肉迸溅的惨叫成为激励他们的号角。一族人把血肉之躯筑成了盐池的围墙，不用说失败的是对手。

后世子孙神化了这场战事，《汉学堂丛书》说"蚩尤有兄弟七十二人，铜头铁额，食沙石，制五兵之器，变化云雾。"看来蚩尤的人不多，《龙鱼河图》扩大了人数，蚩尤也不过"有兄弟八十一人，并兽身人语，铜头铁额，食石子，造立兵杖刀戟大弩，威震天下。"不过，都说他们有兵器，食沙石。食沙石，可能是吃颗粒形状的盐，吃上盐就倍有精神。至于兵器，那有些想象的成分。人这样少，看来蚩尤部族获胜很不容易。古往今来，以少胜多都需要有奇招，出奇兵。果然，当黄帝部族的人们再铺天盖地涌来时，蚩尤将人们带进森林躲藏起来，让他们欲战无对手，欲退怕挨打。而且，大旗一挥竟然漫天迷雾，黄帝部族的人们深陷重围，三天三夜无法出去。要不是风后的出现，蚩尤就会大获全胜。风后造出指南车，辨明方位，指引黄帝部众突出重围。这一来黄帝不敢轻易冒犯，再来时带着熊罴貔貅诸多猛兽，这才取得胜利。蚩尤部族被打败了，头领蚩尤被残忍地肢解。书上将解州解释为肢解蚩尤的地方，而当地人们却认为这是蚩尤被残酷杀害的地方，一直叫作"害"州。迄今为止，"害"州仍然鲜活在人们的口舌里。

反观那段往事，史书总把蚩尤作为反面人物，说他"作乱""作兵"，却很少探究他"作乱""作兵"的原因。这就是历史，胜利者把自己打扮成正义的化身屡见不鲜。年幼的关汉卿不可能深刻理解这块土地的厚重文化含量，但是，这流荡在血脉里的基因迟早会成为他深思社会时局的热能。

尧民歌

同样，幼小的关汉卿听到乡邻随口吟唱虞舜的《南风歌》，他不会理解那歌声里蕴含的盛世景象。但是，那歌声携带的温馨欢悦却会不知不觉潜隐进他的血脉。

《南风歌》不仅乡邻们人人会唱，而且，几乎人人都能说出其中颂唱的美好时光。那段太平盛世被后人誉为"尧天舜日"。尧天舜日的胜景就出现在解州周边的土地。自黄帝之后，解州多数时日隶属于平阳。平阳是尧都，贤明的尧王在这里观天测时，探知上天的奥秘，传导给世人，这就是《尚书·尧典》记载的"敬授人时"。敬授人时，把炎帝神农氏开启的农耕推进到一个新的里程，结束了广种薄收、有种无收的日子，让人们过上衣食丰裕的光景。大旱之年，河枯水干，人们焦渴得要命，危急关头，帝尧开挖出水井，解救了苍生。就是这水井的广泛应用，开启出一个新的纪元。这个纪元的特点是城市面世了！没有水井前，人们只能沿河居住。沿河居住时刻要有逃避洪水淹没的准备，不可能搭建高大的屋舍，也就难有城市的诞生。这当然是后话，当时的真实状况是，水井将人们带上高地群居，形成了一定规模的聚落。进而，演进出如今的乡村、城市。可以这么说，敬授人时和推广水井，给了众生安居乐业的环境。更何况尧王还努力推行垂拱而治，让仁爱礼让的民风熏染四海。因而，那首《击壤歌》才会唱响民间。"日出而作，日入而息；耕田而食，凿井而饮"就是安居乐业的真实写照。这样写似乎离关汉卿太远，可是一旦读过他的剧本，那里喷散出的尧舜文化气息，不容你不顺着这样的思路写下去。

尧王让位于虞舜，舜的都城设在蒲坂。蒲坂与解州一箭之地，是不是为了便于盐池管理不得而知，只是他面对盐池纵情吟咏的《南风歌》，这里的老老少少都会诵唱。虞舜承续了尧王的位置，也承续了他的事业和德行。虞舜是以孝道闻名天下的，中国传统二十四孝的第一孝就是他的事迹。他的母亲去世早，父亲瞽叟眼睛看不见，他们的日子过得很苦，父亲续弦后日子才有所改善。可是，自从有了弟弟象，继母暴打他成为家常便饭。他却无怨无恨，一如往日那样善待父母。后来，父母竟然把他赶出家门，这自然是要弟弟独得家产。虞舜来到历山垦田耕种，自己的日子过得不错，还带活了一方土地。他发明的田垄，解决了地邻间因为田土多少引发的纠纷争端。尧王访贤时看到这些，还看到他耕田和别人不一样，别人扬起的鞭子落下，打在牛身上。而他不打牛，却敲打犁上挂着的簸箕。问及因由，他说牛耕地十分辛苦舍不得打它们。还说一鞭子下去不可能打在两头牛身上，挨打的牛走得快，不挨打的走得慢，两头牛用力不均，土地就耕不平。虞舜如此仁爱、聪明，尧王高兴地将他带回王宫代为摄政，后来让位于他。虞舜不负尧王的厚望，光大他的勋业，也才会享有尧天舜日的美誉。他们也才双双被列为五帝之中，称为帝尧、帝舜。

这是更靠后的说法，当下虞舜继续垂拱而治，教化万民，还任命夔担当乐官，教育后生孩童，使他们正直温和，宽厚恭谨，刚强而不暴虐，简约而不傲慢。如何达到这样高的层面？虞舜指出的办法是音乐感化。夔领悟了，高兴地回答：好吧！我轻重有致地击打石磬，使各种动物随着音乐翩翩舞蹈。夔的回答虽然简练，却把中国遥远的歌舞推上一个台阶。

无数研究那个时期的专家学者，望穿双眼也无法看到那会儿有驯兽跳舞的迹象。伴随夔敲击的节奏跳舞的，不是野兽，而是一群化装成野兽的孩童。这古老的化装为漫长而悠闲的戏剧注入了新的生长基因。

这一切年幼的关汉卿仍然无法理解，即使长大成人也不一定能清醒认识。不过，这不妨碍他的成长，也不妨碍这基因成为他生命的底色。他能清醒认识的是虞舜克己行孝的品格，那些品格繁衍出许多故事，左邻右舍，有口皆碑。他们说，尧王访贤遇到虞舜，没有立即把他带回宫中，为进一步考查他的道德行为，把自己的两个女儿娥皇、女英都嫁给了他。虞舜带着两个夫人回到家里，继母和弟弟企图谋害他，尤其是弟弟象，不光想独得家产，还想把两个如花似玉的嫂嫂也据为己有。于是，中国的词典上就出现了两个成语：上屋抽梯和落井下石。上屋抽梯说的是父亲要虞舜修理谷仓的屋顶，他刚上去覆盖茅草，就发现仓顶着火了。连忙下屋，哪里下得去？梯子已被象抽掉。好在他有所准备，把背上的斗笠当作降落伞跳下屋顶。落井下石更为惊险，父亲嫌井水不好喝，让虞舜下去疏浚。他刚下去就见井口发暗，大块的石头掉落下来。这一回虞舜看来必死无疑，没有想到他依然活着出来了。原来，有过上屋抽梯的教训，他更是多了个心眼。一夜没睡，和娥皇、女英在井壁上凿开一个直通屋里的小洞。见势不妙，就赶紧躲进去，钻出来。遭受这样的陷害，虞舜一点儿也没怨言，一点儿也没有记恨，仍然一如既往地善待父母，善待弟弟。虞舜的仁爱孝道，在关汉卿足下的土地上世世代代传为佳话。

《南风歌》里飘荡着这样的佳话，这佳话陶冶着关汉卿的心灵，渐渐化为他生命的主旋律。

感皇恩

坐落在村中的关帝庙，从古至今都是解州最宏伟的建筑。建筑是当今的书面用语，在村人眼里那是一座大庙，而关汉卿第一次看到肯定会惊讶地叫出："好大的院子！"

在童年的关汉卿眼里，那就是一座院子，是比自家、比别家都要大得多的一座院子。

　　最早进入关汉卿视野的这座大院子不叫关帝庙，叫关帝庙要等到明代将关云长封为协天护国忠义帝。那时候叫作关王庙，因为在关汉卿出生前一百多年的大观二年（1108），宋徽宗把关云长封为武安王。而在隋文帝开皇年间初始落成的这庙，只是座关侯庙。其实叫什么庙不重要，重要的是这庙的院子很大，大得装进村中的任何一座院子都绰绰有余。那么，关汉卿如何看待这座大院？史料图书无从留下痕迹。但是，从关汉卿两次写到关云长的剧本看，这座大院已成为他的精神田园。这里有他取之不尽、用之不竭的生命能源。能够稍稍触摸关汉卿儿时心灵的只有民间传说，将那些散佚的零星碎片拼合成型，我们会看到这样一个大致过程。

　　小时候，关帝庙的庄严神圣笼罩在关汉卿的头顶。他走到门前不由得望而却步，打坐在两侧的石头狮子圆瞪着双眼，张开大嘴，似乎随时都可能从高高的石座上跳下来将他扑倒。有猛兽护卫在门口，他没有胆量走进大院。一旦走进大院，便标志着他长大了一截，从此那狮子再也没有往日的威风，大院里森严的气氛也已化解，化解成他和伙伴们的无限童趣。他们在高大的柏树下追逐，在长长的祭桌下隐藏，以至爬上石狮子，骑在它的背上大吼快跑！玩累了，树荫下的石凳子是他们最好的卧榻，躺在上面会进入甜美的梦境。

　　关王庙带给他的童趣转瞬即逝，从他提出问题的那一刻起，这大院将成为注入他血液的无穷活力。他提出的问题很简单：为什么这院子比谁家的都大？

　　这个问题还是由他的父亲关恬回答最为合适。这里不仅有历史沧桑，还有他们家族的无上荣光。在父亲的谈吐间，那个微闭双目的塑像带着一腔忠义走下神龛，挥舞着青龙偃月刀横扫人间邪恶。他知道了自个家族的祖先是关云长，他明白了忠义的故事起始在一座桃园。一树爆开的桃花见证了关云长和刘备、张飞的结义，磕过头，便开启了他们流血征战、生死相依的一生。祖先关云长追随的刘备是三国中实力很弱的一支，但是，自从结义后他就风吹浪打毫不动摇。跟着刘备南征北战，攻袁绍，救陶谦，拒袁术，斩杨奉，斗吕布，擒吕布，最终多人携手将吕布送上断头台。赤壁大战之后，他守定荆州，如砥柱，如磐石，横挡住东吴西行的兵马，刘备才有了西进取蜀的可能。蜀汉能立国，三国能鼎足，关云长功不可没。尽管他成也荆州，败也荆州，但是谁也无法否认，三国的历史画卷里有关云长血染的风采。

历朝历代推崇关家这位祖先，不光因为他是个英雄豪杰，还因为他有着世人罕见的侠肝义胆。下邳战争失利，关云长投降曹操。投降的重要原因，是要保护刘备的两个夫人、他的两个嫂嫂。曹操得到这样一员虎将，千方百计地厚待他，让他吃得好、穿得好、住得好，还封他为汉寿亭侯。千方百计地厚待他，无外是要千方百计留住他。然而，得知兄长刘备的去处，他封金挂印，毅然离去，去寻兄长，哪怕再颠沛、再流离也心甘情愿。他那一腔忠义之情何止是感动世人？也感动着天，感动着地。

感动有时如同一眼喷泉，若是打不开，那激流就长久潜隐在看不见的地方。一旦揭开封口，那激流就不歇不止地喷射出来。祖先关云长的勋绩大义，无须去史书典籍追溯，家乡的父老每人都装满一肚子。嘴一张像是喷泉启封，滔滔汩汩着千年往事。往事里的关云长青春气盛，没有扑腾历史风云前就在家乡大打出手。他打死的那人名叫吕熊，人人都说该打，人人都没出手，没有出手是惧怕人家。据说，吕熊是一位远近出名的恶霸。恶霸恶在巧取豪夺，把别人的金钱据为己有，把别人的东西据为己有。夺就夺了，取就取了，别人也都忍气吞声。不忍气吞声又能如何？人家敢于巧取豪夺是缘于背后有权贵撑腰。自古都是这样，本该庇佑众生的权势衙门，常常庇佑的却是无恶不作的歹徒坏人。有了衙门庇佑，吕熊有恃无恐，竟然无恐到巧取豪夺金钱财物已不过瘾，还想在别人的女人身上过一把瘾。这个恶棍不光想过瘾，还有供他过瘾的法子。一个早晨人们醒来，发现全村的水井一眼也不见了，都被吕熊派人用土填埋。唯有他家院里还有眼水井，可是不准男人打水，只让女人前去。女人也不是哪个都能去打，还要是青春年少的姑娘。为啥只有年轻的姑娘才能前去打水？奥秘不说而破，不就是想在人家身上过一把瘾嘛！是可忍，孰不可忍，可是偏偏村里人都在咬着牙强忍！

这时候站出来的就是关汉卿的先祖关云长。不，关云长不是站出来的，而是抡拳打出来的。他的拳头直捣吕熊，三两下就结果掉这厮的性命。关云长不憨不傻，明知这是闯祸，可是不闯祸就解救不了乡亲们的苦难，只能冲着祸端挺身而出。闯下祸的关云长没有吓傻，明知官府会替吕熊报仇，自己难保性命，却要保住这为民除害的性命。他越墙而走，带着一身豪杰气概逃出是非之地，在遥远的天地里去展示他的豪杰气概。

这样的豪杰气概关汉卿不知道还罢，一旦听见就深深嵌进自己的胸襟，再也难以释怀。他没有想过要外化这令人荡气回肠的情节，却在《包待制三勘蝴蝶梦》里让王老汉的儿子，为父报仇，抡起先祖关云长的那般拳头，痛痛快快打死了行凶的葛彪。打死不说，他还没有让王老汉的儿子东躲西跑，由大权在握的包待制伸张正义赦免了他们。童年郁结的那腔豪气，关汉卿在戏台上长长喷吐出来。

自然，这话说得有些过早。此时，关汉卿还在成长，离那淋漓尽致喷吐豪气的年月还有一段不近的时光。他在那萦绕着正气道义的氛围里，感受着家族中往日的辉煌，他对创造这辉煌的先祖关云长好不尊崇。从此，他不再在关王庙的柏树下追逐同伴，追逐的对象渐渐变为明日的辉煌。

青哥儿

明日的辉煌在何处？

父亲关恬一定会将儿子的目光引向华光璀璨的史书典籍中。明确告诉他，那里有黄金屋，那里有颜如玉，那里有经国之大业，那里有不朽之盛事。有了深厚的文化准备，他才能出人头地，像先祖一样到更大的天地施展才干，建功立业。从关汉卿剧作里随处可见的经典诗意看，他没有辜负父亲的厚望，肯定在他很小的时候就已陶醉于经书古籍里面。因为那些诗文不是漂浮于他那戏文的表面，而是水乳一般交融得如漆似胶。这从读书的体会可以感受，二十岁前读书，滋养的是血液；三十岁前读书，强壮的是骨骼；四十岁前读书，丰满的是肌肉；五十岁前读书，美化的是皮肤；六十岁前读书，兴旺的是毛发；七十岁前读书，贴身的是衣服。再往后读书，顶大只能是人生的拐杖和轮椅。关汉卿诗意随口而出，不要说那些用心勾画的元曲，即便是铺展情节的剧本也无处不在。

敲到此处，我顺手翻出这么一段：

俺待麝兰腮、粉香臂、鸳鸯颈，由你水银渍、朱砂斑、翡翠青。到春来小重楼、策杖登，曲阑边、把臂行，闲寻芳、闷选胜。到夏来追凉院、近水庭，碧纱厨、绿窗净，针穿珠、扇扑萤。到秋来霜天凉，露气清，入兰堂、开画屏，看银河、牛女星，伴添香、拜月亭。到冬来摘疏梅、浸古瓶，欢寻常、乐余剩。那时节、趁心性，由他娇痴、尽他怒憎，善也偏宜、恶也相称。朝至暮不转我这眼睛，孜孜觑定，端的寒忘热、饥忘饱、冻忘冷。

这是《温太真玉镜台》第二折里的一段唱词。这里的"水银渍"出自《周礼·冬官考工记》，"把臂"出自《后汉书·吕布传》，"寻芳"出自《全唐诗》姚合诗作《游阳河岸》，"选胜"出自《全唐诗》张籍诗句"探幽皆一绝，选胜又双全"，"碧纱厨"出自《全唐诗》王建诗作《赠王处士》，"霜天凉，露气清"出自杜甫诗作《端午日赐衣》，"兰堂"出自张衡《南都赋》……众多的诗文看得人眼花缭乱，若不是有着深厚的文化准备，到用时哪会手到擒来，调遣典故诚如韩信将兵，多多益善，而且还各用其长，恰到好处？这样的修炼，若不是孩提时将诗文装进明镜一般的记忆宝库，哪会家珍如此富足？

不过，若是由此回望关汉卿的读书年华，我们不会看到惯常的头悬梁、锥刺股场景。从关汉卿对典籍诗文灵动活泼的妙用，他绝不会两耳不闻窗外事，一心只读圣贤书。他的学习不无专注，专注到夜点明灯，专注到熟读唐诗三百首，但是，书屋和案几绝不会是他的囹圄。倘若是这样，也许元代会多了一位满腹经纶的孔乙己，很难有戏剧宗师关汉卿。他在专注地学习，却没让学习囚禁了他活跃的思维，扼杀了他丰富的想象。

也许，朝霞升腾的晨色里，他不在书屋，而是奔跑在盐池边的畦埂上，迅捷的脚步追赶着一群麻雀向朝霞飞去；也许，夕照染红屋脊的晚景中，他没有伏在案几，而是戏游在村南的小河畔，伸出双手去捕捉浅水里滑翔的群鱼。每逢此时，他不是一个人，身后追随着一大帮。就在这奔跑里，关汉卿茁壮着身肢；就在这戏游里，关汉卿灵动着头脑。当然，关汉卿的童趣不全是村前村后宽阔的田野，还有图书典籍，那里有他更为广袤的天地。他在那里可以眺望前朝，可以感悟古代，可以把那些早已沉睡在黄土之下的先贤唤醒，聆听他们的心声。回味关汉卿的剧作，感受关汉卿的童年，总觉得那句常用的格言无法丈量他的行踪。那格言是：书山有路勤为径，学海无涯苦作舟。书山有路勤为径还过得去，勤能补拙，勤能生巧。但是，为什么学海无涯苦作舟呢？难道不能趣作舟？兴趣才有无限的动力。

关汉卿的学习兴趣、学习动力，来自家族的辉煌先祖。关云长炫目的光泽照耀着他的心胸，吸引着他奋力前行，让他衣带渐宽终不悔，大步攀升灯火阑珊处。

第二折

水仙子

关汉卿在乐趣里成长，太阳升起是乐趣，夜幕降落是乐趣。村前村后的游转是乐趣，书里书外的诵读是乐趣。这还不足以概括他的乐趣，他还有一个不可忽略的乐趣，那就是行医。少了这一个乐趣，钟嗣成在《录鬼簿》中记载的关汉卿"太医院尹"就成了无根之苗。有人曾质疑关汉卿"太医院尹"的身份，因为太医院无"尹"一职。这个怀疑不无道理，但是，《录鬼簿》的成书时间紧随关汉卿的去世，即使钟嗣成没有与关汉卿耳鬓厮磨，对他的情状也比后人了解得要多。因而，我们不妨循着他的笔迹回望关汉卿成长的步履。这一回望，学医就成为关汉卿孩提时代必不可少的乐趣。

关汉卿学医的乐趣在古籍里找不到，能捕捉的信息还是在民间。教给关汉卿医术的不是别人，而是他的叔叔关灿。正由于他的叔叔是他的师傅，他才没有将学医视为负累，而成为另一个乐趣。或许，原本说关汉卿学医并不准确。若是严格分析，他既没有拜师，也没有正式入学，只能算是在叔叔身边耳濡目染。恰恰如此，学医才会给他带来另一种快乐。

在乡村，治病救命的医生被尊为先生。叔叔关灿行医诊病走遍方圆百里，无处不受尊重。每每医好病人，少不了受人恩谢。逢年过节，登门拜谢送点礼品自是寻常事情。这缘于叔叔高超的医术，也在于高尚的医德。医德高尚的事情不胜枚举，只说一件小事。谁家有病人，一请即去，不论是白天，还是黑夜。去了诊病施药，待病人有些起色才返回家里。若是黑夜回返，怕他孤单主家少不了相送。叔叔怕人家麻烦，百般推辞，仍然推辞不掉。就是这推辞，给了关汉卿出场的机会。若是再有人黑夜诊病，他就带上关汉卿一起前往，这便少了主家多跑一个来回。

关汉卿伴随着叔叔走村串户，常常他手里的灯笼照亮了叔叔的脚步，而叔叔的话语却照亮了他的心胸。一路走来，叔侄二人忙碌的不光是脚，还有嘴。刚上路，或许叔叔的话语和路旁虫吟鸟叫的声音没有两样。他的心绪仍旧沉浸在子曰诗文的天地，他要从那里再现祖上创造的辉煌。不过，返回的路上叔叔的话语就压倒了四野的声响，每一句话都响彻耳际，叩击心扉。是病人的情形点亮了关汉卿的眼睛，他才看到叔叔有好大的本领。往常他怎么也不会想到，人们会把叔叔当成神一样来敬。那个夜晚，还没有进门，病人痛苦的喊声就揪紧了关汉卿的心。进到屋里一看，比关汉卿心揪得更紧的是孩子的父母。孩子比关汉卿稍微大些，肚子疼得在炕上来回打滚，边滚边喊，声音惊得人头疼。父母见叔叔进来，倒身磕头，连连说救救我的儿子。待他们抬起头，关汉卿看见满是汗水的脸上射出无奈而又希冀的目光。叔叔似乎无情，没有搭理他们，拉住孩子的手静心切脉，随口询问孩子白天的情形。问毕，叔叔说声不要紧，快化一碗浓盐水。然后抽回切脉的手，跪在炕沿揉搓孩子的肚子。揉着，盐水端来了。扶孩子喝下，躺好，叔叔继续揉搓。揉着，搓着，就听见孩子连连放屁。随着一声声屁响，疼痛的呻吟声却消失了。不一时，孩子竟安稳地坐好。此时，父母禁不住磕头拜谢，连夸神医，神医！再看他们的目光，云翳消散，就像初升的阳光那么亮堂。

走出病人的院子，走进暗夜，关汉卿的脸前还亮豁着孩子父母眼中的光芒。他禁不住问叔叔使唤的是啥神仙办法？叔叔平静地笑笑，告诉他哪是什么神仙办法，孩子寒火郁结肠胃，打通就不痛了。叔叔越平静，关汉卿越觉得叔叔不一般，他激动地问这问那，恨不能也像叔叔那样变得神奇起来。可能，就从那会儿起叔叔的话成为他耳边的黄钟大吕。他乐于发问，叔叔乐于回答，问答间，关汉卿悄然进入医学天地。也可能从那时起，叔叔便教给他一些常识；也可能就从《汤头歌诀》教起，叔叔教一句，关汉卿读一句：

麻黄汤

麻黄汤中用桂枝，杏仁甘草四般施。

发热恶寒头项痛，伤寒服此汗淋漓。

桂枝汤

桂枝汤治太阳风，芍药甘草姜枣同。

桂麻相合名各半，太阳如疟此为功。

……

叔侄的脚步践行在村陌，声音却回荡在阔野。如同《诗经》《唐诗》那样，《汤头歌诀》也早早进入关汉卿的记忆。

甜水令

"你用银钱打水漂呀？"

"小心把金钱打了水漂。"

这是现在经常使用的熟语，我摘录于此，是因为里面浸染着关汉卿的故事。自然，这故事只流传在人们口舌间。

打水漂是孩童们最喜欢的游戏。但凡有水的地方，水漂上迸溅着孩童的欢笑，也迸溅着他们的好奇和智力。

解州的村前村后都有水，关汉卿不会没有享受过打水漂的乐趣。打水漂的乐趣，当然不能一个人独享。一个人玩耍很难说有什么乐趣，更谈不上享受。打水漂的乐趣，不在于打，在于很多孩童凑在一起打。你打他看，或者你看他打。打要用智慧，看是造氛围。没有智慧打不出水漂，石片落水即沉没水底，只能打出一阵叹息，弄不好会响起一阵嘲讽。当然，打好了，打出两漂、三漂、四漂，不用说会溅起一连串的叫好声。若要没有围观的人，一个人孤零零地抛扔石片，就是溅起的水漂再多，也会因为没人叫好，而冷清得索然无味。按照关汉卿后来在玉京书会当会首的性格，他肯定喜欢人多。那时一伙儿年龄差不多的猴崽吆五喝六地集聚在河边，闹嚷嚷，你方扔罢他登场，一直会比拼到暮鸦归巢才散去。

如此嬉闹只是关汉卿和打水漂联谊的伏笔。

说破内中的奥秘，还离不开一个"笔"字。话说自从关汉卿暗下决心要追逐先人关云长给家族带来的辉煌荣光，在书籍案几上颇用功力。读经，读得窗纸透明；诵诗，诵得鸦雀无声。读诵之余，少不得磨墨笔耕。后来《意中缘》的剧本里有几句戏词，"砚为田，墨为粟，笔耕春秋"，用来形容关汉卿其时的情景不无不妥。这没啥值得关注，古代的读书人哪一位没有笔耕过寒冬酷暑？所以引人注目，是关汉卿年纪不大，他的笔墨就名扬乡里。

关汉卿扬名的机遇来自于父亲关恬。不是父亲有意往出推举儿子，倒是父亲的坏心情给了关汉卿扬名的机遇。父亲心情不好是有来由的，他在河东南路当个文墨小吏，事情不管做得顺手与否，俸禄足够养家糊口。可是，近来山雨欲来风满楼，一会儿传言蒙古军攻入雁门关，一会儿又说，蒙古军包围了金中都。衙门里人心惶惶，无人守职，他也才回到百里开外的家乡。居庙堂之高则忧其民，处江湖之远则忧其君，关恬虽然没有范仲淹那么高的境界，也不乏忧国忧民的心思。至少，他也想安居乐业，与家人和和美美过日子。父亲在世的时候，不止一次给关恬讲过金国灭宋的惨景。马蹄过处，处处哭号哀鸣；哭号声里，处处流血漂橹；漂橹之地，处处尸体倒横；尸横之所，处处荒草萋萋。每回讲过，父亲都要叹息着说"平安是福"。到了晚年，一次次念叨的还是"平安是福"。若真是时局变易，蒙古军狂奔而来，那日子还会平安吗？

关恬回到家乡依然忧心忡忡，还不愿透露自己的心情，怕过早打乱家里的安宁。可就在此时，五龙峪有人来见关恬。村里要给龙王爷献演一台木偶戏，报答一年风调雨顺的恩德。给龙王爷唱戏是件大事，戏台上少不了要贴一副对联。贴对联是件大事，要请地方上有点名望的人操笔。关恬在晋宁南路供事，一手好字闻名远近，人们便前来求赐。关恬嘴里没说，心里却想这简直是"商女不知亡国恨，隔江犹唱后庭花"。胸中郁闷，也就没有编联动笔的心情。事情一放下，竟然忘得一干二净。再想起这事，是五龙峪的人再次登门。他正要上前道歉，没想到来人却张口赞赏他写的对联真好，看戏的人无不夸说，口口相传，轰动了附近乡村。这是怎么回事？

是儿子关汉卿给他平添了荣誉。

原来，五龙峪来人请父亲写对联，他们的谈话关汉卿在一旁听到了。看看日期临近，父亲无动于衷，他几次都想提醒。可是近前一看父亲愁眉不展，不敢多嘴多舌，悄悄退出屋来。退过几次，干脆斗胆写下一副对联。磨着墨，他已进入鼓乐喧闹的戏场。小小的幕布一拉开，一个个雕刻化装成各种人物的木偶就登场亮相。别看都是木头小人，该说则说，该唱则唱，还翻跟头，舞宝剑，看得人眼花缭乱，止不住一个劲叫好！沉浸在木偶表演的热烈气氛里，关汉卿磨墨的手一定越磨越快，说不定还会磨得墨花飞旋。说不定就在旋转的墨花里，他激情澎湃，思绪飘飞。待拿起笔，已胸有成竹，急切地写下：

虽然猴猴蛋蛋

倒也热热闹闹

对联写好了，戏台上的木偶还在关汉卿眼前旋舞，旋舞得他仍然激情澎湃。待到墨色一干，他便收卷起来，轻手轻脚走出家门。一出家门，关汉卿不由得撒腿就跑，跑着跑着竟然忐忑不安。这对联能行吗？千万不要砸了锅，败坏了父亲的名声，千万，千万！只一刹，他的忐忑消失了，挥笔时的激情复又返回心胸。他快步向前，赶到五龙峪，说是家父让他来送对联。

就这么，年少的关汉卿让父亲风光了一把。不过，搞清原委后风光的不再是父亲关恬，而是关恬的儿子关汉卿。这事父亲的高兴胜过关汉卿，他也被这活泼风趣的联语打动，没有想到小小年纪的儿子，竟然有了这样的学识。关恬一扫多日笼罩在眉眼间的愁颜，唤来弟弟关灿，开瓶启齿，谈笑对饮。酒一喝多，紧扣纽结的衣衫锁不住心中的激动，竟然从五龙峪送来的润笔费里拿出几个钱，赏给儿子零用。

故事发展到此处，该破解前面"用银钱打水漂"的谜语了。

这是关汉卿平生淘到的第一桶金，他会把这来之不易的赏钱干啥用？你可以有千百种答案，但是，绝对不会回答：打水漂。

偏偏关汉卿就是打了水漂。

打水漂当然不是关汉卿一个人，还有平日那些在一起玩耍的伙伴。他掏出钱币，往水里投撒一枚，激起伙伴们的一阵惊奇，一阵喝彩。伙伴惊奇关汉卿竟敢用金钱打水漂，更惊奇的是关汉卿不捞这钱币，让大伙去捞，还说谁捞到就是谁的。伙伴们还真没见过这样的事情，哪能不惊奇，哪能不喝彩？关汉卿打完，他们接二连三跳进河里，捞上来，装进自个儿的口袋里。

这事不胫而走，传得很远，"用金钱打水漂"这话是不是从那会儿起始，不得而知。知道的是，遍地流传的却是富家子弟不知道珍惜金钱。然而，有几人能了解关汉卿内心的秘密？

了解的只有父亲。关恬听见传闻，问他为啥这么干？

关汉卿答，伙伴们都比自己穷，送给他们买衣衫。

问：为啥不直接送？

答：那不是让人家感恩吗？

关恬不再问儿子，竖起拇指说：好，有祖上的风范。

这事的真实程度确实值得怀疑，我所以还要重现在这里，是觉得哪怕是民间附会杜撰的故事，也符合关汉卿的才智和性情。何况，传说和野史一样，不一定就是假的。

点绛唇

用现在的视角瞭望，池神庙无疑是关汉卿进入戏剧世界的一个关节点。

池神庙是给解州盐池专门修建的庙宇，历史久远到了唐朝。公元七七七年，也就是唐大历十二年秋天，解州暴雨一场接一场，连续下了半个多月。暴雨引发洪水，洪水灌进盐池，灾情迫在眉睫。要是淹没盐池那可是天大的坏事，不要说官家少收了赋税，人们无盐可食日子还有啥滋味？时任河东租庸盐铁御史的崔陲不敢懈慢，一边组织民工疏通河道，排除洪水；一边堆土筑坛，祭祀盐神。传说，此年发生了一件奇异的怪事。原来洁白如雪的池盐，竟然变为绛红色。本来这是很正常的事情，解州地处黄土高原，洪水肆虐必然冲来棕红色的泥水。这水灌进池中，池盐焉有不变红的道理？用如今的目光审视，池盐变红是遭受污染，是一件耻事，弄不好会被追查责任。

可是，这难不倒官吏。崔陲大笔一挥呈上一道奏章，宣称天帝显灵，"神赐瑞盐"。这显然是一块掩饰污点的遮羞布，岂料唐代宗居然深信不疑，居然降旨奖赏，居然诏命盐池为"宝应灵庆池"，居然诏命池神为"宝应灵庆神"。既然有了池神，当然应该供奉，崔陲便在池边大兴土木，建起池神庙。后来，池神庙香火日盛，年年附近村落的人们都要前来祭祀。祭祀礼仪是件大事，需要花钱。别的地方祭祀，多数由民众掏腰包凑集银两。盐池就是生钱的聚宝盆，不缺少虔诚，也不缺少银钱。所以，每年的盐池庙会在方圆百里最为红火热闹。红火热闹的最大兴奋点是唱戏，别处的唱戏，也就三两天，盐池的戏一唱就是七八十来天。别处的戏，唱起来搭个草台，戏完了，台子就被拆掉。盐池不搭草台，这里有固定的戏台。而且，还嫌一台戏不够热闹，建一座戏台，再建一座戏台，至今池神庙里还遗留下三座戏台。

关汉卿走进池神庙看戏的时候，不一定是三座相连的戏台，或者说，那时就是一座。仅此一座，也给了他一个兴奋得难以自拔的领地。金代的河东大地戏剧已很流行，虽然剧目不大，还不是后来元代的大戏，是从宋代传承而来的小戏，可这小戏也走出市井勾栏，走进乡村田园。与解州相距不远的侯马市董氏墓、樱山段氏墓，都出土过金代戏剧砖雕。如此看来，金代的池神庙逢会演戏绝不是空穴来风。是哪一出戏迷上关汉卿的？时过境迁已很难查出实据，不过，那流传下来的剧本会给我们一点启示。

循着关汉卿的戏剧情结回望，似乎可以听见台上唱的是董解元的《西厢记诸宫调》："朔风飘雪江天暮，似水墨工夫画图。浩然何处冻骑驴？多应在霸陵西路。寒侵安道读书舍，冷浸文君沽酒垆。黄昏后，风清月澹，竹瘦梅疏。"台上一唱这熟悉的曲调，台下不少人随声附和。很多人不一定搞得清唱词是什么，但是，却情不自禁地随着节奏哼唱。满场人蓦然静悄下来，静得台上的声音格外响亮。那是大家听清戏词说到的就是身边事情。"贞元十七年二月中旬间，生至蒲州，乃今之河中府是也。"原先解州不就隶属河中府么？大家急切要知道河中府的蒲州发生了什么事，静静往下看。张生走进普救寺，把宏阔的庙院好一番夸赞，对这未必人人喜欢。可张生一见美人莺莺，众人都敛着气静听。"鬓绾双鬟，钗簪金凤。眉弯远山不翠，眼横秋水无光。体若凝酥，腰如弱柳。指犹春笋纤长，脚似金莲稳小。"多好的容貌长相，才子遇佳人，真有好戏看了。

看见张生五魂销无主，胆狂心更醉，干脆住在寺里不走了，不由得瞪大眼睛；看见张生月下听莺莺弹琴，兴奋地口占一诗："兰闺久寂寞，无事度芳春；料得行吟者，应怜长叹人。"侧耳聆听；看见孙飞虎围住寺院，要抢莺莺做妾，孤孀母女抱头哭泣，寺院众僧心焦，人们也替她们心焦；看见张生挺身而出致信故友来救，贼兵败走，大伙儿稍稍松心；看见张生操琴而歌"有美人兮见之不忘，一日不见兮思之如狂"，莺莺暗暗垂泪，台下静若无人；看到张生思念莺莺，身心憔悴，卧床难起，揪心的人不知有多少；看到两个有情人如烈火干柴，燃烧在一起，"抱来怀里惜多时，贪欢处鸣损脸窝"，台下又是叫好，又是笑。前头的人笑，后头的人笑，夹在人窝的关汉卿也不由得跟着发笑。

关汉卿笑着沉醉在戏剧的情境中，左看看，右瞧瞧，看着忘情欢笑的人们，肯定在想明明是假的，可咋都和看到真的一样？

戏剧，用说不清道不明的魔力，吸引了众多的人，也吸引了关汉卿。

柳叶儿

曲也好，戏也好，都像是一棵果实累累的大树。而每一次歌唱、演出都像是一场秋风，总会携带起熟透的籽实，用飞翔的姿势撒进大地。遇到水分适宜的土地，那种子就会发芽、破土，恣肆成长，直至长成参天大树。

关汉卿这棵戏剧的大树也这样成长。

池神庙看戏的不是关汉卿一人，人很多很多，用万头攒动虽然有些夸张，但千人熙攘总是事实。可如今有几人还能令人记起？令人记起的唯有关汉卿，因为那曲、那戏的种子一落地，就在关汉卿的心田里找到生长的温床。王汝海、吴继路二位先生合著的《戏剧泰斗关汉卿》一书里，还原过那种子的萌生发芽。他们让关汉卿在鳞波荡漾的河边放声唱曲：

> 东边路西边路南边路，
>
> 五里铺七里铺十里铺。
>
> 行一步盼一步懒一步，
>
> 霎时间天也暮日也暮云也暮。
>
> 斜阳满地铺，回首生烟雾。
>
> 兀的不山无数水无数情无数。

这是流传在民间的小曲 [正宫・塞鸿秋・山行警]，关汉卿与村乡的老少爷们不无相似，许多戏词都能随口唱出。你唱他也唱，谁也没有引起注意，这个耳朵进，那个耳朵出。关汉卿一唱那味道就大不相同，声音嘹亮而又不尖厉，深情而又不矫情。田陌劳作的人，直起腰呼喊，再来一曲。关汉卿也不推辞，放声又唱：

> 海棠过雨红初淡，杨柳无风睡正酣，杏烧红桃剪锦草揉蓝。三月三，和气盛东南。
>
> 垂门艾挂狰狰虎，竞水舟飞两两凫，浴兰汤斟绿醑泛香蒲。五月五，谁吊楚三闾？
>
> 天孙一夜停机暇，人世千家乞巧忙，想双星心事密话头长。七月七，回首笑三郎。
>
> 香橙肥蟹家家酒，红叶黄花处处秋，极追寻高眺望绝风流。九月九，莫负少年游。

关汉卿的余音未落，就有人呼应：好啊，把《四节》唱活了。这曲调是 [中吕・喜来春]，也是众人随口就唱的。可是，关汉卿一出口别人听见的不光是曲调和语词，还有那宏阔而辽远的韵味。似乎那歌声里有树绿，有花红，还有水声和鸟鸣。

二位先生的还原使愚生茅塞顿开，也试图步其后尘，来个东施效颦。池神庙散戏后不久，关王庙的高台上传来唱诵声，先是 [耍孩儿] ：

朔风飘雪江天暮，似水墨工夫画图。浩然何处冻骑驴？多应在霸陵西路。寒侵安道读书舍，冷浸文君沽酒垆。黄昏后，风清月澹，竹瘦梅疏……

声音刚落，就是一阵呼喊叫好，歌唱又起，那是紧接其后的 [赏花时] ：

芳草茸茸去路遥，八百里地秦川春色早，花木秀芳郊。蒲州近也，景物尽堪描唱。

曲声、叫好声，声声不断，[醉落魄]、[文如锦]、[墙头花]……一曲曲唱下去，直唱到 [剔银灯] ：

寂寞空斋，清秋院宇，潇洒闲庭幽户。槛内芳菲，黄花开遍，将近登高时序。无情绪，憔悴得身躯，有谁抬举？

不用说，叫好声比前面更高更响亮。这演唱者就是关汉卿，呼喊叫好的是他的那些伙伴。那时候，关汉卿不知不觉已成为众多伙伴的首领。尤其是那次用钱打水漂后，都明白他是变着法接济大伙儿，没有一个人不喜欢他，不追随他。关汉卿身上的人格魅力越聚越浓，后来进大都当上玉京书会的会首自然水到渠成。

第三折

鬼三台

不少中国人都信奉命运。曾一度命运之说被视为封建糟粕，在横扫一切牛鬼蛇神的"破四旧"声浪里扫进垃圾堆。然而，时过将近半个世纪，命运说非但没有绝迹，反而野火烧不尽，春风吹又生。究其原因，这其中根本没有什么玄机秘密，而是一种人生规律。命乃生命，是个体走向；运乃时运，是外在大势。外在大势必然决定个体走向，换言之，个体走向很难抗拒外在大势，谁也难以摆脱外在的无形轨迹。

关汉卿的命运同样无法摆脱这个无形的轨迹。

关汉卿却不知道时势为他设定的命运轨迹。

关汉卿一心想通过科举入仕把生命运送进辉煌的明日，这是他为自己设定的目标，也是父母二老寄予他的厚望。为了尽早抵达这个目标，他"幼习儒业，颇看诗书"，只待"春榜动，选场开"，一举成名天下知。这是他笔下窦天章的心思，何为不是他心灵欲望的真实活画？然而，他不知道还在他没有出生的时候，世事就为他设定了生命轨迹。

为他勾画生命蓝图的不是他的父母，而是金国派去前往蒙古地区视察的钦差大臣。公元一二一〇年，这位钦差大臣来到蒙古大帐，铁木真和众多部落酋长一起会见。按照惯例，皇帝诏书驾到，附属国的头领应该跪倒在地拜接。这位钦差大臣奉例行事，明令铁木真跪接。他绝不会想到，这会激怒铁木真，会加快国家灭亡的速度。当然，更不会想到他的刻板举止，会影响到关汉卿的命运。

铁木真怒火中烧，却没有火烧使臣，居然双手抱臂，玩笑着问：

"当今新君为谁？"

可怜的钦差大臣居然听不出这话里的滋味，老实地回答：

"先前的卫王允济也。"

铁木真轻蔑地一笑，随即朝南大吐一口唾沫，冷冷地说：

"我谓中原皇帝是天上人做的，此等庸儒亦为之耶？何以为拜！"

言毕，冲出大帐，策马而去，钦差大臣被晾在一边，弄得一脸没趣。倘若事后钦差大臣反思，还真不能怪罪铁木真狂放。此时，铁木真早已今非昔比，他东征西杀完成了蒙古民族的统一。这可是件非同寻常的大事，纵观往昔，在辽阔的草原上，每一个部落都有一杆图腾，都有一群钢骨铮铮的莽汉。争营帐、争水草、争牛羊、争女人，部落间的征战厮杀何曾停息过！鲜血灌溉着大地，灌溉着青草，也灌溉着无数从不畏死的壮士，一批批倒下去，一批批站起来，继续着先辈的征战厮杀。

就是这个铁木真用征战厮杀终止了往日的征战厮杀，高举着"苏力德"代替了各个部落的图腾。他也在山呼海啸般的呼声中，被尊为大海一样浩瀚澎湃的成吉思汗。

大海一样浩瀚澎湃的成吉思汗哪能把金国皇帝放在眼里？

钦差大臣错误地小瞧了铁木真。更错误的不是他没有认识到铁木真已成为成吉思汗，而是没有认识到金国皇帝今非昔比，不是那个能在马背上纵横驰骋的金太宗。当今皇帝是完颜允济，成吉思汗嘲弄唾弃他并不过分。

成吉思汗策马而去，并没有熄灭掉心中的怒火。他锋利的目光盯住了南面，将士们即策马奔向南面，即把戈矛刺向南面。第二年，大军铺天盖地逼近金国的西京（山西大同），守将胡沙虎丢弃城池，仓皇逃进中都。闻风而逃是为将的大忌，不处死也得治罪，罪轻了还不足以服众。那么，逃跑将军胡沙虎是什么下场？事实告诉我，"下场"这个词用得大错特错。胡沙虎不但没有受到丝毫的惩处，还官升一级，权重一等，摇身一变腰挂右副帅大印，成为守卫中都北面的将军。受到如此厚待，胡沙虎该如何办？公道说，完颜允济这么开恩，胡沙虎应该把他当作再生父母，即使赴汤蹈火，也应万死不辞。可惜，这样的词语我又用得大错特错。成吉思汗大军直抵中都，眼看恩赦他的皇帝危在旦夕，胡沙虎不仅不救，还用独一无二的行为创造出世界军事史上的奇迹。他优哉游哉，选个偏僻的山野去打猎，发泄自己装在肚子里的火气。上次蒙古大军追赶得我如兔子般仓皇逃窜，这回我要追得兔子仓皇逃窜，出口闷气。没想到完颜允济这皇帝还会生气，生气地派出使臣前去催促督战；没想到胡沙虎比皇帝还生气，而且，皇帝生气没事，他一生气就出了大事。恼羞成怒的胡沙虎串通几个心腹，冲进中都，杀进东华门，占据了皇宫。转眼间，皇帝完颜允济成为阶下囚；再一转眼这世上已没了完颜允济，一杯毒酒要了他的命。

死就死吧，如此尸居皇位，还不如瞑目安生。哪知，死了也不能安生，好歹人家也当了三四年皇帝，咋也该给个谥号，顺着前面的流水推舟，世宗、章宗、宣宗，他得个宗字并不过分。遗憾的是人家只给了他个卫绍王。卫绍王就卫绍王吧，后人忍气吞声求个安宁。可惜，求个安宁并不容易，成吉思汗的战马戈矛已奔驰挥舞到中都城下。不讲和不行，讲和不给东西不行，光给东西也不行，还得给人家个黄花闺女供成吉思汗享用。给哪个黄花闺女？选来选去，选定的是岐国公主。你道这岐国公主是哪位？不是别个，就是卫绍王完颜允济的女儿。

悲剧啊，悲剧！

皇室的悲剧，必然导致国家的悲剧。

国家的悲剧必然导致人民的悲剧。作为小民的关汉卿不承受悲剧的苦难行吗?

川拨棹

金国把原皇帝完颜允济的女儿进贡给成吉思汗,这件鄙贱的事情看似与关汉卿毫无关系,可是,不仅关汉卿,而且每一个国中小民都搅和在其中。一个国家倘软弱到不得不向自己的敌人献媚讨好的地步,他卵翼下的国民无异于一伙任人宰割的羔羊。这时候,不乏钢骨铮铮的将士挺身而出,用自己的血肉之躯去抵挡敌人的长矛剑戟。他们的行为留下可歌可泣的事迹,而后在皇帝的诏书与众生的口舌里树起一道精神丰碑,甚而成为千古颂扬的榜样。可是,无论后人再怎么刷新往事,也掩盖不掉其时遮天盖地的血雨腥风。

这血雨腥风的气味很快驱散了《南风歌》的温馨。

打开志书阅读,关汉卿的家乡解州不算是政治中心。金元交替之际,解州隶属于河东南路。河东南路的官府在平阳,也就是现今的山西省临汾市。平阳的战事非常频繁,用"拉锯"一词形容十分确切。走进《山西通志》,战争的腥风扑面而来,想躲也躲不过。贞祐四年,即公元一二一六年正月,蒙古军马六千余人滚滚南侵,第一次出现在平阳城下。"急攻十余日,宣抚使胥鼎屡却之"。[①] 蒙古军没有攻克平阳,并使胥鼎名声大振。敌军撤兵,他竟率兵"入援京师"。这年十二月,蒙古军再来攻城,仍然没能攻下。攻下平阳城是在兴定二年,即公元一二一八年。蒙古军夺取平阳城并不容易,先是提控郭用战死,又是守将李华、从坦战死。志书"下平阳"三个字里飘浮着催人泪下的腥风。

平阳不会轻易丢弃,没过多久御史中丞完颜伯嘉控制了整个河东

---

① 《山西通志》第5922页。

大地，平阳也被收复。之后，我们还可以在志书里看见两次"下平阳"，一次是在兴定三年，即公元一二一九年；另一次是在正大四年，即公元一二二七年。这一次"下平阳"，是蒙古军最后一次攻克平阳。金朝也就永久失去了平阳。

平阳如此艰难的争夺，固然与其河东南路政治、文化中心的地位有关，但是，与保卫盐池也关系至殷。元光二年，即公元一二二三年，金国"遣兵守卫解州盐池"。前一年，"京兆行省完颜合达奏言"皇帝："河南、陕西仰给解盐，今正晒盐之时，而敌扰之，将失其利。乞速济师。"并陈言食盐的方略："今方敌兵迫境，不厚以分人，孰肯冒险而取之。若输运者十与其八，则人争赴以济国用。"[①] 盐池的重要彰显着解州的重要，由此窥视守卫平阳无异于筑起一道保护盐池的屏障。

只是，皇家棋盘上的正确战略往往是儿戏民众的生命。蒙古军入境，即发布屠城令。屠城的原则是，凡是抵抗的城市，攻破之日，不问因由，男男女女，老老少少，贫贫富富，一律格杀勿论。平阳城几次攻破，几次收复，这等于金兵和蒙古军将战争的大锯架在百姓的脖子上，拼命地拽拉。拉锯之外还有灾祸，不是来自对手，竟是出自守护。距解州一箭之地的绛州城破后，元帅都监内族阿禄带逃至河中府，一看孤城难守，就上奏朝廷放弃。皇帝降旨曰："果不可守则弃之，无至资敌。"如何"无至资敌"？阿禄带有办法，《山西通志》载："火烧民户官府，一二日而尽。"面对熊熊燃烧的烈焰，百姓痛哭也无济于事，要想苟活，唯一的办法就是背井离乡，流离失所。同样，平阳城里的那些百姓如不赶紧地逃跑，只有成为刀下鬼，用热血浇灌荒草。

腥风吹，山河碎，遍地鬼魂多过人。

公元一二〇七年，蒙古人进入中原前，金朝人丁兴旺，全国人口七百六十八万户。而到了蒙古大汗窝阔台统治的时期，锐减为一百多万户。可怜的那六百余万户人口，不是城市废墟的冤魂，就是荒山秃岭的

---

① 《金史》卷一六《宣宗·下》，第344页。

野鬼。

兵荒马乱，遍地席卷；战火狼烟，燃烧脸前。关汉卿还能一心只读圣贤书吗？

不能，无论如何也不能了！和众多的乡邻一样，他们家也面临着流离失所。从关汉卿后来的行迹判断，先离家的是父亲关恬，他不走不行。他是金朝衙门的小吏，若是落入蒙古军手里，必死无疑。三十六计，走为上计。往哪里走？所幸，狼狈逃窜的金宣帝完颜珣蹚出一条路，仓皇逃到南京，也就是今天的开封。到那里去说不定会在宫廷弄份差事干，至少也胜过在家乡战战兢兢，如履薄冰。当然，关恬还有个心思，就是想先走一步，为儿子的前程探探路子。

关恬要走，又没有能力带走家人，可以断定这是一次伤心断肠的离别。若不是每日都有失利的消息传来，若不是每日都有流民拥来，怎么也割不断关恬对妻子、儿子的那份牵连。关恬咬咬牙走了，走之前将妻子和弟弟的妻子安顿在山窝里的亲戚家里，躲避灾祸。关汉卿和叔叔呢？

回答这个问题，需要借助田汉先生的想象。[1]在田汉先生想象的世界里，关汉卿堂而皇之走进了权倾朝野的阿合马别邸，堂而皇之坐进了客厅，堂而皇之与阿合马母亲攀谈，此刻关汉卿的角色不是令人小瞧的编剧，而是一位治病救命的大夫，还是一位医术高超到堪称精湛的大夫。他张嘴问："老太太，今天怎么样？"

阿合马的母亲说："好多了。大夫你真高明。我这病也不是三年五年的了，经过了多少有名的大夫，现在才算一天天见好了，真不容易啊。"

还嫌这夸赞不够分量，田汉先生又让身边的贵妇接着赞美："你真是高明。老太太这几天不只是心痛止了，胃口也好了很多，昨儿个吃了好些东西，也不觉得撑得慌了。住在西山从不知道西山是什么个样儿，今天才第一次上外头走了一下，老太太可高兴哩！"

---

① 田汉剧作《关汉卿》第三场。

这么高明的医术怎么来的？肯定不是与生俱来的，而是学来的。关汉卿学习的天地很广，那兵荒马乱的岁月，更是他长进医术的时光。他不是为长进医术而学医的，是为了救死扶伤而行医的。

母亲和婶娘安身的山窝，虽然不大，也足以容得下他们叔侄。父亲走时就是如此安置，还再三叮咛他要继续埋头读书。别看眼下混乱，一旦世道平稳，皇帝就会开考选官。现在不读书，到科考时就会后悔。叔叔关灿或许还在一旁帮腔：

"是呀，这世上卖什么药的都有，就是没有卖后悔药的。"

然而，自从父亲走后，关汉卿却忙得连书籍也顾不上摸。他和叔叔整日忙碌在大路边，忙着救治那些受伤的兵，忙着诊疗那些染病的人。叔叔刮骨，他帮着剔肉；叔叔疗臂，他帮着敷药；叔叔切脉，他帮着开方……

大凡与战争如影随形的就是瘟疫。死尸的腐烂发臭，苍蝇蚊子的跋扈飞扬，给了瘟疫快速生长的环境。人们走着走着会感染，走着走着会倒下，倒下了就再难起来。看着那些面黄肌瘦、枯草般摇晃的人们，叔叔心疼，关汉卿也心疼。关汉卿心疼只能眼巴巴心疼，叔叔心疼却要摆脱心疼。他呼唤乡邻砍些树枝搭起个草棚，支起一口锅，将采来的黄连、黄芩、连翘、蒲公英，熬成汤，招呼过路的人们喝，给他们清热解毒。

忙到深夜，叔侄俩累得躺倒不愿再起来。婶娘心疼地说："那么多可怜人，你们救得完？"

叔叔叹口气，说："唉，救不完，救一个算一个。"

这话很普通，可从关汉卿后来的作为看，他是牢记了一辈子。

夜行船

萧条，萧条，萧条。

荒疏，荒疏，荒疏。

血雨已停，腥风已息。金国的旗号换成蒙古。要以大元国号相称，还需几十年的等待。国号可以等待，国事不能等待。当下最重要的国事是让萧条萌生新绿，让荒疏复为繁盛。

这不是关汉卿能左右的事情，也不是关汉卿想左右的事情。那血雨腥风的战事，那哀声遍野的流民，那路边草丛的枯骨，在他的心扉划下深深的刻痕。这刻痕是不是化为面目狰狞的厉鬼，一次一次出现在他的梦境，惊悚得他猛然而醒，心脏急剧跳动，久久不止，我们无法探知。可以感受的是，那悲惨的往事已成为他生命的底色，将不断在他的剧作中映现，贯穿他今后的人生。

活泼开朗的关汉卿可能会时常发呆，坐在案前手不抚卷，双目直直瞅定窗外；站在田边头不回转，双目直直瞅着远天。无奈地茫然、困惑，此时应该是他身心的主宰。

知子莫过母。母亲最了解关汉卿的心思，赶紧开导他。这里我们该走近这位母亲了，如果从关汉卿的成就看，她无疑是一位成功的母亲。她教子的经验，一定会对当代急于望子成龙的母亲有所启示。令人遗憾的是，这样一位不凡的母亲却没有留下自己的名字。名字无关紧要，要紧的是她不是一位普通的母亲，是一位有见地、有眼光的母亲。这从她儿子关汉卿的剧本《状元堂陈母教子》里可以感知。那里的陈母未必不是他恋母情结的外化。不过若要贴近事实，我们不必妄论，称她关母最为可靠。

关母见儿子心事太重，宽慰他："别急，乱世过去，科举是迟早的事。"

打开这个心结很是必要，科举及第是关汉卿终生难以释怀的情结。上面列举的陈母教子，关汉卿将之放在状元堂，也许是有意的，也许是无意。不过，却将他内心世界的影像反射出来。他是想科举入仕，主理世事，改变世道。可是，这暴力肆虐的天下，梦想成真何等遥远啊！

叔叔也看到了关汉卿的心结，像母亲一样劝说他。母亲的宽慰言犹在耳，他没有说出自己的看法是怕再惹母亲担心。和叔叔待惯了，他愿意和他交心。他坦诚地说：

"像这样的乱世，给我官，我也不做。"

叔叔没有回答他的问题，反问他："那你不想改变这混乱世道？"

一个胸有大志的人，不会甘于平庸，不会甘于混迹人群，碌碌无为地度日子。关汉卿当然是这样的人，脱口即答："当然想！"

"想，就要把它变为行动。"叔叔顺水推舟。

关汉卿立即问："如何行动？"

"入仕当官。"叔叔答得毫不迟疑。

"？"关汉卿一时怔住，想了想再问："难道除了当官再没有别的办法？"

叔叔告给他："什么办法也没有当官来得快。"

是不是叔叔还告给他，当官能够领导人。领导一个人，就容易改变一个人；领导十个人，就容易改变十个人；领导一百个人，就容易改变一百个人……时过境迁，谁也无法洞察当时的场面，只是从关汉卿对科举的向往之情，我们能够感受到肯定不乏叔叔这样的高人点化。关汉卿继续着科举梦，这梦想他还要借裴度之口唱出。先抒发自己的远大理想，"我胸次卷江淮，志已在青霄云外。叹穷途年少客，一时间命运乖！有一日显威风出浅埃，起云雷变气色。"[1] 再倾诉生不逢时，"我如今匣剑尘埋，壁琴土盖"。[2] 更向往时来运转，"儿时得否极生泰？……我不能勾丹凤楼前春中选，伴着这蒺藜沙上野花开。则我这运不至，我也则索宁心儿耐。久淹在桑枢瓮牖，几时能勾画阁楼台？"[3] 内心向往科举，而且是急切向往，向往一朝中举，则"稳情取禹门三级登鳌背，振天关平地声雷。看堂堂图相麒麟内，有一日列鼎而食，衣锦而回。那其间青霄独步上天梯，看姓名亚等呼先辈；攀龙鳞，附凤翼，显五陵豪气，吐万丈虹霓。"[4]

[1] 关汉卿剧本《山神庙裴度还带》第一折。

[2] 同上。

[3] 同上。

[4] 关汉卿剧本《山神庙裴度还带》第二折。

关汉卿努力平息郁结的气恨，恢复战争之前的心态，把时间和功夫下在学习经书诗文上。官吏则努力稳定局势，疗治战争的创伤。此时，解州不再隶属于河东南路，而受平阳郡的统辖。《山西通志》记载："平阳诸郡被兵后，民物空竭。"主管官刘世英"言于国王曰：'自古建国，民以为本，今若是，孰给转输？收存恤亡。此其时也。'王善之。"足见，平阳民物空竭的状况，已引起官府注意。迅速改善这种状况，得益于李守贤。当上知平阳府事、兼本路兵马都总管的李守贤，很会向上头要政策。"庚寅，太宗南伐，道平阳，见田野不治，以问守贤。对曰：'民贫窭，乏耕具致然。'"太宗知道百姓贫穷得连耕地的农具也买不起，立即高度重视。"诏给牛万头，乃徙关中牲口垦地河东。"有了耕牛，平阳的生产就恢复了活力。之后不久，朝廷让平阳准备万石粮食支援云中，还是这位李守贤马上奏曰："百姓疲敝，不任挽载。"皇上欣然纳之，不再要粮。如此休养生息，残喘的农人逐渐有了活色。

在这个世界上遭受打击的，往往总是有欲望的人。欲望越是强烈的人，往往遭受的打击越严重，越厉害。关汉卿埋头读书，装满了一肚子经典文章，诗词歌赋，等待科举入仕。可是，那科举遥遥无期。苦啊，等待的那份焦渴，那份寂寥，只有关汉卿知道。我们能知道的仅是从《元史·选举志》里下载的毫无感情的平面文字："太宗始得中原，辄用耶律楚材言，以科举选士。"可是此时并未实行，"至仁宗延祐间，始斟酌旧制而行之。"查考延祐年，时间已是公元一三一四年以后，出生在一二一〇前后的关汉卿即使长寿到百岁老人，也只能苟延残生，无缘进入考场。可悲，可悲，一个人满腹经纶，胸怀韬略，却又无处施展，那该是何等心境？

窦天章赴考前的悲伤，未必不是关汉卿的心境："腹中晓尽世间事，命里不如天下人"，"文章学仲尼"，"弹剑自伤悲。"[1]

若是想来点形象直观的，就请看裴度在风雪天的悲唱：

---

[1] 关汉卿剧本《感天动地窦娥冤》第一折。

看路径行人绝迹，我可便听园林冻鸟时啼。这期间袁安高
卧将门闭。这期间寻梅的意懒，访戴的心灰，烹茶的得趣，映
雪的伤悲。冰雪堂冻苏秦懒谒张仪，蓝关下孝韩湘喜遇昌黎。
我、我、我，飘的这眼炫耀，认不的个来往回归；是、是、是，
我可便心恍惚，辨不的个东西南北；呀、呀、呀，屯的这路弥
漫，分不的个远近高低……①

豆叶黄

这是一方神奇的水土。

神奇在有些事情用正常的逻辑你怎么也捉摸不透。

中国戏剧迟到的成熟，余秋雨先生曾经归结于礼仪祭祀的误导。是
规范的礼仪，将民间歌舞，将戏剧的源头清流导引进自身深沉的湖泊，
于是，几千年都迷醉在粼粼的波光之中。礼仪祭祀最为兴盛的就是河东
大地，终生以克己复礼为大任的孔夫子周游列国，也是为这个使命奔
波。可是，他的车轮没有转进晋国的道路，他的脚步没有踏上晋国的田
土。据说，那年他带着弟子来到晋国的边沿，远远望去，黄牛悠悠耕
地，炊烟袅袅升起，一曲悠扬的《击壤歌》飘荡而来，多么温馨和谐的
生活图景啊！就在这时，田垄上的一只禾鼠蹬直后腿，拱起前爪，正向
他们礼拜。孔夫子和他的弟子看呆了，这地方礼仪如此深厚，难道还需
要他们再去饶舌吗？无须，无须。

于是，他们掉转车头，往回走去。

至今解州北面百余里还有个村庄，名字就是"车回头"。据说，那
里就是孔子回车的地方。

---

① 关汉卿剧本《山神庙裴度还带》第二折。

就是这个用礼仪祭祀迷失歌舞表演进程的地方，可能要还一笔历史的陈债，要在这里成熟戏剧。要不，为什么当宋代的杂剧在勾栏瓦舍里唱红时，这里偏远的山村会有了舞台？要不，为什么当金代院本戏剧在宫廷里盛行时，这里的村庄也在上演？要不，为什么当铁蹄踩踏出的血雨腥风刚刚散去，这里的戏剧就又死灰复燃？探究背后的原因，还是礼仪祭祀复苏了戏剧。那些遗存的戏台，多数都在庙宇。这等于说，每一次唱戏演艺，都是人们祭祀神灵的礼仪。虽然，这演艺娱乐了人们，但是，最初的动机却是讨好神灵，让他们庇佑众生，再不要刀戈纷争，再不要生灵涂炭。最好是风调雨顺，最好是五谷丰登，让我们享受太平，丰衣足食。缘于此，越是时局混乱，人们越是认为这是自个儿对神灵祭祀不诚，才导致天下不宁，万户萧疏。

因而，战争的尘埃刚刚落定，解州的戏剧就唱起来了。关汉卿和众多的人们簇拥在池神庙的戏台下观看演出。同往常一样，台上的锣鼓弦乐一响，关汉卿浑身就没有一个部位还能安宁。伶人在台上歌舞演唱，他的血液在脉络里歌舞演唱。伶人的歌舞演唱结束了，他的歌舞演唱却迟迟难以结束，血液还在奔腾激昂。有时走在回家的路上，禁不住放开喉咙亮开嗓门；有时回到家里意犹未尽，还要趁着月光在院子里铿锵走场。可这日的演出，关汉卿鼓荡的血脉没多会儿就停息下去，他觉得有些怪味，有些失望。

不怪关汉卿失望，往日演出台下的人都在静悄悄地观看，这日竟有人骚闹。骚闹的人不多，却一个劲叫喊：

"关老爷，别多管闲事！下去吧，回你庙里去吧！"

喊叫的人是蚩尤村的。他们喊叫是嫌演出《关大王战蚩尤》。蚩尤是上古时代的人，关大王是汉末三国的人，两人打哪门子仗啊！可是，台上还真打起来了，打得不可开交。这两人打斗不怪伶人，是当地就有关大王战蚩尤的民间传说。传说怕人不当真，把宋代的皇帝也搬出来。有人说是宋真宗，有人说是宋徽宗。是哪个皇帝不要紧，要紧的是他们露面时焦头烂额，因为解州盐池的课税迟迟交不上来。唤来当地官吏问责，才知道解池水流锐减，难以生盐。而池水锐减的原因却令皇帝大吃一惊，竟然是蚩尤作乱。蚩尤神通广大，武艺高强，何人才能降伏他呢？唤来降魔的张天师，也没有办法。不过，他推荐了个人，这人不是别个，就是关云长关大王。关大王领命，奏告皇帝，解池方圆三百里内的百姓，七日不要外出走动。随即展开大战，关大王像生前一样英俊威武，提着他的青龙偃月刀，骑着他的赤兔马，和蚩尤厮杀在一起。"忽一日，大风阴暗，白昼如夜，阴云四起，雷奔电走，似有金戈之声，闻空中叫噪。如此五日，方且云收雾散。"[1]交战的结果，不用说关大王大获全胜，蚩尤又被打败，又被肢解一次。

这样的演出，这样的结局，是为关家先祖涂脂抹粉，关汉卿应该高兴才是。偏偏关汉卿非但不见笑容，还愁眉紧锁。骚闹的村人一散戏都走了，关汉卿迟迟未走，而且找到后场。站在局外观看，关汉卿这次走进后场至关重要，这是他进入伶人戏子当中的第一步。他可能找见班主，对他说以后最好不要再演这戏。

班主肯定惊疑地问："为什么？"

关汉卿答："你不见台下有人闹腾么？"

班主追问："是啊，我也有些奇怪，那些人喊闹啥？"

关汉卿把他的困惑和盘托出。这盐池原本就是蚩尤的地盘，是黄帝抢地夺盐，还杀死人家。这么做就无理可讲，反过来我们还数叨蚩尤的不是，这世道能不混乱吗？咱再让关大王和蚩尤厮杀一场，那不是让自己人窝里斗吗？你道是谁在台下嚷叫，那都是蚩尤村的人啊！

班主肯定恍然大悟，惊喜地拉着关汉卿的手感谢："你不说，我还真不知道是这回事。"

转脸又瞅着身边那位个头不高，却眉目清秀的后生，说："君宝，你快给咱写新戏，不要让大伙儿老吃一锅饭。"

那个后生就是将和关汉卿一起载入元代戏剧史的石君宝。在古都

---

[1] 《三教源流搜神大全》卷三。

平阳研究戏剧多年的墨遗萍先生，认为石君宝和关汉卿曾在平阳城中的伶人集聚的燕尔巷里，携手耕耘戏剧，为之注入活力。我们姑且将这次邂逅作为他们相识的开头。关汉卿与班主交谈时，石君宝没有插话，可是已盯住这个和他年龄相仿的后生。只见他身材高大，脸阔眉浓，眉下的眼睛闪着亮光。谈吐文雅，流露着满腹的文章。此刻，他应着班主的话，眼睛仍然瞅着关汉卿。

接下来，他们侃侃而谈，一定说了不少的话。说些什么，不必细究，用"一见如故"就可以概括这次初识。不可忽略的是，石君宝提出要关汉卿参与写戏。他说："兄弟，班主急着要排练新戏，我一人应付不过来，你学识这么好，咱一块写吧！"

此前关汉卿还真没有想过写剧本，他一门心思都想着皇家开考，好前去应试。说出心事，石君宝告给关汉卿，他也要前去应举，只是现在科考无期，何不先编写剧本赚点银两度日子？看来石君宝家境不好，与他相比，关汉卿不必要写剧本赚钱养生，尽管蒙古军一来，他家的田产早已被人抢占，不能再收租粮。可是，他和叔叔都能行医，日子不算拮据。偏偏石君宝这么一说，竟然一语点醒梦中人。关汉卿喜欢唱，喜欢跳，看伶人演出有无穷的乐趣，要是能给他们写剧本，那当然是再好不过的事。但凡世人做事，无不各有动机。当动机出于稻粱谋时，很可能是被动的。出于自身的兴趣爱好，那才是发自本身的欲望，才有难以估量的生机活力。

石君宝从关汉卿眼睛里看见的应该是欣喜，只见他略一停顿即说："写，写什么呢？"

石君宝随口就说："关大王战蚩尤不行，他那么英武，写别的事情啊！"

世界上的事情有时非常怪异，局内人百思不得其解，局外人随口一句不假思索的话却能照亮前程。或许，这就是当局者迷，旁观者清。关汉卿一拍大腿，跳近来拉住石君宝的手说："好，我来试试。"

如果不是这样，何来的《关大王单刀会》？

第四折

迎仙客

威武盖世，荡气回肠。

一个彪炳青史的大英雄，在关汉卿的笔下屹立于天宇。

《关大王单刀会》，也称《关大王独赴单刀会》，就是关汉卿首次依据历史故事，将关云长推向戏剧舞台的。在陶宗仪的《南村辍耕录》里，曾提到金代的三国戏《大刘备》《赤壁鏖兵》《骂吕布》《襄阳会》，剧中都有关云长出场。不过，他都是陪衬，不是主角。《关大王战蚩尤》倒是头一回让他当上主角，可那是个令人啼笑皆非的故事，让一个大英雄干了一件虚无而荒唐的事情。在关汉卿眼中，那不是对他的先祖的歌颂，反而是对关云长忠义正直的亵渎。因而，要为先祖关云长写戏，写他的什么事迹，关汉卿不得不再三深思。

关汉卿读过《三国志》，陈寿书写的关云长历历在目。

"亡命奔涿州"。——这不就是关云长在家乡挺身而出，斩杀恶棍吕霸的大义之举嘛！大丈夫气概过人，英武超群，该写！然而，关汉卿没有写。

"先主与二人寝则同床，恩若兄弟。"——这不就是关云长的忠义写照嘛！自刘备、关羽和张飞饮酒盟誓，三人情若兄弟，同床而眠。时常刘备落座，关、张二人不辞辛劳地随身守护。真情无价，义气超群，该写！然而，关汉卿没有写。

"羽望见良麾盖，策马刺良于万众之中，斩其首还，绍诸将莫能当者，遂解白马围。曹公即表封羽为汉寿亭侯。"——这不就是关云长威武无比的真实活画嘛！建安五年，即公元二〇〇年，曹操进攻刘备，关云长战败被擒，不得已而投降。曹操待以厚礼，任命为偏将军。袁绍派大将颜良、淳于琼、郭图围攻白马。曹操率军救援，就是关云长拨马前去，转眼拿下颜良头颅，解除了白马危机。威武无比，英勇超群，该写！然而，关汉卿没有写。

"羽尽封其所赐，拜书告辞，而奔先主于袁军。"——这不就是关云长罕见的耿耿忠心嘛！关云长得知兄长刘备的消息，把曹操的赏赐物品悉数封存，留下书信告辞，千里奔波回到刘备身边。忠心不贰，诚挚超群，该写！然而，关汉卿还是没有写。

……

关汉卿没有被乱花迷眼，而是欲穷千里目，更上一层楼。他站在三国历史的一个至高点，一眼盯住了荆州。

荆州有关汉卿先祖创造的历史辉煌。关云长镇守荆州，守出了三国鼎立的可能，守住了蜀汉立国的保证。像张飞喝断当阳桥一般，关云长独立荆州，北拒曹军，东震孙权，才使刘备放心西征，入蜀取川，建国称帝。真真是谁敢横刀立马？唯我先祖云长。

荆州暗含着关汉卿的血泪。他不止一次在父亲嘴里听到，曾经的大宋，万里疆域，国泰民安，可是怎么就在金兵的刀戈之下，顷刻崩溃，溃逃到遥远的南方？他亲眼目睹，金国上下，标榜固若金汤，矢志要抵挡北军的侵扰。可是怎么群马的铁蹄竟如风扫残云，转瞬就改换了朝代呢？金兵的暴虐他没能看见，蒙古军马的嘶叫犹在耳畔，百姓的离乱仍在眼前，想起那血肉迸溅的场面，他的心在颤，泪在流，流，流，流个无尽头。

荆州潜藏着关汉卿的渴望。多少回他在梦里呼喊，呼喊先祖关云长！倘若他能再世重生，倘若他能挥戈上阵，金兵岂敢暴虐？蒙古军岂敢肆横？大汉子民岂能生灵涂炭？

关汉卿变成一只啼血的精卫鸟，他要呼唤，他要呼喊，再呼出一个关云长，用他的胸膛筑起天下万民的防风挡火墙。

夜深人静，窗外风声搅着雨声，关汉卿蘸着泪书写：

　　咱本是汉国臣僚，欺负他汉君软弱，兴心闹……①

　　破曹的樯橹一时绝，鏖兵的江水犹然热，好教我情惨切！（带云）这也不是江水，（唱）二十年流不尽英雄血！②

风停雨歇，关汉卿瞅着晨曦染红的窗户纸，抬起头仰望。然后，把心中的向往留在纸页：

　　河清海晏，雨顺风调；兵器改为农器用，征旗不动酒旗摇；军罢战，马添膘；杀气散，阵云消；役将校，做臣僚；脱金甲，着罗袍，帐前旗卷虎潜竿，腰间剑插龙归鞘，抚治得民安国泰……③

要把这向往变为现实，没有先祖关云长这样的大英雄主宰尘世哪能如愿以偿？在朗照的艳阳下，他让关云长突兀挺立：

①　关汉卿剧本《关大王单刀会》第一折。
②　关汉卿剧本《关大王单刀会》第四折。
③　同①。

　　上阵处三绺美髯飘，将五尺虎躯摇，五百个爪关西簇捧
定个活神道。敌军见了，唬得七魄散、五魂消。你每多披取几
副甲，剩穿取几层袍。便有百万军，挡不住他不刺刺千里追风
骑；你便有千员将，闪不过明明偃月三停刀。①

　　关汉卿让乔国老赞罢关云长仍不尽兴，干脆请出隐士司马徽，让他
也放声赞颂："他圆睁开丹凤眸，轻舒出捉将手；那神道横将卧蚕眉紧皱，
登时敢五蕴山烈火难收。若是他玉山低趄你则频斟酒；若是他宝剑离匣
你则准备着头！枉送了你那八十一座军州！"②

　　……

　　写一写，停一停。

　　停一停，写一写。

　　一连数日，关汉卿闭门不出，伏案耕耘。关云长独驾一叶小舟前去
赴会，他提心吊胆；关云长愤怒数叨鲁肃，他好不痛快，呼出闷在心里
好久的窝囊气；关云长冲出暗伏的兵卒，走出宴会，他好不得意，得意
他让先祖演绎出自己的志向。

　　关汉卿兴奋地放下了笔。

　　走出屋舍，踱出村庄，田园顿见开阔，清风扑面抚来，关汉卿浑
身轻松，好不舒爽。可就在此时，他的得意突然飘散了，有了言犹未尽
的感觉。他没再往前走，转身回返。走没几步，他肯定飞跑起来。回到
屋里，拿起笔又写，又写。轻柔的毛笔在绵薄的纸面画着，极像是盐湖
偶尔泛起的鳞波。只是，盐湖那鳞波倏忽即起，而关汉卿毛笔画过的纸
面，却永远搅沸着情感世界的鳞波。

　　关汉卿让关云长嘱咐了鲁肃几句，关键是在他的话里嵌进了一句比
石还硬、比铁还坚的话：

① 　关汉卿剧本《关大王单刀会》第一折。
② 　关汉卿剧本《关大王单刀会》第二折。

"急切里倒不了俺汉家节！"①

叨叨令

该用什么词语还原关汉卿写完《关大王单刀会》的情形呢？

一个春潮勃发的青年，饱受着时局混乱的压抑和前途无望的折磨，积蕴在心胸深处的岩浆，在墨色里奔突而出，形成一股冲天意气。气冲霄汉的凌云大志，凝聚为力挽狂澜的关云长。与其说那是关云长，还不如说那就是关汉卿风华正茂的精神热望。说他喜形于色，说他手舞足蹈，都不过分。可以猜想，他且把书房当舞台，挥臂扬眉唱过江。他一捋须，一甩袖，高声唱：

"破曹的樯橹一时绝，鏖兵的江水犹然热，好教我情惨切！二十年流不尽的英雄血！"

偶尔，可能会有一丝不安隐隐迫击他的心扉。他率性走笔，一发不可收拾，居然把关大王的戏写满整个场子。按照当时流行的剧场规矩，一次演出不能只是一个故事。至少也要两个，再夹杂一些插诨打科的逗笑段子，便算撑圆场面。要不怎么从宋代起就叫杂剧，叫过金代，还是这个模式。模式沿袭久了，就是约定俗成的框套。关汉卿看到的演出，没有一次不是这个框套。他的不安就在这里，这么写出的剧本不合乎过去的框套，能得到班主的同意吗？班主不同意就不能上演，那岂不白费力气？

关汉卿心里没底，写到一半就含糊了，先祖关云长还没有登场亮相，就占用了两折，这到底妥不妥？含糊的关汉卿没有再往下写，撂下笔就往盐池庙跑。他去找班主，想听听他的意思。班主不在，盐池的演出安顿顺当，又赶往别处去搭台。搭台，可也不是搭盖戏台，而是提前

---

① 关汉卿剧本《关大王单刀会》第四折。

探路联系，不能让戏班断场。断场是没有地方演出，那就会没有饭吃啊！班主不在，石君宝却在。可是，他也愁眉苦脸。见到关汉卿，他比关汉卿见到他还欣喜。他赶紧拉关汉卿坐下，脸上的愁色飘散好多，惊喜地问："你怎么来啦？"

关汉卿刚说遇到个难题，石君宝就打断他的话，我也是，我也是，愁死啦！说着，便把他肚子里的苦水倒了个痛快。石君宝正写的《秋胡戏妻》，是个悲凉有趣的故事。新婚是人生最大的喜事，可是秋胡的喜事却是人间最大的悲事。刚刚拜过花堂，要入洞房，却被官吏抓去从军。这一去杳无音信，妻子梅英和婆婆苦苦度日。李大户看上美貌的梅英，要娶她为妻，梅英死活不从，让他讨了个没趣。十年后，秋胡混了个小官回到村里。路过桑园，看见一个美貌的娇娘，心起歹意，上前调戏。那姑娘不仅没让他如愿，还骂了他个狗血喷头。没想到回到家里，他调戏的那个娇娘竟是他的妻子。

石君宝话音刚落，关汉卿便连声叫好，催他："快写，快写！"

关汉卿听到的却是石君宝的一声长叹："可是，还没写到秋胡回来，就已三折了。再写，就把一个整场占满了。"

哦，同病相怜。关汉卿赶紧说："那就找班主说说啊！"

"说过了，班主还是让按照老规矩写。"

石君宝被卡在这里愁眉不展。他一说，关汉卿也呆住了，也愁眉不展。两个愁眉不展的年轻人，肯定枯坐了好一阵。毕竟枯坐不是办法，坐会儿接着商量。面前摆着两条道，一条是退路，退回到老规矩；一条是新路，往前走还不知道能不能闯过去。走老路保险，可是两人都说不能走，那是削足适履，写出的戏别说难有味道，连故事也演不完整。那该怎么办？

走新路！

二人打定主意，是沟是崖闯一闯，是荆是棘钻一钻。

关汉卿闯了过来，钻了过来，他总算如愿以偿，把关云长赴会的戏写了个完完整整，写了个尽致尽兴。如此心情，他高兴地舞蹈两圈，诵唱两声，合情合理。然而，就是这合情合理，马上给他带来痛苦不安。

给他带来痛苦不安的是他母亲。接下来的这情节自然出于假设，写作传记无论怎么说，假设都是无奈之举。可是，沉思再三，不作如此假设就难有后来的剧本《状元堂陈母教子》，也就只好顺水推舟。

关汉卿近日的举止已经引起母亲的注意。说是练字，时不时却有诵读声；说是诵读，时不时却又中断。时读时停，时写时读，这可不是儿子平日习经的模样。正怀疑这异常的举止不像是读书习经，就听见关汉卿那得意忘形的高唱声。儿子唱得真好，母亲听了觉得与伶人戏子的演出不分上下。要是别人演唱，她会静着心听下去，享受那熟悉的音韵。可儿子一唱，她立即有了不祥的感觉。自古以来，演艺唱戏都是下人们干的事，儿子要求取功名，怎能为这分心？不用说，关汉卿被叫到母亲面前。

母亲问："你唱什么？"

关汉卿如实答："儿子写了个戏文。"

虽然早有预感，母亲还是不无吃惊："孩儿，你咋干这下人的活计？"

这一来该轮到关汉卿吃惊，一冲动早把这事忘得一干二净。求取功名那是要做人上人，而写戏文的都是人下人呀！他一时哑口。

见他不语，母亲知道他是因为理亏，便温和地劝导："理会错了就好，再不要为这分心啦！你就埋头读书，等着科考。"

一向对母亲百依百顺的关汉卿却说："是这样，母亲。孩儿早把那些经书诗文读得悉熟烂透，肯定不会耽误科考。可是，科考要到何年何月啊？"

说出这话，关汉卿肯定吃惊，啥时自己悖逆过母亲啊！这发自本心的话语，说明关汉卿已迷恋上了写戏，一旦拿起，就再难放下。矛盾啊，矛盾，他不愿意放弃写戏，可更不愿违拗母亲。此时的关汉卿一定在两难境地遭受着精神折磨。

母亲的回答很是明确，那也不行。还苦口婆心地告诫关汉卿，咱关家是书香门第，官宦人家，父亲临走千叮咛万嘱咐，一定要你求取功名，咱可不能干那下人的事情。

再说母亲就会生气，关汉卿只能点点头退出来。

退是从母亲屋里退出来了，可是，关汉卿并没有退出写戏的心思。写戏给他带来了乐趣，那乐趣像是有魔力，胶合得他不愿撒手。不撒手如何面对母亲？关汉卿坐不稳，睡不宁。

梨花儿

"状元堂"里的那位陈母，是一位不懂妥协的成功教子先例。她一味坚守，督促聪明伶俐却失之浮浅的三儿子，弃旧图新，埋头攻读，终至金榜题名。若让我评价关汉卿的母亲，我以为她是一位善于妥协，获得成功的典型。妥协和不妥协，有一个尺度需要把握。把握得当，人才就脱颖而出。倘要失当，即使先天带有人才基因的人，也会蜕沦为庸才，或者蠢材。

这么说叨关汉卿的母亲，不是我有意高抬她，而是事实如此。假如她像陈母一样坚守自己的主见，元杂剧就会缺少领军人物，文学的苍穹就会少了一颗璀璨的明星。只是，妥协需要条件，或说需要有人协调。我觉得充当这个角色的应是关汉卿的叔叔关灿，而且非他莫属。在关汉卿的身上，叔叔倾注的心血不比他的父母少。父亲多数时候不在家里，母亲懂的诗书有限，关汉卿习经读文遇有疑难多是他传道解惑。对关汉卿的了解，他胜过别人。在别人家，知子莫过父，知子莫过母，在这里却是知侄莫过叔。当然，关汉卿也就把叔叔当成自己的知心人。往常在行医的路上，叔侄二人说说笑笑，无话不谈。这次遇到难题，关汉卿首先想到的应该还是叔叔。

我们可以假设这样一个情节，关汉卿来找叔叔并没有亮明自己要写剧本。那样直说，恐怕叔叔也会当即拒绝。他委婉地说："叔叔，我这儿有个剧本，你抽空读一读。"

叔叔或许并不在意，是几天以后的闲暇间才拿起来去读。这几日肯定关汉卿度日如年，他悄悄打探过几次，放在案几上的剧本根本没有打开过。可是，他不能催促，那样就会露馅。他只能等待，就像把手伸进屋檐下的洞里，不知掏出的是麻雀，还是毒蛇。叔叔几乎是一口气读完剧本的，读得心潮澎湃，兴奋不已。要知道这么好，哪能让它在案几上沉睡几日？放下剧本，连忙唤侄儿过来。

关汉卿一坐在叔叔面前，他就滔滔不绝地说，好戏文，这是给咱关家树碑立传啊！先祖关云长的戏不少，还真没有这么好的。顶天立地，英武伟岸，少见的大丈夫气概。撇开咱关家不说，这戏也应该演，时下缺少的就是这威武，这骨气。要是世上多有几个关云长这样的英雄，咱们怎么还能老受马队的踩踏，马夫的欺负！这里的"马队"、"马夫"无疑是指骑马而来的金国和蒙古军队。停一停，叔叔把手指在结尾的那一句"急切里倒不了俺汉家节"，连声夸：画龙点睛，恰到好处。然后，喜喜地告给关汉卿："这戏演出来肯定好看，肯定众人喜欢。"

真没有想到叔叔会这样喜欢自己的戏文，关汉卿忘情地瞅着叔叔竟不知该说什么？只听叔叔问：

"这是孰写的？"

关汉卿正不知如何回答，又听叔叔说："真是个才子，该多写几个啊！"

他连忙接口："可惜，他不再写了。"

"为啥？"

"父母要他科考。"

叔叔缓口气，说："科考个屁，还不知天王爷到哪一年才开恩。"

关汉卿叹息着说："就这，父母也不让他写戏，怕耽误诵读经书。"

叔叔惋惜地说："这是哪家父母？真该给他们开开脑筋。"

话说到这里，关汉卿马上倒出肚子里的苦水。叔叔听说是侄儿写的戏文，眼睛瞪得好大，像是要演绎刮目相看是什么样子。他真没想到侄儿有这么好的胸臆，这么好的文采。可要是侄儿走演艺的路子，他也有些不乐意。不过，他毕竟见多识广，只要侄儿不荒废学业，不撂弃医病，抽空写写也无大碍。因而，关汉卿提出要他去母亲那里说情，他便应承了。

我们不必再还原叔叔和母亲讲情的真实场景，但是，从后来的结局看，叔叔既愿意办事，也会办事。他说服嫂子，可能先说明时局混乱，当今蒙古人主宰天下，他们根本看不起读书人，科举考试遥遥无期。只要不误读书，关汉卿写点戏文还是门手艺。俗话说，艺不亏人。多个手艺，多条活路。如果，嫂子还怕耽误儿子的学业，那他可能举出关汉卿笔下的戏文劝说嫂子："想君侯文武全才，通练兵书，习《春秋》《左传》，济拔颠危，匡扶社稷，可不谓之仁乎？待玄德如骨肉，觑曹操若仇雠，可不谓之义乎？辞曹归汉，弃印封金，可不谓之礼乎？坐服于禁，水淹七军，可不谓之智乎？且将军仁义礼智俱足，惜乎止少个'信'字，欠缺未完。再若得全个'信'字，无出君侯之右也。"[1]

读过这段戏文，叔叔还会说："你看这写戏也是温习典籍，要不把经书读熟吃透，哪里会把仁、义、礼、智、信化入三国的历史？依我看，他写戏未必就是坏事。"

父亲常年不在，叔叔把家里柴米油盐大小事情料理得井井有条。战事纷乱不少人家缺米少饭，关家日子虽不宽裕，可也算得上方圆数里的好日子。叔叔在家里颇有声望，这么一劝导，母亲不再死守一条道。只是在母亲眼里，演艺的戏子都是人们轻贱的下人，她不让儿子登台露面。话说到这儿，叔叔唤来关汉卿，让嫂子亲口训教。母亲对儿子说：

"我不是不明理的人，你叔叔说写戏不是坏事，就按他说的办。只是你要依我两条：一条是不要因为写戏怠慢温习，耽误功名前途。再一条是，关家自古都是名门望族，咱不能光门耀祖，可绝不能给关门抹黑。你写是写，千万不能上台演唱。"

关汉卿下跪给母亲磕头，答说："孩儿牢记母亲的训教，不误科考，

---

[1] 关汉卿剧本《关大王单刀会》第四折。

不上台演戏。"

母亲这训教无疑影响了关汉卿的一生。他在《南吕·一枝花·不伏老》里自称"会插科、会歌舞、会吹弹",通五音,熟六律,这么好的天资,若是上台演出,怎么也是唱红的名角。可是,翻遍我获得的资料还真没看到他出场演出,违拗母训。

红芍药

熟知关汉卿的人无不称赞他是天才的戏剧大家。将天才冠之于关汉卿的确实至名归,可是如果说关汉卿写戏没有挫折,直赴成功的峰巅,那未必符合实情。从文学艺术的峰巅俯瞰那些天才,可以看出一个规律,天才的挫折有多大,成就便有多大。关汉卿自然也逃不出这个规律。

关汉卿得到母亲的允准欣喜异常,应该说,他怀揣剧本去见班主心里是兴奋的。他先见到的是石君宝,再兴奋也不会忘掉这位伙伴。何况在他写戏之前,石君宝就写过些小戏,算是个内行。所以,他不径直去见班主,先要听听石君宝的意见。石君宝看到那厚厚一沓子纸稿,就很惊讶:"写完啦?这么快!"

关汉卿谦和地说:"不一定行,你把把脉。"

刚翻过两页,石君宝不翻了,停住手说:"先让班主看吧,趁他在。免得他走了,咱还得跑腿去找。"

前些日子关汉卿去见班主,班主只觉得他是个有心人。石君宝鼓动关汉卿一块儿写戏,他根本没有当回事。他知道写戏的难处,读过多少年书的老夫子,提起笔又撂下,搔搔着头把放下的笔复又拿起,不知折腾多少回,才能写下一个短戏。岂料没多日,关汉卿就写出这么厚的一沓子剧本,他和石君宝一样也有点惊讶,答应马上看。石君宝拉关汉卿退出来,说起自己写的戏。《秋胡戏妻》已写到第三折,秋胡回乡在桑园拿出金币调戏他已不认识的妻子。妻子不从，气得破口大骂：

"你瞅我一瞅，黢了你那额颅；扯我一扯，削了你那手足；你汤我一汤，拷了你那腰截骨；掐我一掐，我着你三千里外该流递；搂我一搂，我着你十字阶头便上木驴。"

"好！骂得痛快，痛快！"关汉卿听着石君宝的唱词禁不住高声叫好。

关汉卿一夸，石君宝更来了劲，后两句干脆唱开了。嘴里仿着乐器："依哐，依哐，锵！哎，吃万剐的遭刑律。我又不曾掀了你家坟墓，我又不曾杀了你家眷属！"

"痛快，就要这般骂，骂那些戴个帽翅就变坏的狗东西！"关汉卿显然不光是骂戏里的秋胡，是骂猛兽般横冲直闯的马队，是骂那些坐进衙门就要辖制黎民的头领。骂过兴奋地说："快写，早点写完！"

二人正谈得热火，班主着人来叫。这么快就读完了？他俩你看我，我看你，不知班主会是什么看法。都害怕写这么长的故事不行，要是通不过就无法演出，那就白费力气。他们忐忑不安地走进班主屋里，没想到看见的是温煦的笑脸。刚站稳，班主就说："书生，写得不赖。"

关汉卿听了，松口气才说："写长了，要占一整场的时间。"

"是有些长，不过，戏里有故事人就能看住，咱试着破个例，演他一晚上。"

班主这么一说，二人如释重负，他们最担心的问题不再是问题，还有啥可怕的？关汉卿真没想到，还就是有他可怕的。接下来班主告给他，这个戏本还不能演出，不是故事不好，而是太文雅，老百姓听不懂，笑不了。你想平常日子过得麻烦，过得艰难，看戏不就图个快乐么？可要是听不懂，笑不了，看啥意思？然后说，你回去改改，改好咱就演。

说是改好就演，可改好并不简单。关汉卿费了好大的劲，甚至觉得写时都没有这么艰难。改完了，拿去给班主看，满以为能够通过，岂料班主竟说了句："还是原来的味道。"真如浇了一盆凉水，关汉卿浑身发凉。让石君宝看，他也觉得像没改一样。这可把关汉卿难住了，他不是不想改，可到底咋样才能改好，他心里没底。回返时穿过盐池的岸沿，天色已暗，关汉卿走得磕磕绊绊，眼前一片茫然。

化解关汉卿的茫然，离不开高人指点。我看这位高人，还是关汉卿的叔叔最为合适。他有学识，又长年来往于乡村广众当中，熟悉他们的脾胃。关汉卿把他的茫然一说，叔叔即告给他："班主真是内行，那天我读时也有同感，吃不准，不敢说。是这样，众人看戏就是图高兴，戏要没有趣，那看啥？更别说文雅得看不懂。"

关汉卿困惑地问："那咋算有趣？咋才能懂？"

叔叔不会讲道理，却给他唱出几句《张连卖布》。这是一出短戏，现在还流行于山西、陕西一带。这一带常演短戏，多是折子戏。唯有这《张连卖布》不是折子戏，是独立的短戏。因而就有研究者说，可能是宋金时期已有的杂剧。这是一出劝说戒赌的戏，丈夫赌博输得家业狼败，妻子苦口劝谏。按说，应该很为严肃，戏剧却滑稽逗人。叔叔随口唱出：

妻子：你把咱打捞池卖钱做啥？

张连：我嫌它不养鱼光养蛤蟆。

妻子：你把咱白杨树卖钱做啥？

张连：我嫌它长得高不能结啥。

妻子：你把咱芦花鸡卖钱做啥？

张连：我嫌它不叫鸣是个哑巴。

妻子：你把咱牛笼嘴卖钱做啥？

张连：又没牛又没马给你戴呀。

妻子：你把咱五花马卖钱做啥？

张连：我嫌它性情瞎爱踢娃娃。

妻子：你把咱大狸猫卖钱做啥？

张连：我嫌它吃老鼠不吃尾巴。

妻子：你把咱狮子狗卖钱做啥？

张连：我嫌它不咬贼光咬娃娃。

……

叔叔还没唱完，关汉卿就打断他说："这不是下里巴人吗？我是想写阳春白雪啊！"

这一来叔叔摸准了关汉卿的症结，问他："啥是下里巴人？是乡亲们说的话？"

关汉卿点点头。

叔叔接着问他："啥是阳春白雪？是典籍里的话语？"

关汉卿又点点头。

叔叔没有反驳他，拿起笔继续发问："书上写这是啥？"

"毛笔。"关汉卿如实答。

"你平日说啥？"

关汉卿要过毛笔写下："生活。"

"不对，"叔叔接过笔写出的是："圣活。"

"圣活？"关汉卿略有所悟，"是圣人干的活？"

叔叔说："对呀！常言道，万般皆下品，唯有读书高。毛笔是读书人的工具，是圣人干的活。你说哪个高雅？是毛笔，还是圣活？"

"当然是圣活。"

"这就对了，往往众人嘴里的话才是最古老、最文雅的。"

如果说上一次改稿，关汉卿是隔靴搔痒，那么，这一次应是脱靴搔痒，搔得好不痛快。无疑，帮他脱掉靴子的就是叔叔。无疑，这一改，班主拍案叫绝，剧本定稿排演。

回读剧本，"道童，门首觑者，看有甚么人来。（道童云）理会的。"原文的"觑者"似是"观看"，"甚么人"似是"何人"，"理会的"似是"遵命"。可以看出，大量民众的语言代替了书面语言，活泼了好多。关汉卿还加进了谐音逗乐，严肃的间隙，也能开心一笑。请看：

（鲁肃上，云）可早来到也，接了马者。（见道童科，鲁云）道童，先生有么？（童云）俺师父有。（鲁云）你去说：鲁子敬特来相访。（童云）你是紫荆？你和那松木在一搭里。我报师父去。（见末，云）师父弟子孩儿……（末云）这厮怎么骂我！（童云）不是骂；师父是师父，弟子是徒弟，就是孩儿一般。[①]

道童把堂堂"鲁子敬"误作和松木在一搭里的"紫荆"，真是又气又恼，还无法和孩童一般见识，轻轻巧巧玩了一把幽默。每回戏剧演到此处，台下都会发出一阵哄笑。

《关大王单刀会》上演了，看戏的人场场爆满，场场叫好。

关汉卿成功了，脱颖了，跃上了元杂剧的舞台。严格说，此时还不能称元，金国仍在不远处苟延残喘。

---

① 关汉卿剧本《关大王单刀会》第二折。

颠沛流离人生路

楔子

铁蹄踏碎了关汉卿科举的梦想，可是谁也不会料到，在破碎的废墟上竟然拱出了戏剧的新芽。这新芽还很嫩生，还很脆弱，不过，关汉卿就要带着这新芽出发了。

关汉卿往哪里去？

不要说他迷茫彷徨，即使他走过的路后人远距离回望，也难以确认。好在雁过留声，人过留迹，总有一些蛛丝马迹供人辨识。顾学颉先生在《元明杂剧》中写道：关汉卿"原籍是山西解州，也可能是先由晋南到了祁州，然后定居在大都的。"

一个"也可能"拓宽了追访关汉卿行迹的思路。将这个思路拓展得合情合理的是徐子方先生，在他的眼里，关汉卿不仅走出晋南，即包括解州在内的平阳，到达祁州，终至大都。而且，他的行踪不无曲折，走出平阳，先抵汴京，流落祁州，再到大都。晚年，关汉卿还辗转南下，游览杭州。风烛残年的关汉卿拖着羸弱之躯，返回祁州，并且终老长眠于此地。

关汉卿就这样走完了人生道路。

这是一条颠沛流离的路。

这是一条坎坷艰辛的路。

一路洒满了汗水，一路洒满了泪水，一路也洒满了心血。那汗水、泪水和心血里有悲欢离合，有喜怒哀乐，就是这悲欢离合、喜怒哀乐，一次又一次激起他情感的波澜。那波澜迸溅的声响，令他化为戏台上的生命浩歌。

就让我们去那浩歌里聆听关汉卿人生的足音吧！

第一折

普天乐

橘生淮南则为橘，生于淮北则为枳，所以然者何？水土异也。

一个人的成长，离不开地域环境的滋养。关汉卿应该庆幸生于解州这块自然环境优美、历史文化厚重的土地。那里的水乳、五谷和扑面而来的文化气息，早早播植在他的肌体里，流荡在他的血脉里。不过，若是和他后来的文化勋绩对接，还需要更深厚的文化养育。这个养育他的地方应该是统辖解州的平阳。平阳是帝尧建都的地方，也是元杂剧最早繁盛的活动中心。活动中心当然是后世研究者的评价，那个时候只是优伶戏子集聚的地方，献艺的场所。若是平民，能够走进平阳去观赏演艺，是莫大的享受；若是伶人，能够跻身其中登台亮相同样是难得的机遇。

关汉卿准定要走进平阳。只是在走进平阳之前他去了个一生不可忽略的地方——蒲州。

那个时候的蒲州，不会知道自个儿的名字将被嵌进蒲剧被携带到数百年之后。它知道名为蒲坂时虞舜曾定都于此，奏响《韶乐》。历数蒲州的辉煌，无法跳过李世民。昔年他在此叱咤风云，收复一度被刘武周占领的河东。继而，到他登上皇位将蒲州命定为大唐中都。蒲州一定还知道，进入元代今不如昔已成为现实，它和解州一样都从属于平阳管辖。它不知道随着一个人脚步的响动，蒲州繁衍的音符将会生生不息。

这个人就是关汉卿。

关汉卿走进蒲州没有这么远大的志向，也没有这么明确的目标，只是来看自己的戏。《关大王单刀会》在盐池唱红了，在解州唱红了，是不是在别的地方也能唱红呢？他心存疑问。解州是他先祖关大王的故乡，这儿煌煌坐落着关王庙，人们带着对关大王的敬仰看他写的戏，当然怎么看也说好。要真是这样，那就不是剧本的成功，而是他借助了先祖的声望。可以猜想关汉卿跟着戏班走动就是出于这般目的，可以猜想关汉卿走进蒲州是由于戏班凑巧要到此地演出。凑巧是偶然现象，与必然没有联系。可是，许多成功的先例都凸显出一个道理，偶然的凑巧里潜在着成功的玄机。

显然，《关大王单刀会》在蒲州的演出不亚于解州，要不这个剧本哪能流芳百世？或许，那是个月明星稀的夜晚。热烈的鼓掌声，激动的叫好声，随着夜晚的幽深已经消隐。关汉卿的心绪却久久难以平静，难以入睡。既然如此，那就不妨让他的脚步在朦胧的月色中轻轻移动。脚步踩踏在一个长长的暗影上时他猛然抬起头，那是高巍的鹳雀楼进入他的目中。此刻，不用他吟诵，不远处的黄河已激昂情愫，将唐朝王之涣的诗篇送进他的耳廓：

白日依山尽，
黄河入海流。
欲穷千里目，
更上一层楼。

这更上一层楼的诗句是不是鼓荡着关汉卿的心旌？让他决心写出更惹人喜爱的剧本？无法得知。从后来他的写作走势看，这诗句肯定是他新的精神动力。

这个月夜，关汉卿的收获实在太大了。可是跨越时空追溯，他的收获没有就此止步。没有止步是因为他没有停下前行的脚步，他继续缓缓迈动双腿。再一次停下脚步，是眼前出现了一座高巍的寺庙。普救寺！他失声地叫出嘴。这是多么熟悉的名字啊，偏偏由于沉浸在演出成功的喜悦里，他竟忘记了那无数次撩拨他心律的寺庙。此时，董解元《西厢记》的曲调在月辉里萦绕于他的耳际："曲儿甜，腔儿雅，裁剪就雪月风花，唱一本倚翠偷期话。"嘿嘿，"倚翠偷期"，这话好像入耳不雅，可是，你看那张生，不"倚翠偷期"行吗？是董解元笔下的崔莺莺在勾他的魂儿啊："清河君瑞，读了嘻嘻地笑不止。也不是丸儿，也不是散子，写遍幽期书体字。叠了舒开千百次，念得熟如本传，弄得软如故纸。也不是闲言语，是五言四韵、八句新诗。若使颗朱砂印，便是偷情贴儿，私期会子。"

关汉卿完全沉醉于董解元描画的情景里，就在那寺庙门前移脚踱步，来来去去。寺院静静的，门前静静的，关汉卿胸中却翻腾着激情四溢的场景。一会儿是崔莺莺婀娜多姿的身段，一会儿是张君瑞坐卧不宁的愁容，就是这淡雅的月光照亮着张君瑞翻过墙去，一对有情人笑在一起。哈哈，关汉卿舒心的笑声和寺庙里那远去的笑声融合在这美妙的夜晚，而且笑出他少有的激情。于是，在元曲的大观园里我们看到一枝亮丽的花朵，那就是关汉卿笔下的《普天乐·崔张十六事》：

西厢寄寓

娇滴滴小红娘，恶狠狠唐三藏。消磨灾障，眼抹张郎。便将小姐央，说起风流况。母亲呵怕女孩儿春心荡，百般巧计关防；倒赚他鸳鸯比翼，黄莺作对，粉蝶成双。

酬和情诗

玉宇净无尘，宝月圆如镜；风生翠袖，花落闲庭。五言诗
句语清，两下里为媒证，遇着风流知音性，惺惺的偏惜惺惺。
若得来心肝儿敬重，眼皮儿上供养，手掌儿里高擎。

……

夫妇团圆

为风流，成姻眷，恩情美满，夫妇团圆。却忘了间阻情，
遂了平生愿。郑恒杠自胡来缠，空落得惹祸招愆。一个卖风流
的志坚，一个逞娇姿的意坚，一个调风月的心坚。

一曲一曲又一曲，关汉卿满怀激情一连写下十六曲。这十六曲，是
不是就写在这个不眠的月夜？即使不是，至少也孕育在普救寺门前的笑
声里。人谓触景生情，何为不是？

庆东原

又是一次偶然，又是一个收获。这收获还不是果实，却在关汉卿心
田植下一颗日后准定发芽的种子。

这次偶然是关汉卿去平阳城的路上。

在蒲州城里待过数日，关汉卿要回解州，班主留他，石君宝也不让
他走。他们都是一个意思，要他一起去平阳城。说那里城大人多，看戏
的人也多。班主可能说得更为具体，城南的尧庙就要逢会，约定戏班前
去献演。到那里看看，开开眼界，说不定还能写出和《关大王单刀会》
一样好的戏本。石君宝可能也说，他的剧本再有几日就写成了，还想和
他商量。关汉卿动了心，平阳城的繁盛他早已听说，很小的时候，在
路署做事的父亲就告诉过他。他早想去长点见识，可蒙古军一来，处处
兵荒马乱，就不敢再有奢想。如今，总算安然下来，能去平阳当然是好

事。何况，还有戏班管吃管住。他没有从蒲州直接去，是因为临别和母亲、叔叔说的只是去蒲州，怕出来的日子长了他们牵挂。再者父母之命不可违，没有他们同意咋能随便出行？

回家安顿好，估计戏班早已到达平阳城，关汉卿不敢怠慢匆匆上路。晓行夜宿，不觉已到闻喜地界。此时，天色阴沉，关汉卿的心情像天色那般灰暗。闻喜原来名叫桐乡，汉武帝刘彻巡视到此，忽然闻知平复南越获得大捷的喜讯，随即将桐乡改为闻喜。想当初大汉基业何等稳定，何等兴旺！可如今铁蹄踏过，人少地旷，不荒也凉。干戈已罢几年，皇家仍不开考，到底是何等用心？关汉卿走过闻喜，不但没有丝毫的欣喜，反而满腹忧愁。

天阴沉得更重，浓云迷蒙，覆盖山川，随时像要倾倒下来。浓云没有压下来，大雪却铺天盖地狂扑人间。起初，关汉卿没有在意，冲着旋舞的雪花继续赶路。老辈人常说，雪不挡人雨挡人。而且，眼下已是春暖日子，能下成个什么样子？可这雪真真下得大，到底多大？关汉卿在《山神庙裴度还带》有过描写，我们不妨钩沉出来："恰便似梅花遍地开，柳絮因风起。有山皆瘦岭，无处不花飞。凛冽风吹，风缠雪银鹅戏，雪缠风玉马垂。采樵人荷担空回，更和那钓鱼叟披蓑倦起。""我、我、我，飘的这眼炫耀，认不的个米往回归；是、是、是，我可便心恍惚，辨不的个东西南北；呀、呀、呀，屯的这路弥漫，分不的个远近高低。"不一会儿，厚厚的白雪封盖住窄窄的小径，一脚踏空就会摔个仰八叉。

路是无法走了，关汉卿四处张望，总算看见山坳里塌挂着些破烂屋子。往里走走，敞开着一个塌掉门楼的院子，看似一座庙宇，走近却是个祠堂。进去，不见人。此时，浑身疲倦，腹中饥饿，关汉卿啃口干粮，在一间房顶没塌的侧屋里躺下。不觉然已沉沉睡实，待一觉醒来，艳阳映雪，亮色刺得他连眼睛也睁不开。慢慢睁开双眼，他好不惊讶，却怎么栖身的竟是裴家祠堂。闻喜裴家非同小可，出过好多的宰相、将军啊！他兴奋起来，踏着积雪，在村里转悠，不知不觉转到山麓。那里有一个围廊，里面高耸着几尊碑石。一走过去，就有一个名字闪亮在他的眼前：裴度。

他太熟悉裴度这名字了，最先得知是父亲告给他的。父亲说裴度，是在夸裴家。父亲夸裴家，是在说关家也是名家，也应该像裴家那样祖祖辈辈兴旺发达。后来，他读《唐书》，读《资治通鉴》，一次次关注裴度这个顶天立地的名字。自从二十四岁中进士，裴度就平步青云，历任唐宪宗、穆宗、敬宗、文宗四朝宰相。他在朝为相，主外当将，五领节度，三次做征讨藩镇叛乱的军事主帅，派李朔雪夜奇袭蔡州，生擒吴元济，结束了淮西十多年割据局面，出现了自唐肃宗以来前所未有的统一，史称"元和中兴"。因而，裴度被封为"晋公"。

关汉卿敬慕裴度，在心中他早就是自己做人的楷模。他记得裴度曾戏说自个儿："尔身不长，尔貌不扬。胡为将？胡为相？一点灵台，丹青莫状。"① 这几句话，他牢牢记在心间，尤其对那"一点灵台"分外珍爱，那里存有为人的善念和慈爱。那个雪后初霁的清晨，关汉卿肯定会跪在洁白的雪地上，朝那巍然的碑石跪拜叩首。

走出村落，小路边流淌着涓涓溪水，蓦然，关汉卿吟出裴度的诗《溪居》：

> 门径俯清溪，
> 茅檐古木齐。
> 红尘飘不到，
> 时有水禽啼。

那是多么恬静优美的风光啊！关汉卿一定在想，裴度是在活画故乡的景象。可是，此时溪流依然，优美不再，苍凉成为这个世道的境况。关汉卿内心是什么滋味？简直难以猜透。即使猜透，纸面的文字也难以说清道明。

---

① 引自《水镜神相》。

喜迁莺

走进平阳城，关汉卿萎靡顿扫，双眼泛亮。一座高巍的鼓楼拔地耸立，街道穿过楼洞朝四面延伸。街两旁的店铺林林总总，多种多样。吃有饭店，穿有衣行，医有药铺，就连发丧安葬的纸扎用品也有门面。店铺最多的是印刷作坊，这厢是晦明轩，那边是中和轩，再走看到了姬家坊。关汉卿早就听说平阳气象不凡，曾是仅次于金中都的大地方。不过，他担心历经战乱，像别处一样焚毁严重，面目破败。没有想到平阳城会逃过这一劫，余威再生，复还繁盛。

平阳的盛景别说关汉卿意外，就是后世研究历史的专家也颇感惊异。按照蒙古军攻城略地的规矩，驻守平阳的金军曾奋力抵抗，攻破后应该屠城。平阳没有遭受屠城，可能和那些比肩林立的店铺有关，尤其与印刷作坊关系至殷。蒙古军有个规矩，不杀有一技之巧的工匠。因而，进入城中不是木工就是铁匠，不是裁缝就是医户，不是雕刻师就是印刷师……那利器还真不知该砍向哪个脖子？抡刀的人稍一犹豫，略一冷静，平阳城就免去血流成河的惨状。自然，也就侥幸没有沦为荒城废墟。

说是侥幸，其实是深厚的经济文化积淀拯救了苍生，拯救了古城。平阳地区土沃民勤，颇多积谷，北宋时出产的盐、铁、煤不断输往京师。这里又是铸造钱币的基地，是皇家的重要财税之源。金代更加重视此地的经济文化发展，平阳，以及周边的绛州、蒲州都成为重要商业城市，就连附近的洪洞也"骈骖之所奔驰，商旅之所往来，轮蹄之声，昼夜不绝"①。平阳文化积淀深厚，人才济济。又善于造纸和制墨，宋代雕版印刷就有一定规模。天会八年，即公元一一三〇年，金国在平阳设

① 乔逢辰《惠远桥记》，转引自《民国版洪洞县志艺文卷》。

立经籍所，管理民间的出版、印刷业。民间印刷作坊勃然兴起，平水王文郁、张存惠晦明轩、王宅中和轩、李子文、姬家、刘敬仲等等，多达二十余家。《四美图》《赵城金藏》已经刻印出版，名扬远近。进入平阳城的蒙古军，既要占领地盘，也要财物养生，在荒漠里留下一块绿洲自是明智之举。就是这明智，给了平阳比别处少见的生机。

关汉卿安身在鼓楼西北角的燕尔巷。一听见燕尔巷，关汉卿顺嘴诵出《诗经·邶风·谷风》的诗句："燕尔新婚，如兄如弟。"就想咋能起了这么好听的名字？走进去就明白了，这里有个很大的酒馆，不少人新婚在这里宴会待客。酒馆的对面便是他要去的散乐大行院，大行院设在此处不言而喻，去宴会上演艺方便嘛！这里不光有大行院，还住着不少的演出小戏班。比小戏班还小的是那些入户进家唱散曲的、说书的艺人。关汉卿不会想到就是这么个不起眼的地名，时隔近千年还在叫，而且还有个俗称"王八坑"。说是"王八坑"，其实应该是"忘八坑"。古代将"孝、悌、忠、信、礼、义、廉、耻"作为人生的八种道义，也称"八端"。忘八，明显是说忘记了第八个字"耻"，不知羞耻。在世俗的眼光里，优伶戏子的社会地位十分低下，是不知羞耻的人群。关汉卿就落脚在燕尔巷的散乐大行院。

《关大王单刀会》演到哪里，红到哪里。看戏的人拍过手，叫过好，也就作罢。演艺圈的人却不，都在打听是谁写的戏文。关汉卿的名字不胫而走，燕尔巷里没人不知道。这次来他径直奔向的大行院赫赫有名，是那些小戏子想进可扑腾一辈子也未必进得去的地方。从史料记载和后来在偏远山村发现的舞台看，这里的"大行首"有刘元、刘春秀、忠都秀等，演艺名角有吕宣、张德好、吕怪眼，还有写入《青楼集》的平阳奴，善于写戏本的有狄君厚、于伯渊、孔文卿、赵公辅，当然少不了已和关汉卿成为好朋友的石君宝。元人郭嗣兴描绘这里"士庶薄文章"、"歌舞盛优倡"。不是士庶薄文章，是文章没有别的用场，文人只好钻进歌舞圈里，用一点小技赚点钱养家糊口。民间的说法最生动："进了燕尔巷，吹拉又歌唱。"

关汉卿一来，不只是大行院，就是燕尔巷也有小小的骚动。不少圈子里的人都跑来，看看这如雷贯耳的人长得是啥模样。说不定大行首还要给他举行个欢迎宴会，说啊，笑啊，甚而，还要唱几句关大王"大江东去浪千叠，引着这数十人驾着这小舟一叶"。时过境迁，那样热烈的场面没有留下任何记载，过多地还原似乎不无夸大之嫌，但有一点能够想象，燕尔巷是关汉卿全身投入戏剧的一个起点。初入燕尔巷，又是这个起点的起点，若是没有热闹的场面，关汉卿不会热血沸腾，不会领受到戏剧给他人生带来的莫大兴奋。兴奋的情绪，将淹没理智的思绪，科举入仕的理想暂时被冲淡了。

放下细腻的还原，只谈燕尔巷大行院对关汉卿的熏陶感染。多少年后，他在《南吕·一枝花·不伏老》里写道："我也会围棋、会蹴鞠、会打围、会插科、会歌舞、会吹弹、会咽作、会吟诗、会双陆。"他这些技能从哪里来的？虽然不能说全部是在这里学会的，但是多数应该浸染于这里。肯定地说，像蹴鞠、打围、插科、吹弹、歌舞，这样的游艺演技在解州他难能学会，即使有歌唱的好嗓门，也没有这样的好氛围。在这里他会"花中消遣，酒内忘忧"，兴致来时，歌一曲，有人伴奏，有人拍手。

至关重要的是，关汉卿在散乐大行院能和更多的内行一块儿切磋戏剧的事情。从写入元杂剧史的作家看，石君宝、狄君厚、于伯渊、孔义卿、赵公辅，都是颇有建树的。当下，对关汉卿最有启示的应该还是石君宝。这时候，石君宝的《鲁大夫秋胡戏妻》封笔了。关汉卿一到，就把剧本送给他看。关汉卿如何与石君宝交流，如何升华剧情，无法再现，有一点肯定对关汉卿震动极大，那就是石君宝鲜活的民间语言。这无疑令剧本更见光彩，更惹人喜欢。罗梅英面对非礼的秋胡，大声喝骂："俺那牛屋里怎成得美眷姻？鸦窠里怎生着鸾凤雏？蚕茧纸难写姻缘簿，短桑科长不出连枝树，沤麻坑养不活比目鱼，辘轴上也打不出那连环玉。似你这伤风败俗，怕不的地灭天诛！"读到这里，关汉卿即使不拍案叫绝，也暗暗沉思，将之引为榜样。

关汉卿融入了燕尔巷，融入了散乐大行院，融入了杂剧演艺圈。

醉花阴

如鱼得水。

回放关汉卿来到燕尔巷，走进散乐大行院的情形，除了用如鱼得水来形容，还真没有别的词语能恰如其分说明。

在大行院，从行首，到伶人；从编剧，到杂役，个个都很抬举关汉卿。他在这里吃有吃的，穿有穿的，说有说的，唱有唱的，隔三岔五行首还请他喝点小酒。喝酒要喝好，少不了猜拳行令，关汉卿不再是埋头捧读经书的书生，学会了一起热闹搞笑。伸出手指"五魁首，四七才"的喊叫，他会；摆出手形"一个螃蟹八只脚，两个夹夹这么大的壳"的比画，他会。他可能更喜欢拿起筷子打杠子：你喊虫，他叫鸡；他叫老虎，你喊杠子。看是喝酒逗趣，这里面却有轮回逻辑，像在讲尘世的道理，你管着我，我管着你，一物降一物，不能有为所欲为的东西。这酒当然不能白喝，是要他给大伙出主意，生点子，多多写出几个好戏本。好剧本不是随便就能写成的，好点子他倒是张口即来。锣鼓弦乐响起，他伸胳膊蹬腿都是难得的好架势。别人惊讶，关汉卿也惊讶，咋就能无师自通，真是骨子里就潜藏着这些东西？

关汉卿成为"普天下郎君领袖，盖世界浪子班头"，不会一上肩就能挑起千斤重担，他积蓄力气有个过程，众生认识他也有个过程。燕尔巷的大行院则浓缩了这个过程。石君宝《鲁大夫秋胡戏妻》完稿，进行排练，扮演秋胡的生角怎么也演不活。秋胡上场诉说，离家十年，有老母在堂，久缺侍养，乞赐给假还家。谢得鲁昭公可怜，赐小官黄金一饼，以充膳母之资。如今衣锦荣归，见母亲走一遭去。然后诗云："想当日哭啼啼远去从军，今日个笑吟吟荣转家门。捧着这赤资资黄金奉母，安慰了我那娇滴滴年少夫人。"①这诗云和表情怎么都是两张皮。关

---

① 石君宝《鲁大夫秋胡戏妻》第三折。

汉卿过来拨弄，还是不成。他一急干脆张嘴诗云，伸臂比画，眉飞色舞，把个小人得志的样子扮了个惟妙惟肖，逗得在场的人哈哈大笑。角色服他，导演服他，就连行首也觉得他演得入戏，活灵活现。

自此，关汉卿成为忙人，别人有点磕碰，有点过不去的沟坎，都会求他，请他。他是有求必应，手到病除，很快就能摆调顺当。只是这时候的关汉卿再忙也没有乐不思蜀，他心里的那个蜀不是别的，就是科考。因而，他没有冷落了从家里带出来的那些经书。夜阑人静，或是排练指导的间隙，他仍然会埋头于其中，读得津津有味，如饮美酒。

自从《关大王单刀会》轰动城乡，关汉卿就思谋再写个新的剧本。一直没有动手，是不知道该写什么好。那夜在普救寺前热血沸腾，激情四射，回去后难以入睡，一口气写下去，写到窗纸发白，才和衣而睡。睡醒来，激情仍在，仍然鼓荡着身心，他挥笔又写，一曲一曲，整整写下十六曲。近些日，他不时看看，做些改动。看一次就会抱怨一次，咋就再找不到写这些曲的感觉呢？路过裴柏村，裴家对他很有触动，他想写写裴度。可是写他的什么，从哪儿下手，他吃不准，也就迟迟没有落笔。

关汉卿不是成天待在燕尔巷的散乐大行院，有时也随着戏班出去走走。这会儿，石君宝的《鲁大夫秋胡戏妻》也唱红了，人人喜欢看。有了这两本大戏，人们都觉得过去那些小戏短剧太杂太碎，看起来不过瘾。所以，戏班走到哪里，哪里都点演这两出大戏。两出大戏反复演，难免有些单调，班主没有急着催促他俩赶紧写戏，却几次指着入迷叫好的人说，多有几本好戏大伙儿才解渴。其实，不用班主明说，关汉卿比他还急。每次台下拼命地鼓掌、叫好，都像是对他的催促。时空远隔，我们无法看到那时的戏迷是什么样子，但是，我敢断定一点也不会亚于现今的粉丝。我的断定不是无源之水，半个世纪前，就在关汉卿足迹走过的大地上，观众对蒲剧的痴迷程度都难以用语言说清。人们喜欢看蒲剧艺人王存才演出的《挂画》，戏迷们竟然入迷到"宁误了民国的天下，别误了存才的《挂画》"。不少人甚至能以和王存才说话为荣，有个小伙儿苦苦等待就是找不到说话的时机。好不容易看见王存才下台去尿，跟进茅房问："存才叔，你尿啊？"

王存才被逗笑了，说："嘿嘿，日你妈，这不是尿是咋？"

小伙子高兴地跑出来，逢人就炫耀和王存才说过话啦！回到家炫耀到他妈跟前，妈问："真的吗？他和你说的啥？"

儿子如实相告，岂知妈非但没有生气，竟然遗憾地说："妈哪有那福气！"

由此回眸，你就会发现平阳人对戏剧是何等痴迷，也就不难推测关汉卿急于再写剧本的心情。关汉卿想过写尉迟敬德，他随戏班演出来到介休县的张堡村，村里有座庙，庙神是刘武周。这不就是反叛唐朝，占据河东的那个刘武周吗？一问正是。他逼得秦王李世民返回河东，与之大战一场。关汉卿对刘武周没啥兴趣，却很喜欢《唐书》里记载的尉迟敬德。这个将领勇武过人，在危急关头，几次救下李世民。可他原来不是李世民的部将，而是刘武周的手下。他就是在介休附近交战时，投降李世民的。关汉卿想写尉迟敬德，无外是敬慕他的高强武艺，当今天下混乱，要是多几个尉迟敬德，收复被铁蹄踩踏蹂躏的大好河山不就有了希望？英雄情结鼓荡着他。可是，三番五次，终难动笔，他吃不准写什么人们更喜欢。

关汉卿暂时放下了尉迟敬德，也放下了裴度，他把笔墨又涂画在先祖关大王脸上。不过，这次不是单身一人，还多了个自家兄弟，和他一起结义的张飞。关汉卿让关云长和张飞相随去西蜀见他俩的兄长汉主刘备，当然，不是真身，而是他们的阴魂。之所以把笔伸向这里，是一件事情触动了他，他愤愤不平，坐卧不宁。

事情发生时，关汉卿几乎想打自己的耳光。那一日，本来他的心情不赖。早早起来迎着朝阳在鼓楼下走动，此时楼顶鸦雀欢唱，唱得阳光也亮丽了几分。他正仰首观望朝晖里放彩的琉璃，和在琉璃间嬉戏的鸦雀，就听见一阵嚷叫：

"让开，让开，快让开！"

他刚闪到一边，一队驮满物品的高头大马，踢踏跑来。领头那马上还插着一面旗帜，他隐约觉得写的是"大蒙古"三个字。这没啥生气的，如此凶悍的场景关汉卿见过不止一次。惹他生气的是，领头的不是蒙古人，是个汉人。这人不知廉耻，骑在中间的大马上抖着威风，扬扬自得。马队过去，从人们的议论中得知，这是去给征西的蒙古军运送物资。平阳是蒙古拔都的封地，那骑在马上得意扬扬的人叫苏公式，每每收下户税都是他不远万里送往遥远的前线。关汉卿就为这气愤，他气愤这人咋就这么没有骨气，甘于给人家当牛做马，让人家像狗一样驱使。更令他气愤的是，明明就是一条狗，却还要威风凛凛，招摇过市。为此他倍感羞耻，想想在野外行走，经常看到的暴尸原野的累累白骨，简直想打自己的耳光。他没有打在自己脸上，却比打下去还疼。耳光打下去疼的是肌肤，他用笔抽动下去，刺痛的是心魂。而且，跨越数个世纪，仍然能刺痛后人的心魂。他闭门不出，埋头走笔，即使排演的人请求也不再去。他蘸着泪写，滴着血写，写下了《关张双赴西蜀梦》。在那里，他痛斥残害张飞的内贼张达，为天下的冤魂鸣屈叫冤，报仇雪恨：

> 烧残半堆柴，支起九顶镬，把那厮四肢梢一截截钢刀锉，亏图了肠肚鸡鸦啄，数算了肥膏猛虎拖。咱可灵位上端然坐，也不用僧人持咒，道士宣科。
>
> 也不须香共灯、酒共果，但得那腔子里的热血往空泼，超度了哥哥发奠我。[1]

这哪里是写戏，分明是借古人之口，发泄内心怨愤，祭奠普天下的亡魂！

---

[1] 《关张双赴西蜀梦》第三折。

第二折

滚绣球

树正绿，花正娇，关汉卿却要离开平阳，像落叶一样四处飘零。这既是撕肝裂肺的痛别，也是满腹辛酸的挣扎。

前面我们说过，关汉卿在平阳如鱼得水，兴波逐浪。《关张双赴西蜀梦》演出后更是这般，那戏唱出了关汉卿的心声，也唱出了平阳广众的心声。如果说过去戏演到哪里，都是一片掌声和叫好声。那么，这一回却非同往日，没有了那激情昂扬的叫好声，换成了一片悲愤抑郁的饮泣声。关云长、张飞一上场，众人便心里拧得难受，待到台上一唱："往常开怀常是笑呵呵，绛云也似丹脸若频婆；今日卧蚕眉皱定面没罗，却是为何？雨泪如梭，割舍了向前先搋逐，见咱呵恐怕收罗。行行里恐惧明闻破，省可里倒把虎躯挪。……哥哥道你是阴魂，兄弟是甚么？"[1]台下人泪眼汪汪，谁不抹泪哭泣？是哭早先被暗算的英魂，更是哭刚刚

---

[1] 《关张双赴西蜀梦》第三折。

惨死在马蹄屠刀下的亲人。

戏接着往后演。

台上咬牙切齿地唱："活拿住糜芳共糜竺，阆州里张达槛车内囚。杵尖上挑定四颗头，腔子内血向成都闹市里流，强如与俺一千小盏黄封头祭酒！"①

台下群情愤怒地喊："千刀万剐，千刀万剐！"

"烧残半堆柴，支起九顶镬。"罪罚那厮。台上没有唱完，台下已喊声震天："把那厮镬煮了，吃了！"

悲愤的人们又哭又喊，哭喊过方才痛快。

不知事实是不是这样，但是，直到今天，那镬煮活人仍是平阳地区的人们对他人的惩戒。

孩子不听话，家长会说："小心着镬。"

下级不听话，领导会说："小心着镬。"

这戏迷倒了城乡广众，只要演戏，就会点这出。这话不准确，应该是不少乡村为了看这戏，才搭台唱戏。这戏让戏班更为红盛。在这红盛里，关汉卿、石君宝蹚开了每场演一本大戏的路子。云集于散乐大行院的文墨之士，大受鼓舞，纷纷拿起笔写戏，写大戏。于伯渊写出了《白门楼斩吕布》，把那个不仁不义的东西砍掉头；孔文卿写出了《地藏王东窗事犯》，让谋害岳飞的奸臣秦桧死于无常；狄君厚写出了《晋文公火烧介子推》，为耿介之士招魂扬名……用时下的话评价那时，真堪称平阳戏苑春色满园，万紫千红。

可就在此时，关汉卿竟然离去，岂不是忍痛割爱？这么平静的猜度实在难以活画他痛楚的心境。揭示他内心的悲凉，不妨读读他《离情》曲的结尾："对着盏半明不灭的孤灯双眉皱，冷清清没人瞅，谁解春衫纽儿扣？"这似乎是写情人离去后的女人心情，何为不是他心境的外露？谁解春衫纽扣，解的不是春衫纽扣，而是他深深包裹在身躯里的戏

---

① 《关张双赴西蜀梦》第四折。

剧情愫。

那他不能不走吗?

不能。迫使关汉卿离去的原因主要还是无法排遣的科举意识。这时候的关汉卿是用戏剧演唱政治,天下大治,国泰民安,是他置之头顶的圣事。他不能像先祖关云长用一把大刀杀尽不平,只能用官衙的权势去扬善抑恶。而要想坐进官衙,不科考就没有通道。恰在此时父亲寄来家书。烽火连三月,家书抵万金,父亲关恬所在的汴梁仍属金国,跨越两地防线收到书信,家人惊喜异常。更为欣喜的是父亲要全家前往汴梁,一是为弟弟谋好了一份在官府行医的职事,二是儿子可以来此诵读经书,准备科考。

需要说明的是,贞祐三年,即公元一二一五年,金宣宗完颜珣撤离曾被蒙古军围困的中都,迁到汴梁另建新都,史称南京。这段时光,蒙古军忙于西征,又遭遇成吉思汗病逝,诸子争着继位,放缓了对金朝的南征,汴梁相对平静。金国虽然早已山河不整,但是,治下仍有大片领地,何况在蒙古军忙着出兵西夏、东征高丽的间隙,他们还收回一些被占的地盘。胜利的消息传开,国人备受鼓舞,科考取士时有传闻。关恬挂牵着儿子的前程,便要他前来。这正合关汉卿母亲的心意,儿子成天在外,说是不废学业,谁知道他忙些啥事?肯定是又劳累他叔叔关灿辛苦一趟,来平阳告知关汉卿。入仕安民的希望闪亮在他的面前,关汉卿怎么能不动心?何况,在内心深处关汉卿还潜在着强烈的复国愿望,若能指点江山,整肃疆土,那该是何等辉煌的前景!

关汉卿要走了,要奔那辉煌前景而去。

当然,这只是关汉卿离别故土的一种解读。阅读墨遗萍先生的图书《蒲剧史魂》,还有一种解读闪亮在我的眼前。我发现书页里忽闪着灵动的智慧光色,那是薛文辅的一双眼睛。那时候他还很小,脱掉稚气没有多日。可别小瞧这么一个不起眼的人物,他活跃在大行院里比关汉卿还早。他会吹拉,会弹唱,称他是戏剧天才并不过分。他应该在元杂剧的世界里顶天立地，可在广阔的苍穹里见不到他的名字。这未免有些遗憾。这遗憾告诫世人，并不是每个天才都会成为伟人，天才的成就需要宽阔的胸襟，而薛文辅缺乏的未必不是这胸襟里蕴蓄的气度。关汉卿在大行院大红大紫，薛文辅自然相形失色。相形失色的他有些怨气，自然也属常情。倘若这怨气只潜在内心，也就是嫉妒而已。可从墨遗萍先生笔意观测，薛文辅的嫉妒外泄了。莫非是他将关汉卿剧本里惦念大汉、壮怀英烈、招魂悼亡的意思泄露给了官府？莫非官府真派人追查过问此事？倘若这种假设不出意外，那关汉卿离开如鱼得水的平阳，就不是从容离去，而是仓皇逃走。

无论哪种解读准确，关汉卿是走了，走出了元杂剧一枝红杏出墙来的地方，而这一枝红杏是他和石君宝诸多才人一起蘸着遍地血泪涂染出的啊！

风入松

关汉卿要远去，散乐大行院的行首会真心挽留，留不住也会热情相送。稍　耽搁，叔叔携家人已从解州先行。倘若是另一种情况，薛文辅告密，官府追究，那关汉卿更不敢回家乡。因而，他只能由平阳出发，径奔汴京。

一路走来，关汉卿似乎不是在山水间跋涉，倒像是在历史风云里穿过，田土城郭都渗透着晋国的血腥。经曲沃过古绛，晋献公车厢城杀死群公子，宠幸骊姬逼死世子申生的往事如在昨日；翻过太岳山，进入太行腹地，似乎看见赵括战败，白起坑杀四十万降卒的累累白骨。每攀爬一步，就像是翻阅一页史书。这一日黄昏时分，他赶到泽州。关汉卿蓦然想起这里的一场大战。

获胜的是晋王手下的大将李存孝。李存孝的勇敢英武还在孩提时代就名扬远近。一次和父亲上山砍柴，突然蹿出一只猛虎，直朝父亲扑去。十二岁的孩子没有被吓住，抢起一根柴棒直朝恶虎头上猛打。不等老虎回身，连打数棒，竟把那厮活活打死。《旧五代史》记载：李存孝长大后"便骑射，骁勇冠绝，常将骑为先锋，未尝挫败；从武皇救陈、许，逐黄寇，及遇难上源，每战无不克捷。"就在泽州城下，梁军对他喊话劝降。李存孝不予理睬，率精骑五百余，围住梁军营寨大呼道："我们沙陀人来战，就是要吃你们的肉，快找个胖的来和我一战！"喊着勇猛冲杀，大败对手，斩俘万余人。可惜，就是这一员虎将，竟死在自家人手下，落了个被车裂分尸的下场！想起这段历史关汉卿就愤愤不平，直想替古人叫冤。

抵达汴京，关汉卿抵达了生活的一个新驿站，情感的一个新节点。这里的生活和情感，将是他成为一位戏剧大家的重要资源。这是时过境迁，我们对他那段阅历的评判。对于当事人的关汉卿，汴京没给他几天轻松，却让他惊恐惧怕。

母亲和叔叔一家先于关汉卿抵达汴京，他一来全家人团聚一起。在战争动荡的时代，这是难得的喜事。前些日子，远离他们的父亲时刻牵挂着家人，尤其牵挂关汉卿。在他看来，他们这一代人没有混出啥名堂，愧对先辈厚望。他把希望寄托在关汉卿身上。他已问过儿子的情况，听说关汉卿写的戏本唱红家乡，他微微一笑，有些意外。他更为惦念的是他经书读得如何？科考准备得如何？及至关汉卿坐在面前，张嘴用典故，谈笑说诗文，父亲才放心。他要是知道，日后儿子不是以位尊官显存史，而是以写戏作曲扬名，肯定会为这超群的起步大喜过望。世事不会倒叙，此时父亲没有喜悦，只是放心。

可以断定，在汴京关汉卿一家的日子过得并不宽裕。金国满朝文武官员云集这里，各处失地丢城的官吏也逃来不少，汴京顿显憋匝，有个房屋遮身，有口饭饱腹，就算不错了。关恬费尽心思才为弟弟找到份差事，还是因为他能行医。他本想让儿子一门心思阅读经书，可关汉卿不再习惯整日闷在屋里。关汉卿有了事干，不是放弃读经写戏，去行医治病，是颇有人缘的叔叔将他拉进医病的行列。在当时看，这没啥太大的意思，他增加的一点收入，只不过能为家人的饭碗添点作料。可是，跨越时空看这一步却十分重要，叔叔和他的行医将为举家今后的去向做好铺垫。

当然，关汉卿没有忘记写戏。他想写李存孝，自从路过泽州，眼前总是晃动这个豪杰的影子。他没有急着动手，思谋如何写为好。有了前两个剧本的体验，写戏不再是难题。难的是写他的什么？在关汉卿看来，《关大王单刀会》《关张双赴西蜀梦》能为众人喜欢，就是说出了大家的心里话。那让李存孝替大家说啥话？他一时没有准谱。没有准谱，就在心里搁着。

这时候，另一个人物占据了关汉卿心中的主要位置。他是包拯，人们都称他包龙图、包青天。包龙图，是他的官职，他当过龙图阁大学士；包青天，是他的声望，说他为民做主，断案公道。对关汉卿最有触动的是，开封府衙里的那尊《开封府提名记》石碑。这块碑立于北宋时期，时光虽然过了百余年，但是一百八十三名开封知府的姓名、官职、上任年月，还能清楚看到。有意思的不是这，而是包拯的名字常有人抚摸，摸来摸去，日渐低凹下去。足见，包青天在人们心中有着何等的位置！他翻阅了一下资料，包拯以龙图阁大学士权知开封府也就是一年零四个月。这么短的时间，竟留下这么大的声望，实在难能可贵。他不由得暗暗崇敬，人常说，天地之间有杆秤，秤砣就是老百姓，不假啊！看过这尊碑石，包拯就在关汉卿心里翻江倒海，他恨不得立即把包拯翻腾到戏台上去，为天下的穷苦人申冤报仇。

混江龙

别说把包拯翻腾上戏台，还没有翻腾在纸面，局势便急转直下。残酷的现实，打破了关汉卿虚无的梦幻。现实残酷到何种程度？不用我们去想象，范文澜、蔡美彪合著的《中国通史》有写照，我们摘取片段即可。

正大九年正月，即公元一二三二年，蒙古兵逼近汴京，领兵杨居亿建议乘其远道而来，军马疲惫，出兵进击。尚书右丞、平章政事白撒不听，却派遣万人开短堤，决河水，守卫汴京。河堤还没挖破，蒙古骑兵已到，挖河丁壮惨遭践踏，血肉横飞，只剩二三百人逃回城里。顿时，宫廷内外人心慌乱，战战兢兢。关汉卿和家人笼罩在慌乱的气氛里，时时提心吊胆，哪里还有心思写戏？

慌乱的人们将目光投向皇帝金哀宗，金哀宗却把目光投向求和。本来打败对手也不是没有希望，军民在城中喧哗，纷纷要求出兵。五十六位军士对前来劳军的金哀宗说："蒙古兵负土填壕已过一半，赶快放箭，要不就迟了。"

金哀宗居然说："议和不成，你们再死战不晚。"

如何不晚？蒙古兵用薪草填平壕沟，攻城就易如反掌。皇帝如此，将领如何？敌军来攻，守将合喜吓得语言失序，面无人色。有人约定往城上悬挂红灯，作为标记，一起攻击蒙古军。尚未行动，就被识破，宣告失败。又有人想出个主意，飘放纸鸢，传送文书，招诱蒙古军中的金人醒悟散去，这一着也以无效而告终。城中人苦笑："前天点纸灯，今天放纸鸢，宰相只靠这个，要退敌兵难矣。"好在守城军民，人人激昂，个个奋勇。此时宋徽宗造的那个假山派上用场，石头被制成圆球炮弹，可用火炮轰击敌人。再加上飞火枪燃起火焰猛烈喷射，蒙古军死伤惨重，只好撤退。危急关头，皇帝将帅的软弱无能和军卒平民的英勇顽强形成鲜明对比，不知关汉卿当作何感？

这么惨烈的境况，已够关汉卿刻骨铭心了。可是，历史还嫌对他的历练不够，难以达到一位大家的精神水准，将更为灭绝人性的事件凸现在他的面前。蒙古军四处横扫，流民八方逃窜，蜂拥进入汴京。突然间，城里瘟疫爆发，街头巷尾到处是呻吟声、哭泣声。声音此起彼伏，挣起者疾病缠身，伏地者命归黄泉。这时候关汉卿和叔叔无疑昼夜忙碌，忙着治病救命。然而，杯水难以拯救车薪。即使如此，叔侄俩也丝毫没有松懈自己的手脚，宁可让杯水化为水雾，也不能隔岸观火，龟缩不出。每每深夜，身心疲惫的关汉卿只能叹息着入梦。

叹息复叹息，一日又一日。瘟疫未去，蒙古军再来围攻，城中军粮耗尽，官家只能强行向居民征米。要求年壮者每人只许存一石三斗，年幼者减半。各家自己把存粮数目写在门口，发现隐匿，立即治罪。有个寡妇交出六斗豆子，内有蓬子三升，被括粟官吏捉去示众。寡妇哭喊着说：

"官爷，我丈夫战死，姑婆年老，不能奉养，我们夹杂蓬秕自食，不是蒙混军粮啊！"

官吏不听她的申诉，当众把她杖死。京城居民哪个不怕狼牙棒打破自己的头？家有余粮的赶紧悄悄扔掉。关汉卿一家就挤杂在人群里煎熬度日，生活的艰难可想而知。

大家还在煎熬，金哀宗却熬不住了，宣称打开城门，与敌决一死战。说是出城决战，实是变相逃跑。本要朝西去，遇到前来救援的巩昌元帅完颜忽斜虎，告给他京西三百里内人跑光了，井填塞了，灶毁坏了，万万不可前往。金哀宗只好掉头往东走。金哀宗走了，不在城里熬煎，众生却不得不熬煎。一斗米卖到二十四两白银，谁人吃得起？有的缙绅仕女都在街市行乞，可此时谁会施舍？贫穷男子竟然有人吃掉自己的妻子。真不知关汉卿他们是怎么保住性命的？

救民水火的是一个被钉在历史耻辱柱上的男子，他叫崔立，是金哀宗任命的西路大元帅。大元帅不率军与蒙古军大战，却返回城里杀死守将，缴械投降。就是崔立这投降，结束了城中百姓的煎熬，不再因为没有粮食而人人相食；就是这投降，解救了城中百姓，倘要是城池攻破，蒙古军会把男男女女、老老少少，杀个一干二净，人毛不留。崔立认为自己干了一件功德无量的好事，怎么也该立一尊碑石，写下光彩的几笔。据考证，大诗人元好问还参加了这次碑文的起草。为此，他沾上了一个历史的污点，毕竟投降是天下人所不齿的事情。可就是这无耻之举，救活了众生，包括关汉卿在内。满城的人痛恨无耻，满城的人却又受到无耻的庇护，在无耻里偷生，在无耻里苟活。苟活于世的元好问有诗写道：

> 道旁僵卧满累囚，
> 过去舻车似水流。
> 红粉哭随回鹘马，
> 为谁一步一回头。

> 随营木佛贱如柴，
> 太岳编钟满市排，
> 掳掠几乎君莫问，
> 大船浑载汴京来。

> 白骨纵横似乱麻，
> 几年桑梓变龙沙。
> 只知河朔生灵尽，
> 破屋疏烟却数家！

这是《癸巳五月三日北渡三首》，写出了汴京城破后的凄惨悲凉：美女被抢掠外地，"红粉哭随回鹘马"；信仰被打翻在地，"随营木佛贱如柴"；人命被践踏在地，"白骨纵横似乱麻"。真真是千村薜荔人遗矢，万户萧疏鬼唱歌啊！

元好问用他的诗笔，画出了民族悲怆。关汉卿呢？没有看见他的诗，没有看见他的曲，他在干什么？或许，血泪模糊了双眼，他无法握笔书写；或许，哭声沙哑了喉咙，他无法吼喊自己的愤怒；或许，大音希声，他在等待一个时机，发出石破天惊的长叹。

我相信后者，因为他有一篇又一篇彪炳青史的剧作。

后庭花

初到汴京，关汉卿不会不想到"靖康之变"。当局说的是变，平民百姓谈论都说是耻，羞耻，羞耻的靖康苦难。公元一一二六年的冬日，汴京的寒冷胜过任何一年。两路蟒蛇一般的金兵合围而来，困住城池，啃断脉流，贫血的城市很快虚脱了。二十天后，饥饿的人们剥光树皮，捞完水藻，老鼠也被捉来充饥，不几日吃的再难搜到。钦宗临时任命的守将狼狈逃窜，城门来不及关上，金兵便像洪水猛兽一样荡涤进来。钦宗亲赴金兵大营投降，也未得到宽恩。金兵继续肆虐，卷走徽、钦二帝，掳走金银财宝，还把后妃、宗室、百官数千人悉数押往北地。最为羞耻的是，堂堂宋徽宗保不住爱妃王婉蓉，途中就被金将拉去过夜。不管关汉卿当时如何作想，但有一条可以断定，他不会想到历史的悲剧竟然重新上演。

历史相似就相似在，蒙古军进入汴京城后将后妃、宗室一起笑纳，尽收囊中。所不同的是金哀宗提前逃跑出去，若不然洪水猛兽般的蒙古军亦会照单全收。一百年，仅仅一百年，曾经的靖康之耻竟又重演。所不同的是昔日的洪水猛兽，如今变成了待宰的羔羊。这莫非就是人们常说的报应？恶有恶报，报就报吧，对于后妃、宗室的遭辱关汉卿可以不屑一顾。然而，穷苦百姓有什么罪恶，为何悲苦流离？对那不堪入目的惨状，元好问哭诉不尽，在《续小娘歌》里写道："饥鸟坐守草间人，青布犹存旧领巾，六月南风一万里，若为白骨便成尘。"多么可怖的场景，白骨犹在，肌肤成尘，万里荒疏啊！如此还好，不过是死者长已矣。那存着呢？且偷生吗？难哉！元好问还有诗倾诉："太平婚嫁不离乡，楚楚儿郎小小娘，三百年来涵养出，却将沙漠换牛羊。"往日郎才女貌的喜庆婚嫁打破了，美貌娇娘生生被拉扯开去，拽进枷车运往沙漠深处，换得的只是几头牛、几只羊。这场景岂不催人泪下？

关汉卿该当流泪。

可是，关汉卿未必顾得上流泪。像元好问那样有点身份的人，一个个都被押往山东聊城。此时甚为侥幸的是，关汉卿家人没有被捕做俘虏。关家极有可能被俘押走的应是父亲关恬，可他由于地位低下，未能入列。世人都嫌官职小，为争官位青灯黄卷，蟾宫折桂，尔虞我诈，剑走偏锋。岂不知大鱼因大而落网，小鱼因小而漏网。关恬当属漏网的小鱼。

漏网鱼没有像落网鱼那样全部押往聊城，但也不能待在河中自由穿梭。蒙古人限定了他们的去向，往北走，去真定。不用说，此刻他们最向往的地方是回到故乡解州。然而，有家不能归，必在异地为异客。走吧，赶紧走吧，走出生死难料的火山口。走吧，艰难行走，走在崎岖坎坷的流亡路上。所幸，走出汴京的生死火山口，只有肢体的困倦，没有精神的惊惧。所幸，再往北行，并没人强行追赶他们非去真定不可。他们就此拐了弯，弯到祁州伍仁村。

为什么关家能落脚伍仁村？远去的往事没有留下供我们辨识的马迹履痕，只有一点蛛丝灰线能和他们接上关系。这就是医药。祁州在历史上就是北国的药材基地，到了宋代更是红盛四海。东汉有个开国功臣邳彤，不仅文武兼备，而且精通医道药理，是个济世救人的清官，后人尊他为"药王"。宋徽宗时祁州南关建起"药王庙"，年年逢庙会，香火旺盛到远远近近。祁州的药材随着香火缭绕的青烟四处飘散，名扬九州，以至于"草到安国方成药，药经祁州始生香"。如此盛况，从祁州走出众多药材商自在情理之中，走进汴京也属常情。既然如此，有位药材商和关汉卿相识相知便顺理成章。若是善于想象，要拉近两人的关系，再让风尘仆仆、远道而来的药材商身染小恙。关汉卿悉心诊治，还怕自己医术有限，把叔叔也给请来。恰恰由于这点小恙，药材商滞留汴京，后来城池被围，想走也插翅难飞。这一来，就给了他和关家人相随北行的机会。也正由于他的随行，关汉卿一家才拐了个弯，来到磁水河边的伍仁村。因为，伍仁村就是这位药材商的家乡。由于他的照料，关家人结束了风餐露宿的日子，哪怕借住个破屋子也算安下身子。

惊惧过去了，颠沛过去了，关汉卿安定惊魂，打开记忆的闸门。他没有作诗，也没有吟曲，自从进入戏剧，缺少曲折的故事，似乎就难以表达跌宕起伏的情感。他拿起笔写剧本，写那悲欢离合的记忆。他笔下的人物开始流离，故事开始发展，却没有让人物后面的故事重蹈以往的老路，直接喊出心声。像他们避难伍仁村一样，故事带着人物也拐了弯，更多了曲折和委婉。这可以视为他文学手法的成熟，更可以视为人生波折的惊惧。刚刚安定惊魂，何必再招惹祸事，惊扰灵魂！关汉卿写下的是《闺怨佳人拜月亭》，一上场就让风华美貌的女子流泪泣唱：

"卷地狂风吹塞沙，映日疏林啼暮鸦。满满的捧流霞，相留得半霎，咫尺隔天涯。"①

这话未免有点含蓄，转瞬掀开雾纱，揭示惨景："你直待白骨中原如卧麻。虽是这战伐，负着个天摧地塌……"②

惨景何来？"锦绣华夷，忽从西北天兵起。觑那关口城池，马到处成平地。"③ 这是最好的回答。

惨景何患？"许来大中都城内，各家烦恼各家知。且说君臣分散，想俺父子别离。"④ 这是最真切的写照。

惨景何感？"分明是风雨催人辞故国，行一步一叹息。两行愁泪脸边垂；一点雨间一行恓惶泪，一阵风对一声长吁气。"⑤ 这是最悲切的感叹。

这悲切的惨景还在延续，本来母女与丈夫、父亲失散就已丢掉靠山，转瞬间，母女又被兵马冲散。一个美貌的娇弱女子，顷刻再没依凭，岂不要"却将沙漠换牛羊"？令人提心吊胆。提心吊胆往下看，所幸没有"却将沙漠换牛羊"，可这缘于弱女子傍上过路的男儿。这故事

---

① 《闺怨佳人拜月亭》楔子。

② 同上。

③ 《闺怨佳人拜月亭》第一折。

④ 同上。

⑤ 同上。

甚而比"却将沙漠换牛羊"还要揪人心肝。旧日男女授受不亲，女子与陌生男儿答言，谓是抛头露面。而抛头露面是不知羞耻、不要脸的代名词啊！原来，故事一延展，揭示的伤疤不只是有形的、外在的，而且是无形的、内在的。

民族的精神创伤、文化创伤，在关汉卿的心里：剪不断，理还乱，是离愁；

在关汉卿的笔下：恰似一江春水向东流……

第三折

满庭芳

伍仁村注定要成为关汉卿的第二故乡。

在他一家遭受风雨摧折时，伍仁村收留他们栖身，供给他们衣食，还让饱受惊吓的灵魂得以安宁。雷霆冰雹侵袭后的家人，最需要的是安宁，伍仁村恰恰是一块儿安宁的土地。

关汉卿喜欢上了伍仁村。

伍仁村也喜欢上了关汉卿。

伍仁村如何喜欢上关汉卿的？《关汉卿的传说》递给了我们一个望远镜。从镜头瞭望，我的目光凝定在三幅画面，一幅是医病，一幅是救命，还有一幅是唱戏。

医病的场景是不易碰上的，不无偶然。一日，关汉卿正在家里读书，忽然听见外面传来阵阵哭声。出屋一看，是有人死去。可怜的人家太穷了，买不起棺木葬人，只卷着一张蒲席。抬着尸体的人走过，路上留下鲜红的血滴。关汉卿一看，快步上前，拦住抬尸的人们。对着众人奇怪的眼睛，他张嘴就说："人没死，快放下！"

抬尸体的人们更为奇怪，明明人已落气，怎么会没死？

关汉卿问明情由，原来是一位孕妇难产致死。他掀开蒲席，看看夫人果然气息全无，但是从地上的血色看，绝没死去。赶紧掏出经常装在口袋里的银针，向她的人中穴轻轻扎进去。

这一下，围观的人们不是奇怪，而是惊奇了。只见，关汉卿扎进去的银针还没有拔出，微微捻动几下，那妇人便起死回生，有了些微的气息。再一针下去，妇人大叫疼痛，猛一挣扎，婴儿"哇哇"落地，哭出声来。

身边的男子，扑通跪倒在地，倒头就拜："恩人，救命恩人！"

众人都说："神医，神医！"

关汉卿神医的称号不胫而走，传遍了伍仁村，很快传遍了祁州城乡。本来，叔叔的医术要比他高得多，可是，这事没让他碰上，偏巧让关汉卿遇见。往后，找关汉卿治病的人不绝于门，叔叔却没人来请。叔叔闲着没事，干脆和药材商合伙经营，挣点钱在伍仁村买地建房，给关家置办家业。

在第二幅画面里，更能见出关汉卿的性格。这日出诊回来，门前围着不少人指指点点。一问得知，村里的李嗣犯了事，捕快来抓他。他犯的事在村里人看，不是坏事，而是好事。官府不准私家卖盐，可府衙的盐贵得没有几家能买得起。李嗣精明能干，胆子也大，就冒着风险偷偷弄些盐回村卖给众人。村里人的饭碗不再顿顿清汤寡水，没有味道。谁知这风声会透露出去，官府派捕快前来捉拿。围在一起议说的人干着急，没有办法救他。就在这时，只见李嗣飞快地跑了过来，后面不远紧追着捕快。关汉卿一把抓住他，推进自家门里，说了声："跳出后墙，往回跑。"然后，坦然无事地和大伙儿说说笑笑。

捕快追来，急问："贼犯，哪里去了？"

关汉卿不慌不忙地指指前面，告给他们："朝磁河那边跑了。"

赶到磁河边不见人影，捕快转回来说，不见人啊！

关汉卿还是不慌不忙地说:"河边那么多蒲草,你们也不搜寻,说不定就钻在里面。"

捕快再去搜寻。三绕两绕,李嗣早跑出村,窜远了。

见死不救非君子。对关汉卿来说,这是平常事,但是,众人都夸他行侠好义,是个难得的汉子。

当然,关汉卿更惹人喜欢的还是戏事。

自从离开平阳,关汉卿好久没有放开嗓门歌唱了。汴京街市嘈杂,人声纷乱,麻扎得头脑嗡嗡响,哪里有歌唱的兴致?后来,局势紧张,能否活着都成了难题,哪有心思歌唱?来到伍仁村,远离嘈杂,远离纷乱,更没有铁蹄战马的嘶鸣。村里常常静悄悄的,人们在村巷里碰面,哪个也眯眯笑着。村外是大片的田野,绿油油的庄稼没经过战争的惊吓,嫩生得比人们的笑脸还甜蜜。尤其是村东,清亮如镜的磁河水缓缓流过,像在滔滔不绝地洗刷往日的血污。村里最响亮的声音是鸡叫,时而还掺进一两声狗吠。这声音没有搅乱静谧,却更让村里安详舒适。关汉卿行医归来走在河边弯弯的小路上,如同走在家乡盐池的土埂上。忽然,农田里传来歌声:

> 磁河清清向北流,
> 弯弯曲曲过桥头;
> 穿梭鱼儿水里游,
> 农人晚归洗脚手。①

歌声舒缓婉转,清纯脆响,关汉卿不由得张嘴唱出一曲:

> 东边路西边路南边路,
> 五里铺七里铺十里铺。

---

① 伍仁村民歌,见《关汉卿的传说》。

行一步盼一步懒一步，

霎时间天也暮日也暮云也暮。

斜阳满地铺，

回首生烟雾。

兀的不山无数水无数情无数。①

关汉卿的歌声一起，河边洗衣的姑娘、媳妇停住手里捶衣服的槌子，侧耳静听。田里锄禾的庄稼汉拄起锄柄，朝河边张望，冲着关汉卿喊："唱得好！"

就是这"唱得好"把关汉卿牵引进戏场，又一头扎进演艺的氛围。当然，把关汉卿搅缠进去，还有一个原因，那是城关"药王庙"每年都要逢庙会。药王是众人的呵护神，也是财神，人人都把他老人家供奉在额头尖尖。庙会最红火的是唱戏，唱戏由四乡八村轮流演。若是唱得好，一次就过了。要是演不好，那就罚这村接着唱，直到大伙满意为止。伍仁村就因为头年唱得散乱潦草，交不下去执事牌。可要唱好不是件容易事，自家唱，缺人才；请戏班，要花钱。连年战乱，村里人没能安生种田，填满肚子都难，哪来的余钱请戏班？真真熬煎。可要是不把这唱戏的执事牌交出去，就得年年熬煎。村首下了狠心，再熬煎也只熬煎今年一年。就在众人愁眉不展时，有人提到了关汉卿，说他唱得好，让他担纲。村首别无良策，答应试试。他哪里会想到给他们担纲的将是名扬千秋的戏剧宗师。倘要是料知后事，给他一百个胆子也不敢说试试，恭请还来不及呢！

关汉卿就这么带着村人的重托上了手。初听说给村里排戏他没太在意，依他在平阳散乐大行院的修行，给村里指拨个戏还不是小菜一碟。但一进戏场才觉得想法太简单。他揣着《闺怨佳人拜月亭》戏本上阵了，

---

① 元曲《塞鸿秋·山行警》，作者不详。

只是，让村里能唱会演的人走走场，就明白他们根本撑不起这台面。这些角色，哪能和大行院的角色相比，打死他们也无法演大戏。这可咋办？那就演小戏。演小戏手头里没有小戏本，这又咋办？这事能难倒别人，还能难倒关汉卿？写！

写什么？关汉卿过上平静的日子，就无法遏止科举的欲望。在伍仁村，进进出出碰见的都是农家子弟，都过着贫穷的日子。如何改变祖祖辈辈遗留给他们的命运？科举考试是最好的捷径，能让穷家子弟鱼跃龙门，改换天地。他甚至想把他们邀集到一起，教他们识字读书，但是，不知道他们肯不肯头悬梁、锥刺股？头悬梁、锥刺股，在眼前一闪，关汉卿立即找到了亮点。他想到了匡衡，家贫如洗的匡衡，夜晚读书缺少油，连灯都点不起。无奈何，他只好凿通邻家的墙壁，偷光读书。他想到了孙康，家境比匡衡还穷的孙康，想偷光读书，连个富裕的隔壁邻居也没有。可是，困苦困不住有心人，他竟然俯身在地映雪读书……

写他们，写他们，关汉卿兴奋地写下去，绵软的纸面跳跃着兴奋的笔迹。

兴奋的笔迹变为角色兴奋地歌唱表演。

兴奋的歌唱表演变为观众兴奋地鼓掌叫好！

庙会上的演出，关汉卿找到了久违的感觉。他兴奋了，像写戏一样兴奋，像在平阳散乐大行院一样兴奋。

关汉卿在伍仁村落地生根了。

伍仁村的父老乡亲也为这演出的成功而兴奋，兴奋得轻而易举移交了执事牌。但是，他们叙说兴奋不用我的语言，喜欢讲一个故事。有一年磁河洪水暴涨，突然从河底透出一股水来，怎么也堵不住。洪水再流下去就会淹没村子，众人火烧眉脸，束手无策。就在这危急关口，有个小孩喊着"别急，别急"跑上河堤。一个光屁孩喊叫什么？众人正在疑惑，那小孩已扎进水里，不见了踪影。这不是自己找死吗？众人正为他惋惜，就见透出的水流顿时止住，肯定是这孩子用身体堵住了豁口。是他救了村庄，救了村人！这个以身堵水的孩子名叫杨金龙，从此大家把他敬为龙王。每年庙会，村人都要抬着他的神身游逛。

关汉卿带着伍仁村的戏班去城关"药王庙"献演的那年，发生了一件奇事。龙王神身走到戏台时，抬轿的四个汉子咋都抬不动了。换人抬，一样重得抬不起，只好把龙王神身安顿在前排看戏。看完后，往起抬又轻若先前。村人讲完这个故事，都要添说一句：

"啧啧，关汉卿的戏把龙王都迷住了！"

"是啊，那戏太勾魂啦！"

寄生草

汴京城刚丢失，关汉卿还有个期望未能泯灭，期望金哀宗能率兵杀个回马枪。是啊，金哀宗出城打的旗号是到前线抵抗蒙古军，所以连皇妃也不带。关汉卿咋会想到抗击作战，是金哀宗逃跑的遮羞布。

俗话说得好，瘦死的骆驼比马大。金哀宗逃到归德，河北的溃军相继赶来，还集聚起不少人马。若是拼死抵抗，短期绝不至于亡国。不过，一个政权腐败之后，树空自倒，勉强撑扶无济于事。此时的金哀宗根本控制不住这个烂摊子。大敌当前，危亡就在旦夕，守将不同仇敌忾，却同室操戈。蒲察官奴与马用不和，金哀宗在尚书省设宴调解。马用忠厚，随即撤去守卫，不再戒备。哪料，官奴乘机攻进马用府中把他杀死。还杀死女鲁欢、李蹊等将相及其手下，三千多人转眼倒在血泊里。金哀宗十分生气，还得有气变没气，面对一个手握重兵的人，若不忍气吞声，就会顷刻丧命。他没有责怪官奴，还把他提拔为枢密副使、权参知政事。也好，既然忍气吞声，就忍耐到底，说不定官奴还能死心塌地地卖命。然而，金哀宗不放心官奴，哪能真心实意地重用官奴，瞅个时机令近侍割掉了他的头。

这么内耗折腾岂有不误国的？

转眼归德危急，金哀宗不敢抵抗，只能逃跑。逃到蔡州，居然还有十几个人敲着锣鼓"热烈"欢迎。然而，欢迎的锣鼓抵挡不住冲杀的利刃，蔡州成为金哀宗生命的终点。没几日蒙古兵攻破城池，他用一条白绢给自己挽了个死结。

公元一二三四年，关汉卿和家人被驱赶出汴京后，蔡州沦陷，金国告亡。

听到金朝灭亡的消息，关汉卿不一定有多么悲伤，还有一丝窃喜。那是在北去的途中，他们听到这次攻打蔡州，不只是蒙古军，还有宋军参战。宋军参战，肯定具备一定的实力，若要是再扬戈跃马奋勇进击，把蒙古铁骑赶回草原，岂不是河山又戴"俺汉家节"？嘻嘻，到那时，"圣主仁慈宽厚，一年开放一遭举场，天下秀士都来应举求官"，"一举首登龙虎榜"，"圣人敕赐状元郎"，岂不快哉？

自然，这只是关汉卿的一厢情愿，历史不会听从一介微弱书生的安排。所幸如此，果真关汉卿名登榜首，很可能中国多了一名官宦，文苑却减损掉一份星光的璀璨。

南宋没能推进，没能王师北定中原，反而，被南下的蒙古军摧枯拉朽，像一片飘零的落叶，最终淹没在大海。追随金国的后尘，南宋化作过往烟云。

这是后话，在漫长的煎熬里，若不是戏剧演出给关汉卿带来一波又一波欢笑，他真会陷进无法自拔的伤痛。

那一年，在祁州唱红戏后，扬名的不光是伍仁村，还有关汉卿。众人四处传言，伍仁村来了个戏神，他写的戏文，人人爱看，连龙王爷也不看完不走。这事肯定会传到百里之遥的真定。其时真定的情形和平阳不无相似，蒙古军占据后交给汉人史天泽统领。史天泽庇佑了汉人，也庇佑了文人。他饱读诗书，喜欢戏剧，钟嗣成的《录鬼簿》记有他名字。在他的卵翼下音韵绕梁，戏剧鼎盛，白朴、李文蔚、尚仲贤、戴善甫、侯正卿、史樟等戏剧英杰，会聚勾栏，你方唱罢他登场。很难设想，史天泽闻知关汉卿不把他请到真定，给戏苑增添花色。即使阴差阳错，关汉卿没能成为史天泽的座上宾，他那已经唱红的剧本不会不在真定的戏台露脸。

关汉卿去不去真定都没有什么遗憾，更大的戏剧舞台等待着他的表演。

他走进了元大都。

元大都留下了他的歌声、笑声，当然也不少了他的怨叹声。他生命的音符跳跃在这里的胡同，他生命的光色浸染着这里的容颜，以至于钟嗣成在《录鬼簿》中把他标示为"大都人"。

若是较真，关汉卿进入的大都还不能称大都，即使中都也不能称，只能叫燕京。金宣宗逃离时，这里是中都。蒙古军横扫中都，称之燕京。中统五年，即公元一二六四年，复又改为中都。时光再过八年，忽必烈建造新城才会更名大都。

蒙古军横扫的不只是中都的名字，还有这里的繁荣。恰如魏瑶《燕城书事》所记："可怜一片繁华地，空见春风长绿蒿。"那时的管理机构很简单，是军政合一的体制。最底层是主管十户的牌子头，上面是百户、千户、万户，后来设立了达鲁花赤，也就是断事官。燕京的断事官石抹明安"尤贪暴，杀人盈市"。光天化日之下，他的亲属四处抢掠，"不与，则杀之"。这个断事官断案，竟然一天"杀死二十八人"。最荒唐的是，有一人本来已被断做没事，凑巧有人献来一把刀，竟"手试刀斩之"。现在看不仅荒唐，而且十分荒唐，但在那个荒唐横行的年代，不荒唐反而不正常。因为，被誉为一代天骄的成吉思汗，就以荒唐治世。《元史》记载，入主中原，给贵族和功臣划拨土地，不分远近，不计功勋，"命于城中环射四箭，所至园池邸所之处，悉以赐之"。荒唐的举止，只能缔造荒凉的风景，不少地方，"瓦砾填塞，荆棘成林，狐出鬼没，盗匪无羁"。这哪里是城市？哪里配称燕京？

废墟，废墟，简直是废墟！

关汉卿当然不会去废墟。他走进燕京是因为这里苟延残喘出一丝生机。若没有这缕生机，不会有人热衷看戏；若没人看戏，关汉卿也不会前来此地。关汉卿是冲着这里的生机来的，还有不少同行也是冲着这生机来的。燕京集聚起梁进之、杨显之、费君祥、王和卿等善于作曲写戏的文人学士。这些才人每凑一起，免不了谈天说地，话古论今，兴致高时还会对酒唱曲，抒发心志。王汝海、吴继璐先生还原出这样一个场景。

是日，关汉卿一行来到蓟丘。有人说蓟是帝尧后裔的封地，有人说燕为周代始称，有人说春秋时强燕立国建都于此……历数过往昔的辉煌，再看脚下丛生的蒿草，伤感油然而生。关汉卿触景生情，随口唱出：

> 彼黍离离，彼稷之苗。彼黍离离，彼稷之苗。行迈靡靡，中心摇摇。知我者，谓我心忧；不知我者，谓我何求。悠悠苍天，此何人哉？

这是《诗经·王风》中的《黍离》。相传周人东迁后，有位大夫返回故都镐京，宗庙不见，宫室不见，唯见夷为平地的废墟旧址，长满黍稷。心忧，心忧，忧伤地叹吟：彼黍离离……

关汉卿的吟唱，引发了杨显之的情思，他接着唱出陈子昂的《蓟丘览古》：

> 南登碣石阪，
> 遥望黄金台。
> 丘陵尽乔木，
> 昭王安在哉。
> 霸图怅已矣，
> 驱马复归来。

他唱的是其中的《燕昭王》，梁进之紧步其后，唱出《郭隗》：

逢时独为贵，

历代非无才。

隗君亦何幸，

遂起黄金台。

梁进之歌声未落，王和卿便将《乐生》随上：

王道已沦昧，

战国竞贪兵。

乐生何感激，

仗义下齐城。

雄图竟中夭，

遗叹寄阿衡。

歌声把历史往事拉在眼前，燕昭王东至易水，修建黄金台，延揽天下英才，那是何等胜景；贤士纷纷赶来，燕昭王以礼相待，那是何等荣盛；燕昭王死后，贤士逃离，宏业夭折，又是何等凄伤！庆幸还有"遗叹寄阿衡"之句，将希望延展下去。阿衡是指商代贤相伊尹，他辅佐汤王伐桀灭夏，让天下弃旧图新。

弃旧图新，弃旧图新！

用古诗唱出心声，用美好替代忧伤，蓟丘的音韵唱响燕京，唱响苍穹，还将穿越千秋，萦绕于今世。

揽筝琶

蓟丘相聚，喝酒唱诗，大家感觉都很好，往后相聚的次数更多了。这一日，众位才人相邀来到丽春院。丽春院，这个雅致的名字曾出现在关汉卿的曲作里，听来别有情趣，我们便慕名前去吧！

丽春院，其实是一个行院，也就是妓院。为什么我在写平阳大行院时，每次都要冠之散乐大行院？区别在于，那里的女子是卖艺不卖身，而燕京行院的女子卖艺也卖身。当然，这里的女子，或唱小曲，或演杂戏，每人都有一招。否则，别说卖艺，恐怕卖身也卖不出去。这一点堪称得了北宋时期的真传。

北宋时期，是中国历史文化最为活跃的繁盛期。勾栏瓦舍的杂剧小戏悄悄兴起，只是没能长成像元代一样的大戏。没有长成大戏原因多多，不可忽略的一个重要因素是宋词的流行。宋词流行在哪里？主要在妓院。如今品鉴宋词，那里流溢着人性的光彩，蕴蓄着情感的苦辣酸甜。有人说，唐诗是大雅之声，宋词是通俗歌曲，这大抵是正确的。在宋词里，可以看见花阵酒地，燕馆歌楼；可以听见调情俏笑，丝竹歌声。走进那里的官宦文人留下了与官场、与家庭截然不同的另一副面孔，恣意而为，放荡无忌。时光可以远去，朝代可以更替，而楔进生命里的习惯却无法消失。那习惯是文化，文化产生的惯性，有时是主流里的回流，有时也可能成为扭转时局的主流。不必做过多的思考，我们只要看一下元曲的兴盛，就会明白，越过金代，宋词非但没有暗哑，反而化作更加通俗、更为流行的元曲。元曲的繁荣正是当时官宦文士出入青楼妓院的风流写真。

如此，关汉卿这帮文人在丽春院谈笑风生，不仅不怪昧，而且还是冠领时代潮流的风尚。

这一天的趣味是从王和卿开始的。梁进之、杨显之、费君祥、关汉卿一入座，王和卿就抖搂出刚写的新曲。说是供大家一笑，其实不无卖弄，因为身边还坐着名伶顺时秀和出道不久的檀香。王和卿微闭着双眼，吟出他的散曲《咏大蝴蝶》：

弹破庄周梦，
两翅驾东风。

三百座名园，

一采一个空。

谁道风流种，

唬杀寻芳的蜜蜂。

轻轻飞动，

把卖花人扇过桥东。

"哦哟，好大的蝴蝶！"王和卿吟完，大家不约而同地说。

说过，杨显之还觉得好笑："嘿嘿，哪里有这么大的蝴蝶？"

关汉卿说："怎么没有？"

杨显之问："你见过？"

"见过。"

"在哪儿？快说，让大家也开开眼界。"

关汉卿不慌不忙地说："远在天边，近在眼前。"

众人哄然大笑，顺时秀和檀香一个笑得弯下腰，一个笑得擦眼泪。因为，关汉卿手指的就是得意扬扬的王和卿。

笑声未落，梁进之冲着王和卿佯怒，说："哈，大蝴蝶，你把那些花都采遍，采完，我们这些人干啥呀？"

众人又笑，都随声附和，显然这里的采蜜是说和伶人娼妓调情。

受到捉弄，王和卿不躁不恼，依然端坐着。待笑声平息，他瞅着关汉卿说："关兄，你有喜事，怎么藏着掖着？说出来让大家分享些高兴。"

关汉卿不知他说的是啥喜事，蓦然犯怔。众人催促，说呀，快说呀，别那么抠唆！这一催，关汉卿更急了，脸都有些泛红。众人又催，快说，是不是讨回一房小妾啊？他摊开手掌说："哪里，哪里，真没啥喜事呀！"

众人把目光转向王和卿，只见他从容地说："关兄，你不说，我可就抖搂出来啦！"

关汉卿脸色通红，不知他要说啥。王和卿绷着脸说："你家的骒马不是下了个小骡驹！"

轰——大笑声几乎能把屋顶给掀翻。众人都清楚，关汉卿刚得了个顶门立户的嗣儿。嗣儿就是男孩。

王和卿不笑，笑声一低，他就问关汉卿："咋，这还不是喜事？"

关汉卿与王和卿逗乐，没有一次能斗过对方。他心悦诚服地说："是喜事，是喜事。"然后提议，王和卿再吟一曲。王和卿却要顺时秀先吟，没等顺时秀张嘴，他限定要以梅花为题。

顺时秀并不推辞，却递给王和卿一个烫手的山芋："好，那我就唱曲梅花。不过，我不能白唱，我唱完王大人要和一曲。"

王和卿哪能再掰扯，只得答应。答应了，顺时秀也不作罢，逼近一步说："王大人既然给小女子点题，那我也给大人点个题。"

"点什么题？"王和卿问。

"大人前面唱的是大蝴蝶，下面不论唱什么，也不准小了，必须是大的。"顺时秀可真将了王和卿一军。见他没有反对，顺时秀放开声唱道：

> 粲粲梅花树，
> 盈盈似玉人。
> 甘心对冰雪，
> 不管艳阳春。[①]

顺时秀低音圆润，高声亮脆，唱到"甘心对冰雪"，俨然如嚼着一串冰糖葫芦，醒脑、提神。听完，齐夸好，催促王和卿唱。

王和卿直摇手，说："顺时秀这一唱，不是要我出丑吗？"

顺时秀不看王和卿，转脸问大家："王大人不唱行吗？"

"不行！"

[①] 元代李翠娥诗，口占此诗时，令扬州总管陆宅之称奇。详见《觅灯因话》。

王和卿说："那我就真要献丑了，唱个大鱼，大伙儿看大不大。"

说是献丑，谁敢说丑。王和卿真是世所稀有的大才子，张嘴就是新曲《拨不断·大鱼》：

> 胜神鳌，夯风涛，
> 脊梁上轻负着蓬莱岛。
> 万里夕阳锦背高，
> 翻身犹恨东洋小，
> 太公怎钓？

众人都说："大，大，和卿这鱼真大，不光姜太公钓不起来，就是天王老子也难钓到手啊！"

关汉卿敛住气，没有吱声，他陶醉在王和卿的气度里。这哪里还是鱼，分明是倒海翻江的混天龙。暗暗点头佩服，觉得自愧不如。见他不吭声，梁进之说："汉卿不语，是不是这鱼不如你的大？"

关汉卿连忙说："大，大得把我吓住啦！我是在想，要是写戏有和卿兄的气度，准能写出好本子。"

王和卿马上就说："还要多大气度？赤力力三绺美髯飘，雄赳赳一丈虎躯摇，恰便似六丁神簇捧定一个活神道。那敌军若是见了，唬得他七魄散、五魂消。你若和他厮杀呵——"

说着关汉卿笔下关大王的英雄气概，王和卿还不过瘾，竟开口往下唱：

> 你每多披取几副甲，
> 剩穿取几层袍；
> 您的呵敢荡翻那千里马，
> 迎住那三停刀。

唱罢，不问关汉卿，问大家："你们说关汉卿这本事大不大？"

众口一词：大！这是真心话，关汉卿未来燕京大家就都知道了他的名声，无不佩服他的才能。关汉卿不再和大家逗乐，从怀里掏出剧本《闺怨佳人拜月亭》，说是早就写完了，总觉得不如意，请大家把把脉。然后，说着，唱着，进入戏里。

听到"行色一鞭催瘦马，你直待白骨中原如卧麻。虽是这战伐，负着个天摧地塌。"众人心里沉甸甸的，不再言笑。

听到"分明是风雨催人辞故国，行一步一叹息。两行愁泪脸边垂；一点雨间一行恓惶泪，一阵风对一声长吁气。百忙里一步一撒；嗨！索与他一步一提。这一对绣鞋儿分不得帮和底，稠紧紧粘软软带着淤泥。"众人愁煞煞的，顺时秀和檀香脸上已挂着泪珠。

听到哨马报警，行人乱窜，母女失散，王瑞兰手忙脚乱，呼天唤地，众人无不揪心。直到碰上与妹妹走散的蒋世隆，才松一口气。可是，刚松气又能岔了气，一对可怜人竟被草寇抢掳进山寨。所幸，山寨草寇的头领满兴福，与蒋世隆曾经相识，有惊无险。这就够曲折了吧？还有曲折在后头。王瑞兰父母找到了女儿，这本是天大的好事，哪知，身为尚书的父亲却拆散了相亲相爱的一对有情人。逼得瑞兰夜里焚香拜月，祈祷患病的蒋世隆早脱灾祸，求得功名。这香没有白烧，蒋世隆金榜题名，被拆散的有情人终成眷属。众人都说，好，一波三折，有看头，拿得住人。

关汉卿说："是要曲折些，不能再像前两出戏那么直白了。"他说的前两出戏是《关大王单刀会》和《关张双赴西蜀梦》。那戏本是没有这么多波折，看来关汉卿是在有意变化方法。说到这儿，他真心求教："再想想，看还有啥需要改动的。"

王和卿心直嘴快："汉卿兄，你是好人，结尾来了个大团圆。干脆好人做到底，让那个山寨草寇头目满兴福考上个武状元。"

费君祥不解地问："考上武状元要咋？"

"有好戏！"王和卿眨眨眼睛说，"不是蒋世隆的妹妹也失散了吗？

就让瑞兰的母亲把她收留下。"

"好!"关汉卿不待王和卿说完,一拍大腿说,"我明白了,把他妹妹嫁给武状元。"

王和卿拉长音,缓缓道:"哦——正是这般。"

改得好,大伙儿都这么说,唯有杨显之不张嘴。梁进之问:"杨补丁,莫非你还想给这戏本打个补丁?"

杨显之是有名的改戏把式,经常给别人堵漏洞,人称杨补丁。梁进之这么一说,他接嘴就说:"你真说对了,我再打块补丁。和卿兄说得有理,只是还有些太直。咱不妨让王尚书做主把义女许给蒋世隆,把女儿许给满兴福。"

檀香嘴快说:"让兄妹成亲,那不乱套了吗!"

杨显之慢条斯理地说:"乱不了,只是瑞兰要再痛苦一会儿。"

顺时秀说:"好个狠心贼!"

"先别骂。"杨显之接着说,"待尚书大人知道义女瑞莲和蒋世隆是亲兄妹,换个对就花好月圆啦!"

哈哈哈!丽春院响起舒心的大笑。

笑声里,顺时秀说:"关大人,改出来我演王瑞兰。"

檀香跟着说:"那瑞莲留给我吧!"

又是一阵笑。

众人都在笑,唯有关汉卿没有笑,他还在琢磨王和卿与杨显之的话,他们说得太精彩啦!写这本戏文,他真费了不少心思,增加了曲折的情节,可是,远远没有达到二位所说的高度。这写好戏没有止境,他暗暗提醒自个儿还需加劲。

圣药王

关汉卿还没到燕京,在梨园倡优界名声就已很大。

关汉卿到了燕京，高超的医术很快也传扬开来。

给关汉卿传名的是两件事，在他看来都是微不足道的小事，可在病人看来却是妙手回春的大事。

有一天，文士们相聚，迟迟不见王和卿露面。大家都很纳闷，往日只要相聚，这个好事者总是最早到来。今儿个这是怎么啦？他一进门，众人便起哄："嫂夫人不让走吧？"

杨显之逗趣："和卿兄两口子只嫌五更少，恨不能再闰一更。"

众人哄然大笑。

笑声稍低，王和卿赶紧说："你们还逗弄我，我差点来不了。"

众人这才注视他。可不，怎么脸色黄蜡蜡的，蔫不拉几。几天不见，咋就变成这副样子？王和卿说："人走红运，扁担开花。人走否运，眉毛长虱。你看，昨天吃根麻花，说着话没及细嚼咽了下去，哪会想到划破喉咙，流血不止。真倒霉！"

说着话，嘴里溅出的唾沫还带着红，连忙用绢帛擦去。

听毕，关汉卿拉过他的手，把把脉，说："没啥，我给你摆治摆治。"

顺手提笔开出一味药：三七。

就这么一味药，能治病么？众人都有些怀疑。关汉卿笑笑说："试试看。"

有病乱求医，也不管关汉卿有没有把握，王和卿赶紧着人把这药抓来，按照关汉卿的嘱咐泡着喝下去。初始没啥感觉，喝着，喝着，嘴里不那么咸腻了，他也插嘴聊起话。渐渐来了精神，过一会儿他的话比别人还多。

杨显之问："和卿兄，不难受啦？"

"不啦！"王和卿答话，也觉得咋就好得这么快？再擦擦嘴，不见血丝。

俗话说，病来如山倒，病去如抽丝。这关汉卿咋就能手到病除？神啦，神啦！都夸，关汉卿是神医。

哪是什么神医？自己的底子自己清楚。人常说，世上无难事，只怕有心人。关汉卿就是个人里面少见的有心人。他这点医术的提高，还是在伍仁村里。那会儿请他治病的人很多，他唯恐医术不行，耽误病人，那可是害人性命啊！因而，遇有疑问，他不断请教。好在叔叔就是身边现成的老师，近水楼台先得月，他有这个便利条件。请教多了，他发现叔叔给他讲的药方，多是前人使用过，早就固定下来的，得便他就找些药书来读。读多了，心存疑问，这些药方是古人的心血结晶。他们对草药把玩得这么清楚，可自己一点认识也没有。这不行！从那时起，关汉卿治病不再下大药方，常常使用单味药。一次一次了解药性，治病更有针对性。这日一看王和卿的病情，他明白三七肯定能治。这药既能止血，又能和血，有益无害，当即开方，没想到还真灵验。

这一灵验，又连带出事来。费君祥想起珠帘秀，这个燕京城里名声最大的歌伎，有一段日子没有在戏台上出现了。病了，病得还不轻，咯血。关汉卿给王和卿止血，让他想起了珠帘秀咯血。他一提起，众人都说："是啊，汉卿兄你快给四姐治治。"

珠帘秀排行老四，文士才人常以四姐相称。说罢，簇拥着关汉卿来到珠帘秀住宅。

这是关汉卿第一次见到珠帘秀。看她一眼，就令他心魂怜爱。娇滴滴的一个美人，此刻被咯血折磨得瘦似黄花。瘦是瘦，可风韵不倒，不知缘何关汉卿忽然会想起王昭君。他似乎从她身上，看见了那个担当民族使命出塞的美女。这么一个美女竟被病痛折磨得微风吹过要倒地，不由得从心底疼爱。

关汉卿把把脉问："是不是夜间常常出汗？"

珠帘秀点点头，问："大夫，你看我这病还能治么？"

说着，泪水溢出眼眶。珠帘秀还以为，这是众位戏友专门为她请来的大夫，哪里知道眼前就是大名鼎鼎的文士关汉卿。王和卿赶紧说与她，珠帘秀听过惶惑地瞅着关汉卿，似乎在问你到底是写戏的高手，还是医病的郎中？关汉卿在伍仁村也耳闻过名伶珠帘秀，没想到第一次竟是这么相见。他掩一下发酸的鼻子，大大咧咧地说："小病，怎么治不好？放心吧！"

关汉卿开下药方，王和卿接过瞧瞧，开的是：生龙骨、生牡蛎、萸肉，没有他喝过的三七。他悄悄问："咋没有三七？"

关汉卿笑笑说："天机不可泄露。"

关汉卿不说，王和卿也不好意思再追问。不过，这药还真有效，一服药喝下去，珠帘秀竟然睡得春眠不觉晓，处处闻啼鸟。看看身上，方知一夜没再出汗。珠帘秀好不高兴，赶紧把关汉卿复又请来。关汉卿看见珠帘秀，比她还高兴。高兴地说："你的病真有治了！"

珠帘秀不解："昨日你不是说能治好吗？"

"那是我给你打气。头一服药是治病，也是试探。你的病能不能治好，要看用药，也要看你的体质。如果体质过弱，能不能治好还很难说。这服药有效，说明你的身体亏欠不大，有救啦！"

关汉卿高兴地说过，又开下一个药方。这一回在里面添上了：三七。

药到病除，真真是药到病除。珠帘秀喝过后，不再咯血。她怕反复，还想喝药。关汉卿告给她不用再喝，注意调养即可。调养数日，珠帘秀身体渐渐康复，面色红润，眼睛里闪耀出往日那亮晶晶的光泽。

珠帘秀康复后，王和卿按捺不住喜悦，再见到关汉卿还是禁不住问他，为啥都是止血，你用的药不一样？关汉卿这才告给他，你的伤在食管，轻得很。珠帘秀久咳不止，已伤到肺络，如不治本，单一止血，很难见效。一向孤傲的王和卿，此刻对关汉卿佩服得五体投地。

珠帘秀又成为原先的珠帘秀，风姿翩翩，顾盼传神，挥舞长袖登上久违的戏台。

珠帘秀哪里是在唱戏，简直是在为关汉卿高歌一曲颂神医。随着她迷人的风姿、婉转的歌声重现戏台，关汉卿的医术也名播燕京。官府、街巷都传开，他手到病除，治好了卧床很久的珠帘秀。

从此，请关汉卿治病的人络绎不绝。他添了一份忙碌，也添了一份欢乐。每治好一个病人，他都有说不出的快慰。可随着快乐，忧虑找上门来，中书省请他去衙署行医。这令关汉卿不免头疼。蒙古军南进，闹得天下大乱，民不聊生。尤其是汴京被占后的凄惨景象，无时不啃噬着他的心头。他怎能为虎作伥，走进衙署为那些暴徒治病？若不是梁进之的到来，关汉卿可能会绕在思维的囹圄里转不出来。一天不出来，他就烦躁一天，弄得食不甘味，夜难成眠。甚至想躲回伍仁村，省得这么心烦。有人说，话是开心的钥匙，的确不假。梁进之几句话，拨开了笼罩在关汉卿头上的浓重乌云。

他说："你看我是不是坏人？"

关汉卿说："你咋能是坏人？不是。"

梁进之说这话，是因为他在警巡院里做事。他喜欢读书写戏，经常和关汉卿他们会聚在一起。还有一层外人不知道的秘密，他的父亲和关汉卿的父亲，有着很好的交情。所以，他俩时常在一起说说心里话。梁进之紧接着关汉卿的话又说："既然我在官府做事，没有变坏，你咋就不能做？"

关汉卿不语，他又劝慰："当今社会，文人谁看得起？"

这话逗起关汉卿心中的火气，他胸部连连起伏。刚灭掉金国，就传出要科考的消息，如今过去十多年了，也没有动静。而且，上上下下，没有一个人把文人学士放在眼里。想想"万般皆下品，唯有读书高"的古训，他愤愤不平。

梁进之劝导："文人的地位不高，医户的地位不低啊！你有这本事，为啥要看人的眉高眼低？你就堂堂正正当个医户，有啥不妥？"

或许是蒙古人入主中原，一路厮杀征战，颇受伤病困扰的缘故，医户在当时地位很高；或许是宋朝、金国都是靠儒家方略治世失掉天下的缘故，文人的地位在当时极低。梁进之一点拨，关汉卿眼前顿见亮光，他一把拉住梁进之的手说："听你的，干！"

就这么关汉卿进入官方的医户，这为他后来进入太医院铺平了道路，要不钟嗣成为什么会留下关汉卿"太医院尹"（也有人说是太医院户）的记载？

第四折

斗鹌鹑

进入太医院，关汉卿的心情如何？

李白诗句"安能摧眉折腰事权贵，使我不得开心颜"应是他心情的真实写照。用时下的话说，他是与魔鬼打交道的人。这个角色的行为要求是戴着镣铐跳舞，履职的法宝是摧眉折腰。很难设想，关汉卿这样的性格能在那种屈辱的境况里待下去。这是用今人的眼睛度量往昔，那个时候是中国历史最不正常的年代，即使关汉卿不入太医院，也难能仰天大笑出门去，长叹一声我辈岂是蓬蒿人，再高声大呼天生我材必有用。那是中原人被踩在脚下的年头，被俘虏的男人曰奴，女人称婢，统叫驱口。刑律规定，私宰牛马要刑杖八十七棍，而主人打死一个驱口，也不过刑杖八十七棍，人和牛马无啥区别。宠臣阿合马一个人就有驱口七千多人。这些驱口可以任意买卖，他们的子孙辈辈都是驱口，注定只能给权贵当牛做马。这年头要是再有李白那样的非分之想，无异于痴人说梦。好在关汉卿尚识时务，摧眉也罢，折腰也罢，还能在权贵间应付下来。

饱受身心折磨的关汉卿收获的不仅仅是养家糊口的衣食，还有无形的精神创伤。沙粒钻进贝蚌的肉体，那痛苦能够凝结成珍珠，人的精神苦难也能化为珍珠似的财富。不论别人怎样，关汉卿用笔收藏下的往事，如今再看胜过价值连城的珠宝。仅看关汉卿笔下的权贵形象，个个血肉丰满，活灵活现。颠倒黑白，谎言上奏，打着皇帝的旗号妄图草菅人命的杨衙内；招摇过市、公开夺人妻女的鲁斋郎；以及厚颜无耻、贪赃枉法的昏官梼杌，没有一个是平面的，是空洞的，个个呼之欲出。对这些罪恶败类，他笔下有真实的揭露，有犀利的讥讽，有可耻的下场，个个都是对社会的警示。由此可见，关汉卿行医收获非小，若不是近距离接触，哪能把权贵的无耻行径勾勒得如此惟妙惟肖？哪能把贪官的龌龊心态揭露得入木三分？

或许，这也是关汉卿官场行医收获的一笔重要财富。

那些年月，关汉卿活似双栖动物，委顿着犬体出入于官宦权贵门庭，伸展双翅腾飞于戏剧的天宇。而且，他还能利用犬体换来的高贵，庇护那些翔舞在精神领空的低贱倡优伶人。

燕京逐渐繁华开来，林林总总的行业纷纷开张，不少行当还建起自己的行会，捆绑在一体应对突发事件，让弱小的个体找到一个相对强大的靠山。这一日，文人学士又聚集在一起，聚会的地点是在关汉卿家里。曾有学人这样畅想，大概缘于关汉卿进入太医院后，家境转变，有了宽敞的新宅。据说，聚会多在他家的后园。园中有一水池，池里碧水清凌。鳞波间点缀着莲花，花香四溢，盈满小园，也盈满池畔的水榭。水榭有个与小园匹配的名字：寻芳亭。可以想见，那伙儿戏剧精英就在亭上吟诗唱曲，谈戏说事。

聚会对他们来说，不是稀奇事，这里所以要再记一笔，缘于这次聚会留下一个至今仍频频出现于文人案几的团体：书会。王和卿嘴快，他提出建立书会，应该最为相宜。谁提出无关紧要，要紧的是一呼百应，到场的人个个称好。好就快办，当即推举会首。这不是难事，可以遥想当年的情景，众人都将目光瞅在关汉卿身上。这完全在意料之中，一来因为他写戏、编曲、排演，十八般技艺无不精通；二来因为他热情侠义，乐意为大家牵头办事。其实，过去没有书会，别说有啥戏事，即使谁有家事，关汉卿也是鼎力相助。众人的目光变成推举的话语，关汉卿也不推辞。确定书会的会首，没有多费口舌。倒是书会叫个啥名称，七嘴八舌，一时难以定夺。时辰不早，大家不再争论，开启坛塞，边饮酒，边诵诗，豪兴压倒扑鼻的荷香。关汉卿饮过一樽，放声诵读李白名诗《庐山谣寄卢侍御虚舟》：

> 我本楚狂人，
> 凤歌笑孔丘。
> 手持绿玉杖，
> 朝别黄鹤楼。
> ……
> 早服还丹无世情，
> 琴心三叠道初成。
> 遥见仙人彩云里，
> 手把芙蓉朝玉京。
> ……

诗未读完，杨显之就叫道："打住，打住！"

见他扫了关汉卿的诗兴，王和卿喝道："显之兄，好狗还不拦路，你咋把汉卿兄的诗兴给截断啦？罚酒！"

杨显之不推托，端起酒樽一饮而尽，方才开言："哈哈，李白早就给咱起好了名字，咱还在这儿庸人自扰。"

什么名字？文士们问。杨显之不答，又饮一樽还不答，竟问："芙蓉是荷花吧？"

众人答是。

他又问："如果我没有记错，玉京应是元始天尊的宫廷，对吧？"

众人答对。

杨显之决断地说："那为何不把书会的名字叫作玉京？"

好！手把芙蓉朝玉京，好名字，玉京书会。

就这么，一个时新的书会诞生了。虽然，那些文士才人并不知道他们的书会将会跨越时空，千秋传颂，但是，都觉得这名称美好，激动地喝酒，喝酒！

喝得寻芳亭上酒香四溢，人醉了，花醉了，水也醉得鳞波不兴。

在中华文学艺术的天地里，元杂剧无疑是一朵色泽瑰丽的鲜花。可是，催生、养育、复壮这朵鲜花的不是清平世道，不是朗朗乾坤，而是迸溅的血色、腐烂的骨肉。简言之，元杂剧是畸形年代滋生的硕果。换言之，关汉卿就是在这个畸形年代意外收获到果实的园丁。

我们必须记住公元一二七一年，这是元代真正成为元代，元朝真正成为元朝的开端。别看大家习惯将蒙古军入主中原视为元代，但是，直到这一年才采用《易经》"大哉乾元"的说法，改国号为大元。大元这个国号，显然是对中华文明的秉承，是对传统文化的延续。然而，外在的包装与内在的实际却是相悖的。蒙古军站稳脚跟，刘秉忠就告给忽必烈，"可以马上打天下，不可马上治天下"，而且，列举前朝古代的事例，规劝他恢复汉法，安定时局。忽必烈似乎听进去了，还请原先仕金的士大夫张德辉、元好问觐见，并奉为"儒教大宗师"。倘要是时局如此推进，他们肯定不会按人种划分为四等：蒙古人当然是一等；其他少数民族称色目人，为二等；北方的汉族称汉人，为三等；南方的汉族称南人，是最末等的公民。三、四等人其实就是奴隶，真正的命不如草，一等人杀一个三、四等人实在不算什么，大不了打上几棍，赔点东西了事。这还不算，还有按行业划分的荒谬等级：一官、二吏、三僧、四道、五工、六农、七医、八娼、九儒、十丐。你看，曾经"万般皆下品，唯有读书高"的儒家，竟沦为比娼妓还矮一头的地步，真真让满腹经纶的文人蒙羞受辱啊！

若不是这样，社会或许会平稳好多，人们的怨愤或许会减少好多，元代的寿命或许要长很多。可是，若不是这样还会有辉煌的杂剧么？还会有一代戏剧宗师关汉卿么？

我看未必。

血污的培植，悲愤的喷放，才是元杂剧和关汉卿成长的动因。

抑或，正是基于这个原因，在田汉先生的话剧《关汉卿》里，关汉卿屈身走进了阿合马的家中。这显然不是第一次了，他一进门就问老太太身体如何？老太太则高兴地说，好多了！大夫你真高明，我这病不是三年五年，经过了多少有名的大夫，现在才算一天天见好，真不容易啊！一旁伺候的贵妇也直夸关汉卿身手不凡。①

阿合马是当朝宰相，权倾朝野，淫威遍施，关汉卿不会不知道。这个宰相拥有几百位美女，可只要看上哪个，仍要据为己有。女人多，儿子也就多，他有二十五个儿子，个个都被他"内举不避亲"，占据高位。如此一来朝中官职，还不够这些人瓜分，哪里会有儒士的位置？哪怕他们占据官位，哪怕他们没有作为，只要不祸国殃民就谢天谢地。岂知这些人的天职似乎就是为所欲为。偏偏凡是为所欲为的行径，自古迄今没有不祸国殃民的。关汉卿走进这座府邸当作何想？按照他的性格，应该挺身而出拔剑相向，可是他却不得不躬身屈膝，真难为他了。

就在关汉卿行医的这日，凑巧碰到被抓进府中的二妞，要她做二十五公子的小妾。多亏那个贵妇二十五少奶奶不同意，才被打发到老太太身边当下人。关汉卿怎么能见死不救？他装出看上二妞的色相，老太太将二妞赏给了他。可怜的二妞这才逃出虎口。②

萎缩犬体的关汉卿，救出了猪狗不如的穷苦人。这便凸显出，犬化在畸形年代的特殊价值。

这是反观历史的感慨，作为当事人的关汉卿则不会有这样清醒而理智的认识，却时常深深陷入苦闷。所幸，关汉卿尚有精神支柱，这就是

① 田汉剧本《关汉卿》第三场。
② 同上。

戏剧，进入那个领地，什么样的烦恼也能化解。如此化解烦恼的自然不是关汉卿一人，那时的文人群体都有这样的苦闷，戏剧就成为大家共同的精神乐园。因而，玉京书会问世后活动得有声有色，只要说是相聚，每一个人都按时到场，每一个人都敞开心扉把自己肚子里的酸甜苦辣倒个痛快。孰料，说者无心，听者有意，谈笑间收获到不少的戏文题材。王和卿、杨显之、费君祥都有新作问世。过去疏于动笔的岳伯川也初露锋芒，不仅写出了《吕洞宾度铁拐李》，而且这戏本还挺受欢迎，立即被班主看中，排演出来在瓦舍演出。老人员热情高涨，新加入进来的满腔激情，每每相聚玉京书会热烈得像是一把火。尤其要提到的是，刚到燕京的白朴、石君宝。他俩都是冲着关汉卿来的，得知玉京书会无不高兴，立即和大家融为一体。

这日聚会，杨显之兴致勃勃带来了他刚搁笔的戏稿《郑孔目风雪酷寒亭》。他写这出戏的愿望已有很久，迟迟下不了笔。近日突然有了冲动，饭不想吃，觉不想睡，时常写到五更鸡鸣。写完了，仍然兴致不减，带着满脸喜气把厚厚的纸稿递给关汉卿。杨显之不愧是写戏高手，剧情一波三折，起伏跌宕。孔目郑嵩贪恋妓女萧娥的美色，将她娶回为妾。萧娥却想独占春色，处处强压郑妻萧县君。妻子哪里受过如此羞辱，不久身染重病，含恨去世。这一下遂了萧娥愿，如了萧娥的意，应该安心过日子了吧？可是，萧娥放荡惯了，耐不住床笫寂寞，趁郑孔目奉命外出，萧娥与高成勾搭成奸，还虐待前妻留下的子女。郑孔目闻知，怒气冲天，杀死萧娥。为此犯罪，被发配沙门岛。就在发配途中，郑嵩的义弟、绿林好汉宋彬赶到酷寒亭，救出郑嵩，一同奔往山寨。

看到最后，关汉卿连说痛快，郑嵩毕竟冲出藩篱，投奔绿林，不再在尘世受这份窝囊气。这戏肯定大受欢迎，身心遭受压抑的人们，哪个没有挣脱牢笼的心愿？只是，有一点令关汉卿心里隐隐不安，难道妓女就该给人做妾？难道妓女骨子里就坏？他觉得杨显之的写法有失公允。想是这样想，却没有说出来，毕竟这也是一种写法。不能因为自己有异议，就随意封杀。从心里说，关汉卿更喜爱石君宝刚写成的戏本《李亚仙诗酒曲江池》。

那日，石君宝一到，高兴得关汉卿简直能像年轻时那样蹦跳起来。岁月匆匆，一晃二人不再年轻，稀疏的白发不知不觉挂在两鬓。说起别后情景，真是各自满腹苦水。那年，关汉卿走后，石君宝也不敢再待下去，他怕官府追究他写的《鲁大夫秋胡戏妻》，就赶往洛阳从军。本指望浴血收复河山，可是事不遂愿，没有打胜，还被打败。没有战死疆场，他深以为憾。关汉卿开导他：

"大可不必，一个朝代不能庇佑子民，反而要子民捐躯保护，这个朝代必然短命。"

石君宝听得豁然开朗。很长日子，他都深深陷在亡国的怪圈里难以抽身，倒好似是他打了败仗才导致亡国。没想到关汉卿一针见血，刺透了他的盲点，令他顿见曙色。他真是对关汉卿刮目相看，连声说：高见，高见。听见这话，关汉卿没有高兴，反而叹息着说：

"有啥高见，都是苦难折磨的。"

石君宝有那么好的才华，是不是又重操旧业？关汉卿问及，石君宝便掏出新写的戏文，说：

"真没想到，你在大都打开了场子？我落伍了，你看看这戏文行不行？"

关汉卿拿起戏稿看下去，看得手不释卷。这就是《李亚仙诗酒曲江池》，戏中的李亚仙也是妓女，但是她情致高雅，见识高远，见到郑元和慧眼识珠，深爱不弃。不只与之调情，更多的是鼓励他安心读书，求取功名。二人历经曲折坎坷，忠贞不渝，最终结为连理。看完，关汉卿撂下剧本，拉住石君宝的手说：

"好本子，你为今后写妓女戏蹚开了一条新路子。"

缘于此，关汉卿觉得杨显之的戏稿还是过去的老路子，还是把妓女当作淫邪的祸水去写。他没有否决他，是怕大家日后都往一根独木桥上挤。写戏就应像春天的大地，有花，有草，还有刚刚拱出地皮的鹅黄嫩芽，那样才会乱花渐欲迷人眼，才称得上好看。因而，他只把石君宝的剧本介绍给杨显之，让他抽空看看。

说话间，大家看出今日会首的情绪不高。问他原因，关汉卿倒出心里的苦水，明知阿合马横行，可还得给他家老太太医病。明知二妞非救不可，可离开色迷迷的淫邪相还真没有一点办法。说过，少不了连声叹息。王和卿见状，不再说什么，朝他带来的花李郎一瞥，放声即唱：

> 不读书有权，
>
> 不识字有钱，
>
> 不晓事倒有人夸荐。
>
> 老天只恁忒心偏，
>
> 贤和愚无分辨。
>
> 折挫英雄，
>
> 消磨良善，
>
> 越聪明越运蹇。
>
> 志高如鲁连，
>
> 德高如闵骞，
>
> 依本分只落的人轻贱。[①]

他一唱完，不只关汉卿，众人都长出一口气，说好。好就好在，唱曲里出现了两个历史人物。闵骞名为闵子骞，是个孝子，后娘虐待他，给他的棉衣里絮满芦花，冻得他瑟瑟发抖。父亲知道后要休掉继母，他跪地劝说："母在一子寒，母去三子单。"父亲、后娘都被感动，一家人从此和睦相处。因而，闵骞被人们视为道德楷模。这里最能打动人心的是鲁连。鲁连名叫鲁仲连，是战国时候的人，早被世人奉为聪明仁义的样板。鲁连善于出谋划策，常周游各国，排难解纷。赵孝王九年，即公元前二五七年，秦军围困赵国都城邯郸。重兵压境，危在旦夕，魏王派

---

① 元曲，无名氏《中吕·朝天子·志感》。

使臣劝赵王尊秦为帝，赵王犹豫不决。鲁仲连及时赶到，劝说赵、魏两国联合起来抗击秦国。秦军不得不撤退。二十余年后，燕国占领了齐国的聊城。齐将田单领命收复聊城，久攻不克，双方损兵折将，死伤严重。鲁仲连赶到后，修书一封，义正词严谴责燕国，而后射入城中。燕将读后，忧虑、惧怕，拔剑自杀，聊城不攻自破。赵国、齐国都为鲁仲连封官，他概不接受，隐身退居。鲁仲连的行为举止，正合这伙失意文士的心境，因而众人连连叫好。

叫好声未落，花李郎站在大伙儿中间摇头晃脑唱开了：

> 不读书最高，
> 不识字最好，
> 不晓事倒有人夸俏。
> 老天不肯辨清浊，
> 好和歹没条道。
> 善的人欺，
> 贫的人笑，
> 读书人都累倒。
> 立身则小学，
> 修身则大学，
> 智和能都不及鸦青钞。①

花李郎扮着鬼脸，挤眉弄眼，逗得各位无不大笑，无不开心地大笑。关汉卿笑得最为响亮，是啊，苟活在如此世道，为什么要事事较真，那不是和自己过不去？

笑声消融了郁积的烦恼。

---

① 元曲，无名氏《中吕·朝天子·志感》。

醉高歌

玉京书会的推波助澜，令燕京的戏剧红盛非常。

此时，再说燕京已不确切，确切地说该是大都。公元一二六四年，忽必烈下令改名，四年后修建新城。历时九年完工，大都以崭新的容貌出现在世人眼中。以致马可·波罗见到后大加赞赏："整体呈正方形，周长二十四英里，每边为六英里，有一土城墙围绕全城。城墙底宽十步，愈向上则愈窄，到墙顶，宽不过三步。城垛全是白色的。城中的全部设计都以直线为主，所以各条街道都沿一条直线，直达城墙根。一个人若登上城门，向街上望去，就可以看见对面城墙的城门。在城里的大道两旁有各色各样的商店和铺子。全城建屋所占的土地也都是四方形的，并且彼此在一条直线上，每块地都有充分的空间来建造美丽的住宅、庭院和花园。各家的家长都能分得这样一块土地，并且这块土地可以自由转卖。城区的布局就如上所述，像一块棋盘那样。整个设计的精巧与美丽，非语言所能形容。"①

我关心的不是废墟外挺立起一座新城，而是"城里的大道两旁有各色各样的商店和铺子"。商店和铺子的主人，都是双面角色，既是销售者，又是消费者。物质消费之外，不乏精神文化消费。马可·波罗没有提到这方面的情形，但有一段文字却可以弥补这个空隙。他写道："操皮肉生意的娼妓约有两万五千人，每百名和每千名妓女各有一位特设的官吏监督。卖淫妇除了暗娼以外是不敢在城内营业的，只能在近郊附近拉客营生。无数商人和旅客为京都所吸引，不断地往来，所以这样多的娼妓并没有供过于求。"②从那个时代看，娼妓还没有下贱到只做皮肉生意，没有一点演艺素养，不会吟诗唱曲，还真难将自个儿兜售出去。因

① 见《马可·波罗游记》。
② 同上。

而，娼妓的繁盛何为不是戏剧繁荣的前提？

当然，这只是表象，最主要的是主宰这个国家命运的人群好歌善舞。他们的骏马负载着雄健的暴力和浪漫的歌声，奔驰到何处，何处就会飞扬着"天苍苍，野茫茫"的辽阔风光。他们的歌声高亢嘹亮，他们的舞蹈豪迈刚健，他们将这高亢嘹亮、豪迈刚健，带出了草原，带进了中原。《蒙鞑备录》记载："国王出师，亦从女乐随行。率十七八美女，极慧黠，多以十四弦等弹大宫乐，四拍子为节，甚低，其舞甚异。"国王好歌舞，大将也不次。《大越史记全书》写道：唆都出征带着优人李元吉，他会唱歌，会跳舞，还会演戏。他的戏里官人、朱子、旦娘、拘奴，这个唱罢，那个登场，"击鼓吹箫，弹琴抚掌"，热闹非凡。

外出离不开歌舞演艺，在宫廷更是难舍难离。那时的教坊司就是管理乐人的，头目位居正三品。节日祭祀，皇帝少不了盛大演艺。"大明开放九重天，拜紫宸玉楼金殿。红摇银烛影，香袅御炉烟。奏凤管冰弦，唱大曲梨园。列文武官员，降玉府神仙，齐贺太平年。"这曲无名氏的《双调新水令》恰是当时场景的真实写照。上行下效，官宦人家生日寿诞，哪家门庭不是歌舞喧闹，唱彻不夜天？

这环境如三月甘霖，元杂剧若春风桃李，繁荣昌盛自在情理之中，何况还有玉京书会推波助澜？岂止玉京书会，马致远紧步后尘，聚集起元贞书会。双会比肩，并驾齐驱，大都杂剧，万紫千红！

这一日，杨显之来见关汉卿。他仔细看过石君宝的《李亚仙诗酒曲江池》，越看越觉得内疚，深感对妓女的看法还停留在往昔。每日和她们耳鬓厮磨，咋就没有理解她们。两人推心置腹谈了半天，越谈越入内。杨显之感动地说："汉卿兄，往后我的戏文你还得多指点。"

关汉卿顺便告给他，他要离开大都一段。杨显之问他去哪里？他说：南下，到杭州去。杭州早就是他向往的地方，很小时他就听父亲讲，上有天堂，下有苏杭，那美好的风光就已熟记于心。早就想去，可不是金国和南宋对峙，就是大元和南宋虎视，恨不得把对方吞并下去，山河破碎，哪有机会？如今，大元一统天下，该去逛逛那美景啦！

　　向往南国美景，是他南行的一个动因。但是这么急着要走还有一个原因，就是最近有一件令他心烦的事情。心烦的事情由有一个心烦的人引起的。在田汉先生笔下有个杂剧界的败类叶和甫。[①] 他懂得演艺，却已沦为权贵的应声虫。他嫌关汉卿剧本的文辞尖锐，劝他改得圆滑些。甚而，奉命收买关汉卿诬陷他人。当然，他的阴谋没有得逞，被关汉卿严正拒绝，还给了一记耳光。这个名字，我觉得换成"薛文辅"更为恰当。先前，就是他向官府告密，说他们写戏诽谤朝廷，才逼得关汉卿和石君宝走出平阳。这个薛文辅，在墨遗萍先生的笔下他曾当上曲科进士。[②] 元代有没有曲科进士颇有争议，我们不妨将之视为委身于官家的一个教坊小吏。自古以来，皇家权贵要惩治文人，都离不开这样的小吏。客观地说，这样的小吏聪明至极，如果扑下身子为文做戏，真能够大有所成。可惜，聪明反被聪明误，他们不愿吃苦，企图以最少的付出获得最大的利益。他们不再开发自己的笔墨，却肆意发挥自己的三寸不烂之舌。靠着伶牙俐齿，穿梭于权贵间游刃有余。他们的利益最大化了，而就在他们的喜颜欢笑里，有人因之而深陷牢狱。

　　薛文辅登门拜访，关汉卿蓦然想起平阳燕尔巷里那张娃娃脸。他虽然没有把远去的怨恨翻带出来，但是，薛文辅一开口关汉卿就不无厌恶。若是平心静气地看待，薛文辅说的那事并不像田汉先生写下的事情那么恶劣，只是请关汉卿也进教坊司去当个差。或许，换个人这是天上掉馅饼的好事。然而，年过花甲的关汉卿警惕一切不期而至的好事。在馅饼的不远处正有一双狡黠的眼睛，瞅着猎物，滴着垂涎轻轻走近。谁捡起那馅饼，谁就是猎物。

　　关汉卿明白，官方是要借助自己的名声，笼络文人学士和演艺界的同仁。说穿了，是比收买更巧妙的收买。若是那样，别说自己，就是朋友们也不能随兴书写自我的情致。若是那样，活生生的杂剧便会成为僵尸腐骨。关汉卿没有怒发冲冠，却和颜悦色地打发走了这位不速之客。

---

① 　田汉剧作《关汉卿》第五场、第六场、第八场。

② 　墨遗萍《蒲剧史魂》。

打发的办法就一句话，我要去南方游逛，回来再说。薛文辅走了，关汉卿还在暗暗欣喜，真没想到当时会有那么不露声色而又果敢决绝的回绝。

杨显之得知关汉卿要走，便召集玉京书会的同仁相聚送行。消息传开，元贞书会的朋友也赶来不少。又是一次饮酒，又是一次唱曲，那分别的场景令无数后世的文人畅想还原。在他们的遐想里，马致远率先唱起：

> 枯藤老树昏鸦，
> 小桥流水人家。
> 古道西风瘦马。
> 夕阳西下，
> 断肠人在天涯。

悲凉的音韵催发出王实甫动情的歌声：

> 碧云天，黄花地，
> 西风紧，北雁南飞。
> 晓来谁染霜林醉？
> 总是离人泪。

王实甫肯定是想起关汉卿对自己的关照。那一次，他俩说起董解元的《西厢诸宫调》，关汉卿诵读了他在普救寺吟成的几段曲，还说要把西厢记写成戏。那时他也写出一段曲，唱给关汉卿听：

> 淋漓襟袖啼红泪，比司马青衫更湿。伯劳东去燕西飞，未登程先问归期。虽然眼底人千里，且尽生前酒一杯。未饮心先醉，眼中流血，心内成灰。

他只唱了一段，关汉卿就打断他，说："好，你比我写得好，这《西厢记》我不写了，你写吧！"

想想《西厢记》的成功，王实甫对关汉卿充满感激。他还要接着唱下去，王和卿拦住他，说我给你接着唱吧：

> 恨相见得迟，怨归去得疾。柳丝长玉骢难系，恨不倩疏林挂住斜晖。马儿迍迍的行，车儿快快的随，却告了相思回避，破题儿又早别离。听得道一声"去也"，松了金钏；遥望见十里长亭，减了玉肌：此恨谁知？

王和卿刚住声，顺时秀接嘴说，咱干脆都唱长亭送别吧！开口接下去：

> 青山隔送行，疏林不做美，淡烟暮霭相遮蔽。夕阳古道无人语，禾黍秋风听马嘶。我为甚么懒上车儿内，来时甚急，去后何迟？

顺时秀唱完，珠帘秀接着唱后面：

> 四围山色中，一鞭残照里。遍人间烦恼填胸臆，量这些大小车儿如何载得起？
> ……

一曲又一曲，唱得关汉卿脸热心酸，泪水盈眶。他说，我也唱一曲，答谢各位的深情厚爱：

> 自送别，心难舍，一点相思几时绝？凭栏袖拂杨花雪。溪

又斜，山又遮，人去也！①

唱到后头，大家齐声和上：溪又斜，山又遮，人去也！

游四门

出了大都，径往南行，关汉卿走得虽然倦乏，却身心轻松。想当初，离开汴京，那是何等凄惨境况，阡陌遗白骨，路径人惶恐。同是行走，恍若地狱天堂。思来自觉庆幸，也就未免窃喜欣慰。而且，身边还有杨显之和石君宝陪同，说说笑笑，一点也不寂寞。关汉卿知道南下杭州，长途奔波，是个苦事，就没敢惊动他人，只约了老友石君宝。那日，杨显之知晓也要随行，他欣然答应。

是日，春阳高挂，人身困倦，石君宝走着连声呵欠。关汉卿马上冲他逗乐，张嘴吟出：

"郑元和，受寂寞，道是你无钱怎奈何？哥哥家缘破，谁着你摇铜铃唱挽歌？因打亚仙门前过，恰便是司马泪痕多。"

这是拿他的《李亚仙诗酒曲江池》打趣，石君宝嘿嘿笑出声来，哪里还有困倦？杨显之也听得发笑，笑毕却说：

"好曲，若是多来几首更妙。"

"当真？"

"当真，杨氏无戏言。"杨显之一本正经地说。

前行一程，经过个叫谢家的村庄，关汉卿又吟：

"谢家村，赏芳春，疑怪它桃花冷笑人。着谁传芳信？强题诗也断魂。花荫下等待无人问，则听得黄犬吠柴门。"

好，杨显之、石君宝都夸好！说，再吟，吟多了就是一束曲。关汉

---

① 关汉卿散曲《四块玉·玉别情》。

卿于是走走吟吟，这就是后来集成的《双调·大德歌》。

昼行时说笑逗趣，不觉然日暮投宿。黑夜，与白天的感觉就大不一样。离开大都，离开家人，离开诸多文友优伶，每每夜静时分眼前总晃动着他们的身影。"晚宿在孤村闷怎生眠，伴人离愁月当轩。月圆，人几时圆？不似他南楼上斗婵娟。"所幸，此时的关汉卿今非昔比，名声赫赫，走到哪里，都有人笑脸迎送，还少不了歌舞伺候，美酒款待。"只听得乐声喧，列着华筵，聚集诸亲眷。首先一盏拦门劝，走马身劳倦。"① 要不是走马身劳倦，关汉卿真能喝出青春的风采。

从建康东去，不远就是苏州。尽管建康已被元朝改名集庆，但他们还是习惯称之建康。他们经过建康，前往苏州，在此驻步栖身。这里真是少见的水城，与北国的城市大为不同。大都城里水不算少，流水淙淙注入城中，给屋舍街市增添了灵秀的活色。可是，与苏州相比，那水就珍贵得犹如珠露。这里半城水光半城屋，说不清是屋抱水，还是水抱屋。桥上车水马龙，桥下舟行欸乃，更见树木绿葱葱，花色娇艳艳。树绿得像是日日经天浴，花艳得酷似夜夜沐仙霖。古人没有过度夸饰，苏州不是天堂，胜似天堂。

到苏州不能不去寒山寺，到了寒山寺颇多感慨油然而生。站在寺前，江水浩渺，枫桥巍然，关汉卿一时间百感交集。他耳边回响起张继的那首《枫桥夜泊》诗：

> 月落乌啼霜满天，
> 江枫渔火对愁眠。
> 姑苏城外寒山寺，
> 夜半钟声到客船。

数百年来，多少后人都在猜度诗人为何要"江枫渔火对愁眠"？说

---

① 关汉卿散曲《双调·新水令》。

道落第的人最多。落第的凄凉滋味，与孤独的霜夜景象交织在一起，凝结出罕见的诗篇。在唐朝众多的诗人里，张继诗作少之又少，似乎作诗不是他人生的长项。可是，就这一首便令他千古流芳。相比而言，金榜题名的官宦有几人能像张继这样名垂后世？关汉卿一定由此想到自己，如今已经鬓发苍白，开启科举考试仍无消息，此生哪还会金榜题名，更别说名登榜首。一股悲凉之气，慨然陡生。他欲长叹，可是未出声，石君宝已声音怅然。

关汉卿问他："君宝兄，长叹莫非还是因为科举？"

石君宝没有作答，杨显之已接上话："我辈生不逢时，生不逢时！"

关汉卿明白他们的心境无不相同。他不再多说，走进侧旁的一个茅草店，要了酒菜，与他俩举杯同饮。少许，轻轻念叨：

"展放愁眉，休争闲气。今日容颜，老于昨日。古往今来，恁须如尽知，管他贤的愚的，贫的和富的。"①

杨显之点点头："祸福一体，古今同理。"

"正是，正是，张继若不落第，说不定留不下这千古名诗，后人咋知道尘世有个张继？"

其实，关汉卿最纠结的不是张继，是身边的苏州城市。酒过三杯，他想起吴越之争，想起沅夫的金鼓兵戈。就是在这里，勾践举兵打败夫差，灭掉吴国。可是，两国的战事是从吴国气势汹汹进犯越国起始的。斯年，吴国军马强盛，吴王阖庐带兵打到越国的腹地。不料，却中箭身亡，临终前嘱咐夫差"必毋忘越"。夫差谨遵父言，日夜练兵，图谋报仇，并实现了愿望。若不是勾践投降，屈身服侍夫差，越国早被纳入吴国版图。然而，最终吴国被越国灭掉。灭掉的原因，固然有勾践卧薪尝胆，励精图治；也离不开美女西施与夫差缠绵歌舞，瓦解他的意志。沉迷于歌舞娱乐里的夫差，败在了勾践手下。国运兴亡，个中滋味，难道能分清是非界限？关汉卿倒出心事，又吟：

---

① 关汉卿散曲《双调·乔牌儿》。

"世情推物理，人生贵适意，想人间造物搬兴废。吉藏凶，凶藏吉。"①

这话听得二位不无惊讶，善于吟风弄月的关汉卿什么时候变得如此深沉老辣。杨显之和石君宝举杯敬他，喝下，关汉卿思绪更加敏捷，头一摇，唱出一曲《双调·夜行船》：

"富贵哪能长富贵？日盈昃月满亏蚀。地下东南，天高西北，天地尚无完体。"

喝酒、吟诗、唱曲，没能消解关汉卿心里的冲动。夜阑人静，关汉卿丝毫没有睡意。他觉得诗词行不远，曲调难唱遍，倘若演上舞台，那可就无人不知，无人不晓。如何写？写刀戈纷争？写血流成河？他闭住眼睛，不，就是要警示世人，杜绝刀戈纷争，杜绝血流成河。那就在温柔的旋律里给世人留下绵长的深思吧！此时，眼前闪现一道亮光，他看到那是一出戏名:《范蠡姑苏台进西施》。

第二日，关汉卿对二位说:"住下，不走了。"

二位问:"为啥？"

答:"我要写戏。"

就这么他们住在苏州。

他们一住下，肯定急坏了一个人。这个人名叫郑光祖，听说关汉卿要来杭州，他喜出望外。还在家乡襄陵县时他早已闻知关汉卿的大名，他写的戏文唱遍了平阳附近的城市乡村。襄陵和平阳古城近在咫尺，土地同灌一泉清流。平阳曾五次建都，辉煌的历史赋予他少有的雄心壮志。郑光祖少时就想指点江山，安邦定国，读书很是用心。然而，生不逢时，科举遥遥无期。小时候就喜欢看戏，尤其喜欢看关汉卿写的那戏。有一次，尧都忠都秀的戏班演出《关大王单刀会》，他追着看了好几个村子。看得戏班的人都能认出这个后生。看多了，也想写戏。写了几个，却没有一个成功的。

---

① 关汉卿散曲《双调·乔牌儿》。

一年前，他来到杭州。南宋初灭，元代不信任南人，要他们屈身于北人之下。郑光祖来到杭州，沾了北人的光，被推举当上个小小的路吏。饭倒是有口吃的，却因地位低下，在官府处处看人的眼色行事，颇受委屈。所以，得便还是写戏，在戏里找些乐趣。不过，写着写着，乐趣变成痛苦。却怎么花费好多心思，咋就没有一个能唱响的？越是痛苦，他越是佩服关汉卿，听说人家是小小年纪就写戏，写一个，红一个。自己和他长在一方水土，咋就这么没出息？关汉卿要来，这是难得的讨教机会，他欣喜地数着指头度日子。听说已从建康城出来，照推算早该到了，为啥迟迟不见踪影。再打听，得知他们在苏州逗留，郑光祖星夜兼程来拜访心仪已久的先生。

郑光祖赶到时，关汉卿刚封笔。戏文写多了，在案几上磨蹭的时间就少了。更多的时间则用在伏案前，写完一折，他不急于续写，就闲步江边，驻足树下，看似转悠，实是驰思。待胸有成竹，才挥笔书写，一气呵成。因而，一个剧本也只用了五六天。他正给杨显之和石君宝读戏本，郑光祖风风火火走进来。一听口音，就明白读戏的是关汉卿，倒地就拜，嘴里连连说：

"请师父收下我这个徒弟。"

问过情况，方知来的竟是老乡。他乡遇故知，此乃人生喜事，何况来的又是戏迷，这个徒弟说什么也得收。苏州大行院的班主也在，戏文读到一半，他就入了迷。见有客来，当下要过戏稿，说：

"大师的戏文，还有啥不妥，我看抓紧去排。"

关汉卿说："也行，排着我看看，再改。"

班主一走郑光祖就双手递过自己的戏稿。戏文是《醉思乡王粲登楼》，关汉卿翻过几页，手不再动，盯着几行字读出声来：

"状气如虹贯碧空，尘埃何苦困英雄。假饶不得风雷信，千古无人识卧龙。"

杨显之一听，即夸："好诗句，好诗句！"

石君宝瞅着这后生也说："有气魄！"

郑光祖又听见乡音，一问才知道这位是大名鼎鼎的石君宝，那位是人称善打"补丁"的杨显之，少不了又是相拜。拜毕，郑光祖干脆往下读戏文。戏文写的是东汉末年儒生王粲进京求官的事。王粲满腹文墨，心志高大，已经定亲的岳父大人、时任丞相的蔡邕便要磨磨他的孤傲。接风时请大才子曹植作陪，故意怠慢王粲。王粲满腔委屈地辞别岳父要走，曹植将他荐举给荆州王刘表。刘表鼓励他上进，他暗自发奋努力。不久王粲将自己的治国之策写成奏章，请曹植转呈皇帝。皇帝那里迟迟没有消息，王粲心灰意冷，在溪山风月楼与许达喝酒，倾诉苦衷。就在此时，皇帝使者前来，他被召任兵马大元帅。赴任方知，这一切都是岳父大人的精心安排，结局自然花好月圆。

读完，三位都说，不错，有看头，却还有些直露。杨显之立即给打"补丁"，干脆一不做，二不休，让王粲见刘表时再碰个软钉子。郑光祖高兴地点头。他把目光瞅住关汉卿，只见他不言不语，在屋里踱来踱去，少顷才说："显之兄说得对，还可以加把劲，揪紧观众的心。"

郑光祖急切地问："师父，你说咋能揪紧观众的心？"

"不用多改，就加一个细节，王粲自叹功名不成，就要跳楼毙命，幸被许达一把拉住。然后，让他绝处逢生，绝处逢喜。"关汉卿说。

石君宝喜不自禁地说："这戏肯定好看啦，还不快谢师父？这就是经过师父的手，写戏不发愁。"

闲话不再多叙，果真郑光祖的《醉思乡王粲登楼》唱红了，先唱红苏州，再唱红杭州。

醉太平

未进杭州，又一个戏剧才人慕名赶来迎接关汉卿。他叫沈和甫，迷恋戏剧好些年了。多是写些短小的杂戏，看到台上演出笔下的戏文，时常自我陶醉。待到山河一统北方戏剧传来，他一看关汉卿的那些戏本，规制撑大了，气势博大了，自觉愧疚。朝思暮想何时能见到这位大家？关汉卿要来了，他怎能不激动！一见面，他就滔滔不绝地倾倒对关汉卿的敬慕，滔滔不绝地请教搁在心里好多时的问题。而后，他说北戏阔达，南戏灵活，能不能把它们融合为一体？还说，现在北戏每折都是一个人唱满场，南戏是几个上场的角色都能唱，演出更是活泼。若是将南北优势杂糅一体岂不更好？

"有道理！"

"好主意！"

几个人都赞成。关汉卿在苏州看了几场戏，也觉得那样表演更灵动多彩，更能让人物活灵活现地冲突表演。没想到这个后生早已想到，他高兴地为他鼓劲。你别说，这个沈和甫还真鼓捣成了，他将北曲的刚劲与南曲的柔媚巧妙结合，创出"南北合套"的路子，被人们誉为"蛮子汉卿"。这是后话，当下他和郑光祖陪着关汉卿一行畅游杭州，留下一段佳话。

走进杭州，关汉卿大开眼界。大都城扩建后堪称煌煌大城，但是，比起杭州只能是个小弟弟。关汉卿他们看到的杭州城是啥模样？时光远去，我们自然无法凭眺，好在他们走过不久，马可·波罗就步着后尘而来，并且留下关于杭州的文字。我们不妨借来一阅，看看那时的境况：

杭州城开阔博大。街道和运河，都相当广阔，船舶和马车载着生活日用品，不停地来往在街道上和运河上。估计杭州所有的桥，有一万二千座之多。城内有十个巨大的广场和市场，街道两旁的商店，不计其数。每一个广场的长度都在一公里左右，广场对面则是主要街道，宽约四十步，从城的这一端直通到城的那一端。运河跟一条主要街道平行，河岸上有庞大的用巨石建筑的货栈，存放着从印度或其他地方来的商人们所带的货物。

杭州城很精巧。街道全铺着石板或方砖，主要道路的两侧各有十步宽的距离，用石板或方砖铺成，但中间却铺着小鹅卵石。阴沟纵横，使雨水得以流入运河。街道上始终非常清洁干燥，在这些小鹅卵石的道路上，车如流水马如龙一样地不停奔驰。马车是长方形的，上面有篷盖，更有丝织的窗帘和丝织的坐垫，可以容纳六个人。

杭州城很繁华，从二十六公里外的内海所捕获的鱼虾，每天被送到杭州。当你看到那庞大的鱼虾数量，你会想到怎么能卖得完。可是，不到几小时的光景，就被抢购一空，因为杭州的居民实在太多。外国商人，可以很方便地到就近的市场上交易。一星期中有三天是交易日子，每一个市场在这三天交易的日子里，总有四万人到五万人参加。

杭州人漂亮富有。男人跟女人一样，皮肤很细，外貌很潇洒。不过女人尤其漂亮，眉目清秀。她们的服装都很讲究，除了衣服是绸缎做的外，还佩戴着珠宝，这些珠宝价值连城。他们很会过日子，那时候就有相当多的冷水浴室，有男女侍者分别担任招待。他们终年都用冷水沐浴。他们从小就养成了这个习惯，认为冷水对身体有益。当然，也有热水浴室，不过专供外国人使用，因为外国人不能忍受那冰一样的冷水。

杭州又很奢华，甚至奢华得有些令人难以想象。另外，还有艺妓区。艺妓之多，使马可·波罗大为吃惊。她们衣服华丽，粉香扑鼻。艺妓馆设备豪华，并有许多女仆侍候她们。①

难怪诗人林升早就写道："山外青山楼外楼，西湖歌舞几时休？暖风熏得游人醉，直把杭州作汴州。"

关汉卿他们来到杭州时能看见这样的盛景，不能忘记率军进入这里的大将伯颜。公元一二七六年，谢太后承认宋朝小皇帝是大元臣民，交出国玺，宣告一个时代的过去。伯颜封存府库，登记钱谷，并明令将士不得擅自入城，胆敢抢掠，军法严惩。这样，一个繁华奢靡的杭州才会完好无损地呈现在关汉卿面前。看来，在一个冷酷的年代，也会由于一个人的慈善庇护下一缕春色。

这一天，和风温煦，水天一色。沈和甫领关汉卿诸人来到仙姥墩，须发银白的钱翁款待客人。钱翁医术高明，还精通诗书，仰慕关汉卿已

① 见《马可·波罗游记》。

有多日，见到他甚觉荣幸。客人落座，他便诵出王安石的诗《仙姥墩》：

> 绿漪堂前湖水绿，
> 归来正复有荷花。
> 花前若见余杭姥，
> 为送仙人忆酒家。

诵过诗他说，王安石这首诗写的就是这里的故事。原先这里住着一个美丽的娇娘，擅长酿造百花香酒。仙人王方喝过她的酒，唇齿留香，肺腑甘甜，招来许多仙人在此相聚饮酒。王方感激她的美酒，送给一粒仙丸。她吃了以后，翩翩升天，羽化成仙。成仙后的娇娘却不忘尘世，仍然在湖边卖百花酒。人们尊她为仙姥，把这里称作仙姥墩。讲完故事，他说：

"你们来到仙姥墩也是尊贵的仙人，我没有百花仙酒，也有家藏佳酿，今天我们一起赏景把盏，开怀畅饮。"

一席话说得大家眉开眼笑，连夸钱翁有学识。钱翁向大家连连敬酒。酒过数巡，钱翁起身，拱手，恭请关汉卿唱曲。关汉卿环顾三面云山，一湖碧波，道声献丑，随兴歌吟：

> 四时春富贵，万物酒风流。
> 澄澄水如蓝，灼灼花如绣。

> 花边停骏马，柳外缆轻舟。
> 湖内画船交，湖上骅骝骤。

> 鸟啼花影里，人立粉墙头。
> 春意两相牵，秋水双波溜。

香焚金鸭鼎，闲傍小红楼。
月在柳梢头，人约黄昏后。[①]

歌唱间，沈和甫与钱翁已将文房四宝备好。一唱完，关汉卿就挥毫泼墨，乘兴书写下来。鬓发生白的关汉卿诗兴豪情，丝毫不减当年风采，自然少不得一阵喝彩。

日日微醺，日日吟诗，日日唱曲，日日舒心，不觉就是好多天过去。关汉卿打算回归，郑光祖一再挽留才多住了几日。趁个空隙，郑光祖说出个心事，他要写一出青年男女的爱情戏，可这样的戏已经很多，思来想去总是老套子，迟迟没有下笔。近日，和关汉卿朝夕相守，忽然异想天开，想用幽魂写女子对心上人的爱恋，不知行不行?

“行，咋不行?写戏不能太据实，那样会影响灵气。我不是还让关云长和张飞的阴魂去见刘备吗?”关汉卿恳切地说。

郑光祖一听，拍着脑袋说:“死脑筋，咋把你那么出名的戏文就误住了呢!”

不几日，郑光祖就开了笔，成稿后就是传扬至今的名剧《迷青琐倩女离魂》。

按下此话不说，只道转眼又是数日，与关汉卿分别在即。郑光祖、沈和甫，还有好多杭州才人名流，都赶来为他送行。那天的气氛热烈得比杭州六月的燥热还要浓烈。美酒一杯接一杯，诗曲一首接一首，直让杭州抖出多年积累的文墨风流。沈和甫站起来诵诗，谦虚地说是戏前锣鼓。他放声吟诵白居易的诗《余杭形胜》:

余杭形胜四方无，
州傍青山县枕湖。
绕郭荷花三十里，

① 关汉卿散曲《正宫·白鹤子》。

拂城松树一千株。

杨显之赶紧跟随，高唱柳永《望海潮》：

东南形胜，三吴都会，钱塘自古繁华。烟柳画桥，风帘翠幕，参差十万人家。云树绕堤沙，怒涛卷霜雪，天堑无涯。市列珠玑，户盈罗绮，竞豪奢。

重湖叠巘清嘉，有三秋桂子，十里荷花。羌管弄晴，菱歌泛夜，嬉嬉钓叟莲娃。千骑拥高牙，乘醉听箫鼓，吟赏烟霞。异日图将好景，归去凤池夸。

郑光祖不敢怠慢，把苏轼的一首诗《饮湖上初晴后雨》献给恩师：

水光潋滟晴方好，
山色空蒙雨亦奇。
若把西湖比西子，
淡妆浓抹总相宜。
……

压轴戏当然还是留给关汉卿。关汉卿果然身手不凡，他没有再歌吟前人的名诗佳曲，用苍劲的声音唱出套曲《南吕·一枝花》：

普天下锦绣乡，寰海内风流地；大元朝新附国，亡宋家旧华夷。水秀山奇，一到处堪游戏；这答儿忒富贵，满城中绣幕风帘，一哄地人烟凑集。

好啊，这锦绣乡、风流地就把杭州唱美了，再加上普天下、寰海内，那可真美得没法说。众人喊着好，就有文士才人捧上一杯酒，关汉卿也不客气，一饮而尽，接着唱主曲《梁州》：

　　百十里街衢整齐，万余家楼阁参差，并无半答儿闲田地。松轩竹径，药圃花蹊，茶园稻陌，竹坞梅溪。一陀儿一句诗题，一步儿一扇屏帏。西盐场便似一带琼瑶，吴山色千叠翡翠。兀良望钱塘江万顷玻璃。更有清溪绿水，画船儿来往闲游戏。浙江亭紧相对，相对着险岭高峰长怪石，堪羡堪题。

　　从街道、楼阁、松轩、竹径、花蹊，唱到稻陌、梅溪，句句是景，声声是诗。这曲把杭州的秀美唱到极致，真不知他该咋煞尾？众人既沉醉，又担心，只听他接着唱道：

　　家家掩映渠流水，楼阁峥嵘出翠微，遥望西湖暮山势。看了这壁，觑了那壁，纵有丹青下不得笔。

　　纵有丹青下不得笔，那就只有唱曲。早有人记下关汉卿高唱的套曲，推出几个风流佳丽，弹奏演唱。那个夜晚直唱得月落星稀，西湖里鳞波荡漾，荡漾出几尾红鲤。

多情未必不丈夫

楔子

古往今来，凡是成就大事业者，其欲望总是超越常人。情感世界也不例外。关汉卿作为戏剧宗师，一生的大多数时间活跃在娼妓优伶中，活跃在青楼勾栏里，他的情爱生活十分丰富，也就不足为怪。

他曾在《南吕·一枝花·不伏老》中说自己"我是个蒸不烂煮不熟捶不扁炒不爆响当当一粒铜豌豆"；说自己"会围棋、会蹴鞠、会打围、会插科、会歌舞、会吹弹、会咽作、会吟诗、会双陆是几般儿歹症候。"既是歹症候就该改正吧，不，他宣称："则除是阎王亲自唤，神鬼自来勾，三魂归地府，七魄丧冥幽。天哪，那其间才不向烟花路儿上走。"

初看，这似乎是他含泪的堕落。

细品，未必，这是他对世俗偏见的抗争。

不过，这抗争也折射出，烟花柳巷已成为关汉卿生命中难以剥离的温柔之乡。

反观那时，烟花路未必是单指狎妓。在元代狎妓是个统称，还包含着杂剧演艺。不过，即使狎妓在其时也不是什么大不了的事情。官吏狎妓，才人也狎妓，狎妓是那时的一种时尚。在马可·波罗眼里，大都和杭州都有数以万计的娼妓。仅从资料考证，元代有名有姓的艺妓就有一百五十九人，其中《全元散曲》载有五十四名，《青楼集》收录九十二名。这些艺妓不只是做皮肉生意，她们以演杂剧为主，也兼唱词曲，被称为"歌儿"。有些艺妓如珠帘秀、梁园秀等人还善作词曲，成为词曲作家。在良家妇女不能抛头露面的元代，她们的文学艺术活动在一定程度上促进了元代戏曲、散曲的繁荣发展，成为古代女性文学艺术史的一枝红杏。如此看来，倘若关汉卿不出入烟花柳巷，就等于折断了他翱翔天宇的羽翼。

关汉卿的风流生活可想而知。

然而，对于他的感情生活却没有留下什么资料，即使对于诸如他和名动京都的珠帘秀的关系，也是后世研究者的管窥之见。好在，他留下了大量的作品，每一篇，每一曲都是他内心情感的外化。现在存留的关汉卿杂剧有十八种，描写女人的"旦本"戏就占了十二种。他笔下的女人有妓女、婢女、乳娘、农妇和寡妇，还有寄人篱下的弱女子。她们都是被奴役、被侮辱的对象。娼妓如此，艺妓也不例外。关汉卿曾借助谢天香的嘴说："一把低微骨，置君掌握中；料应嫌点涴，抛掷任东风！"对此，他目不忍睹，不愿让她们当任人宰割的羔羊，于是让她们桀骜不驯，奋力抗争。

由此可以推断，关汉卿是一位泛爱的情种，却又超越了凡俗的泛爱，大化为对弱势女子的同情、怜悯，以致奋笔疾书为她们争名声、争地位、争自由。

出入于烟花柳巷的关汉卿，挣脱了世俗性爱的牢笼，振翅于博爱的苍穹。

第一折

蔓菁菜

进入关汉卿的情感世界，不能不进入他的婚姻家庭。

进入关汉卿的婚姻家庭，不能不进入传说村言。

传说村言不足为凭，不过在史料记载缺席时，也可在聆听中去感受和捕捉实情。

在关汉卿的故乡解州至今流传着他满月订婚的故事。关家在村里是个大户，大户固然人口多，更要紧的是名望大。世代为官的关家在村乡名播远近，何况又是关云长的后代，祖祖辈辈都受人敬重。关汉卿的出生，标志着关家门第新芽萌生，又一代人跻身于世。按照当地村乡的习俗，满月要设宴款待亲朋，关家自不能少了这份喜庆。亲朋也不白来吃香的喝辣的，提前就在他家的主房背墙用大红纸奉上喜帖。每一张上都是四个大字，什么英杰再世、什么国家栋梁、什么早登金榜……赞誉溢美之词在红色中闪耀，好不体面风光。因而，这满月的喜庆也就格外热闹。屋里屋外，院里院外，到处是来贺喜的亲戚，到处是喝喜酒的好友。

在众多的亲戚好友里，有两个人格外醒目。两个人都被左邻右舍称为先生，一个是满头银发的董先生，一个是鬓边挂霜的白先生。二位先生醒目，是他们坐在主席上。主席，当然是最主要的席位。董先生不光坐在主席，还坐在主席的"上纲"。上纲，可不是一般人能享受的待遇，不是年龄高迈，就是德高望重。仅从那个纲字就可以感悟到这古老的风情。纲，自然是三纲五常的纲。君为臣之纲，夫为妻之纲，父为子之纲，此乃三纲。世道要有人伦秩序，离不开头脑，三个有头，万个有尾，即使设宴坐席，也有个尊长。这个尊长就是上纲。每桌都有上纲，主席坐的上纲就是整个宴席的尊长。董先生坐的位置，一看就知道这是今日这满月宴会的头领。能紧挨头领陪坐的白先生，当然也不是等闲之辈。白先生家境殷实，满腹文墨，与董先生同坐主席也为这喜气添上一份光彩。也许，这样的安排，只是村俗导致的偶然。可是谁也不会想到，就是这偶然将延续出关汉卿生活射线的必然。

饮着酒，董先生问白先生："听说你家喜得千金？"

白先生举杯敬酒："是，谢董先生惦爱。"

董先生喝干，又斟满，说："借花献佛，我祝你弄瓦之喜。"

白先生受宠若惊，赶紧喝干，连连感谢董先生。董先生一顿，瞅定白先生似乎想说什么，却没有说出口，只瞅着白先生微微作笑。白先生问他有何吩咐？董先生才说：

"敢问千金打算许配给何家？"

白先生回说还没人家，董先生哈哈一笑："那你为何不与关家结个亲家？"

真是灯不拨不亮，话不说不明。董先生这么一点，白先生蓦然醒悟，关家是名门望族，能结为秦晋再好不过。当下董先生叫来关汉卿的父亲关恬说破亲事，关家和白家世代交好，倘结秦晋乃好上加好，哪能不高兴？哪能不答应？赶来贺喜的亲朋听说，一拥而来，祝贺关家双喜临门，也祝贺白家名花有主。

欢声笑语盈门满院，关汉卿还在襁褓之中，父辈的快乐就决定了他的生活行迹。据说，那日董先生还给关汉卿起了个名字：关雎。这无疑是取自《诗经》的名句："关关雎鸠，在河之洲。窈窕淑女，君子好逑。"汉卿，只是他的字。不知缘何，关雎这名字没有叫开？或许这是后人的附会吧！又传，董先生还给白家千金起名：凤鸾。但不清楚，为啥老先生不将她叫作窈窕？这一阴差阳错，就弄得长大的关雎追求的不是凤鸾，而是荆香。

见过关汉卿和白凤鸾的人都说，两人是绝配。郎才女貌，百里挑一，何况两家都是书香人家，门第般配。扫兴的是感情这个东西偏不按照纲常伦理生长，总是少不了旁逸斜出。年幼的关汉卿不懂门当户对，只知道邻舍挨近。离他家很近的关王庙旁边，有个草棚，那里有个叫荆香的女孩，常和关汉卿一起玩耍。天晴的日子，他们就在关王庙里里外外，追逐嬉戏；阴雨天气，他们就凑在关王庙的门楼下捏泥人。手忙着，嘴也不闲，唱着自小听来的民歌。荆香唱：

> 傻俊角，我的哥，
> 和块黄泥捏咱两个。
> 捏一个你，捏一个我，
> 捏得来一似活脱，
> 捏得来同床歇卧。

捏成了，荆香说捏的是关汉卿，关汉卿说捏的是荆香。关汉卿说，你捏的像我；荆香说，你捏的不像我。这个说像，那个说不像，两个吵吵嚷嚷，甚而推推搡搡，一不留神，两个泥人全都挤扁了。他们把泥揉在一起，嘻嘻笑着重捏。捏着，关汉卿唱道：

> 将泥人儿摔破，

着水儿重和过，

再捏一个你，

再捏一个我；

哥哥身上有妹妹，

妹妹身上有哥哥。

捏着，唱着，笑着，哈哈，哥哥身上有妹妹，妹妹身上有哥哥，哈哈哈……

在笑声中长大的一对孩子，真想如歌里唱的那样，哥哥身上有妹妹，妹妹身上有哥哥。可这只能是痴人做梦，哪怕梦里花好月圆，醒来也只能镜花水月。

浓重的灰云遮掩住了日头，遮掩住了远山。这一天，日头没有落进山后，落进的是灰云。多少年后，关汉卿应该还记得那灰蒙蒙的云层。这日自见到荆香，她的脸上就满是灰云，问她为啥愁？她不说，再问，再问，只说告给你也消不掉我的愁。可关汉卿不问出个根由来就不停口，问出来了，果然他消不掉荆香的愁，还让自己也满面愁。爹娘给荆香找下婆家，她要嫁人了。

关汉卿咬咬牙，下狠地说："你别怕，我这就回家告给父母，让他们答应我娶你。"

荆香不再是小孩，懂得了世理，知道了自个儿再犟也犟不过世道规矩，只摇摇头说："不，认命，我这贱身咋能进了你家的高门楼！"

关汉卿跺着脚说："就要娶你，娶你。"

说着憋红了脸。荆香叹口气，说："有你这话，我就不枉这一辈子。"

往后的事，我们可以做多种猜想。或是，关汉卿冲动地抱住了荆香；或是，荆香比关汉卿还痴情，解开衣襟，扑在他的怀抱。无论哪种猜想，都不如去读关汉卿的词更为实在，那里才蓄满他人生的经历、感情的故事。

　　髻挽乌云，蝉鬓堆鸦，粉腻酥胸，脸衬红霞。袅娜腰肢更
喜恰，堪讲堪夸。比月里嫦娥，媚媚孜孜，那更挣达。①

　　——这莫不是关汉卿眼里那纯真像是芙蓉花，看一眼即令人身软骨
柔的荆香？

　　我这里觅他，唤他，哎！女孩儿，果然道色胆天来大。怀
儿里搂抱着俏冤家，揾香腮悄语低低话。②

　　——这莫不是荆香第一次投进关汉卿的怀抱？一把火燃烧得女性热
烈亢奋，热烈亢奋的情爱燃烧得关汉卿热烈亢奋。

　　两情浓，兴转佳。地权为床榻，月高烧银蜡。夜深沉，人
静悄，低低地问如花，终是个女儿家。③

　　——这莫不是两颗洁雅无瑕的心在唱民歌：哥哥身上有妹妹，妹妹
身上有哥哥？

　　好风吹绽牡丹花，半合儿揉损绛裙纱。冷丁丁舌尖上送香
茶，都不到半霎，森森一向遍身麻。④

　　——这莫不是关汉卿在荆香身上获得的销魂感觉？
　　销魂的时光实在短暂，销魂的感觉却能漫长到永远，永远。
　　荆香走了，走入别人的家庭，成为他人的妻子，还会成为他人的母

---

① 关汉卿散曲《双调·新水令·豆叶黄》。
② 关汉卿散曲《双调·新水令·七弟兄》。
③ 关汉卿散曲《双调·新水令·梅花酒》。
④ 关汉卿散曲《双调·新水令·收江南》。

亲。看着心上人离去，关汉卿心里是啥滋味？

是溪又斜，山又遮，人去也！

是自送别，心难舍，一点相思几时绝？

更是心间愁万千，不能言！

贺新郎

为和荆香结为亲眷，关汉卿做过抗争。可是，抗争一件事情容易，抗争一个风俗不易。媒妁之言，父母之命，自古都是结亲的定论，你关汉卿一个小小书生哪能扭转大局？父母不吐口谁敢悔婚？可即使父母想悔婚又有啥道理？这桩婚事门当户对，郎才女貌，在村人看来是难得的绝配，别人还求之不得呢！你关家若是退婚，那岂不是福气烧的？撇开这些不说，这当初做媒的可不是一般人，是在宫廷辞官归里的董先生，若是退婚就会扫了他老人家的脸面，谁敢斗胆？没办法，关汉卿只能像荆香说的那样：认命。

婚事可以不悔，不退，但是，要结亲却遥遥无期。关汉卿心里肯定说，我不迎娶，你就慢慢耗着吧！因而，眼见得两人到了完婚的岁数，婚期迟迟难以定下。白家着人委婉地催过几次，甚至还动过董先生的面子，但是，关汉卿总说等等。等等，再等等，等什么？等到何年月？关汉卿自然不会说等荆香，说是等科考。啥时名登榜首，啥时就欢天喜地地成亲。这理由冠冕堂皇，颇有大志，母亲拗不过他，父亲拗不过他，即便是董先生来还能把人家的大志打碎、搅飞？

然而，关汉卿还真被扭转了，扭转他的不是别人，而是白凤鸾。

说穿了，白凤鸾压根儿没有扭转关汉卿的本事。初次听到她的那人一个心眼求取功名，她暗暗庆幸，值得寄托终身。若不是后来的耳闻，她还会夜寐蜜甜，好梦连连。那一天，就是听见关汉卿和荆香相好的那一天，白凤鸾再也睡不着觉，吃不下饭，身子懒得怕动。再往后，绣花弓也沾上尘灰。她病了。

病了就得请医生诊治。白家小姐治病不用请别人，她要嫁的门第就有现成的医生，叔叔行医，关汉卿也跟着捡来两手。是日，一辆马车停在关家门前，白家仆人告知了白小姐染病的消息。不巧，叔叔出诊不在家。可就是这不巧，成为扭转关汉卿的机缘。听到白凤鸾有病，关汉卿马上心揪紧了，要不怎么会说出自己去？要猜度关汉卿此时的心思，只能使用两个字：良知。良知在提醒他，见病不治非君子。因而，他坐着白家马车来到白家庄。一路上，关汉卿肯定会做多种想象。是不是想象白凤鸾的模样？他曾经见过她，可那是很小的时候，如今早就模糊得面目不清。越是记不起来，他越是努力想象，想象她到底是瘦瘦的叶，还是胖胖的花，甚至还想象她比荆香怎样？当然，更多的是想，她到底病得怎样？自己这点点本事，能不能治好她的病呢？

进门一看，关汉卿几乎想笑，他那多种想象没有一个着调。她不是瘦瘦的叶，不是胖胖的花，蓦然闪在眼前的感觉是西施，是古籍里那个皱着眉头的西施，一股怜爱之情油然而生。及至，握住她嫩嫩的手腕切脉，哪里是在切脉，分明是在窥视她的心思。他暗暗窃喜，这病好治，这病是为他得的，只要他……嘿嘿，就会手到病除。

他的手轻轻地抓着她，久久没有离开那跳动的脉搏。抬头一看，凤鸾眼角正滑下晶亮的泪珠。关汉卿赶紧给她宽心："不打紧，你这病好治。"

凤鸾仰头瞅他一眼复又垂下，说："我真怕无福气，进不了你家的门。"

"咋进不了，我明儿就着人下聘礼。"

后来关汉卿回味，简直不知道这话是如何说出唇的。但是，他清楚地记得，这话一下激起凤鸾的精神，她猛然坐起，脸上飞起淡淡的红晕。关汉卿切脉的手，一把握住她那滚烫的手。

过了一会儿，关汉卿提笔要开方，凤鸾拦住，说：

"我不想吃药，就自己调理吧！"

关汉卿明白她的心思，没有勉强。

后边的事情无须赘述，肯定白凤鸾如愿进了关家门，如愿和关汉卿携手进入洞房。需要赘述的是，远隔近千年，我是如何洞悉他们的情感世界？这不复杂，在他的笔下凝结着情感的珠玑，请看《崔张十六事》：

> 佳人才子，一见情牵。饿眼望将穿，馋口涎空咽。门掩梨花闲庭院，粉墙儿高似青天。颠不刺见了万千，似这般可喜娘罕见，引动人意马心猿。

舍去那"门掩梨花闲庭院，粉墙儿高似青天"，岂不是关汉卿见白凤鸾的场景？

> 寄简帖又无成，相思病今番甚。只为你倚门待月，侧耳听琴，便有那扁鹊来，委实难医恁。止把酸醋当归浸，这方儿到处难寻。

舍去那"寄简帖又无成"、"侧耳听琴"，岂不是白凤鸾思念关汉卿的心病？

> 为风流，成姻眷，恩情美满，夫妇团圆。却忘了间阻情，遂了平生愿。郑恒枉自胡来缠，空落得惹祸招愆。一个卖风流的志坚，一个逞娇姿的意坚，一个调风月的心坚。

舍去那"一个调风月的心坚"，岂不是关汉卿与白凤鸾喜结鸾俦的姻缘活画？

真亦罢，假亦罢，关键是白凤鸾终归进了关家的门。

端正好

关汉卿的感情世界里，还闯进来一个人。

客观地说，这个人不是闯进来的，是关汉卿的夫人白凤鸾带过来的。她是白凤鸾的贴身丫鬟腊梅。

准确地说，无论是带过来，还是闯进来，都是以散曲和戏剧度人，从关汉卿的作品里打捞出来的感情。

下面我们试着走近腊梅。撰写《关汉卿全传》的庐山先生认为腊梅的夫人身份是从祖父那一辈传带过来的。也就是说，腊梅的爷爷就已进入白家为仆。白家人温良宽宏，待人厚道，对仆人一视同仁，从不歧视。腊梅出生在白家，凤鸾的父母对她如同自己的亲生女儿一样。腊梅比凤鸾小两岁，聪明伶俐，凤鸾读诗书。她也相随着伴读，自小两人亲昵得如同姐妹，什么知心话也说。因而，凤鸾出嫁贴身的丫鬟不用再挑选，顺理成章就是腊梅。

凤鸾过门，关汉卿和腊梅才头一次见面。可就是这头一次见面他心里就有了一个赶不出去的人。在关汉卿眼里，凤鸾长得就够标致了，身段不高不低，皮肤不黑不白，一双眼睛灵动得会说话。可要是和腊梅相比，还是有些逊色。腊梅那眼睛一眨一眨，不像是说话，倒像是唱歌。就是那唱歌的眼睛，一下摄住了关汉卿的魂魄。要不是大家喊闹着要他快揭新娘的红盖头，他还定定地瞅着腊梅。腊梅只和关汉卿照了一眼，就羞涩地躲开他那火辣辣的眼神。她虽然和关汉卿头一次相见，可绝不像关汉卿对她那般陌生。她早就闻知他的大名，小姐说过，别人也谈到，他有才学，写诗唱曲，样样精通。在腊梅的心里关汉卿是一座高高的山峰。她不止一次羡慕小姐好福气，嫁了个百里挑一的好男人。不，哪能是百里挑一，该是千里挑一。她还嫌少，觉得万里挑一也不为过。显然，这山太高太高，她腊梅太矮太矮，心里不免怯怯的。

在关汉卿身边待些日子，才发现这高高的山峰，高是高，高得并不凶险，并不可怕。日子久了，还觉得这山峰并不那样高不可攀。这不是说腊梅打算越过小姐的山岭，去攀关汉卿的高峰。她自知身份低下，不敢有这样的奢想，也不会有这样的胆量。然而，吟诗作曲，却不问身份高低。敏锐的悟性常常打消她祖传的卑贱，让她的奢望一点点滋生，让她的胆量一天天增加。

说话间，他们来到大都，关汉卿已经颇有名气。有一次，凤鸢问起关汉卿，为啥你们那戏人们叫杂剧？

关汉卿信口道来，讲得有声有色："杂剧这说法早在北宋时期就有了。那时演出一场歌舞，虽然以诙谐逗乐为主，但是，也有了故事情节，分开了角色。这还是唐朝参军戏的模式，一场演出会有几个故事，有的中间还穿插歌舞杂耍表演，就被叫作杂剧。"

"那为啥又有诸宫调的说法？"凤鸢像是要学艺一样，继续追问。

"这先要说说宫调。宫调，可以追根到最早的宫商角徵羽，真正形成于隋唐燕乐。那时的乐器以琵琶四弦定为宫、商、角、羽四声，每弦上构成七调，宫声的七调叫'宫'，其他的都是调，共得二十八宫。再说诸宫调。诸宫调是咱山右人孔三传发明的，他最早按照声调高低，将民谣与小曲和谐地套用在一起，来说唱故事。套用的音调不会是一种音韵，就叫作诸宫调。"

关汉卿说话本来就绘声绘色，这讲自己熟悉得不能再熟悉的东西，更是如数家珍，滔滔不绝。凤鸢听得津津有味，止不住继续发问：

"那你们这戏，与过去有啥不同？"

问话刚落，关汉卿没有开口，一旁忽闪着眼睛听得入迷的腊梅就说："是不是……"

话一出唇，就觉贸然，腊梅一扭头羞涩地打住。关汉卿却鼓励她说下去。腊梅瞅一眼凤鸢，见她没有嗔怪就接着说："是不是过去的那戏，一场要演几个故事，你们这戏只演一个故事？"

"对，对！腊梅说得对。"关汉卿连连夸腊梅精明。其实，腊梅是仔细看过关汉卿那些剧本的。关汉卿写的剧本，凤鸢也看，看得绝没有腊梅用心。她喜欢绣龙描凤，在那里耗费去不少时光。而腊梅则经常把小姐搁在手头的散曲、戏文读来读去。

如果这样的事只是偶然一次，腊梅也不会引起关汉卿的注意。可是，在一个屋檐下遮风御寒，故事就会断断续续连接下去。这一日，秋雨淅沥，关汉卿没有出去，待在屋里。写完一段戏，闲逸地喝茶，凤鸢又凑过去发问：

"你成天写曲、唱曲，我就弄不明白这曲和词有啥不同？依我看，这词和诗好区分，不管是五言诗，还是七言诗，字数都是相等的。词就灵活多了，字数可多，可少，一看就清清楚楚。可这词和曲我就看不清楚哪儿不一样。"

"你倒是挺细心，长进不小。"关汉卿夸凤鸢一句，给她讲说。续好茶水的腊梅侧耳聆听，"最明显的区别是，曲比词灵活。词要分平仄，曲不那么讲究。可是，就押韵说，词没有曲那么严密，结句入韵即可。曲要上口好唱，所以……"

"所以，句句押韵。"腊梅憋不住了，张嘴说了出去。

关汉卿也憋不住了，随口说出一句："妙哉，你真是个解语花。"

说完，关汉卿觉得有些唐突。这解语花是能随便用的？当初，唐玄宗把杨玉环称为他的解语花。他朝凤鸢瞥一眼，果然她胸脯起伏，微微生气。腊梅禁不住有些尴尬，要是再迟些这尴尬还会将关汉卿也套进去。你道关汉卿是何人？不仅不能把自己套住，还要解脱腊梅的尴尬。他哈哈一笑说：

"夫人好福气，有这么个好丫鬟，伺候得手不动，脚不动，连嘴也不用动。"

凤鸢还生什么气，一句"贫嘴"笑了。

尴尬的气氛可以化解，心灵的感觉却很难解脱。解语花，关汉卿怎么都觉得腊梅是个解语花。往后见她，话说得多了，笑得也多了。让腊梅看见他就像是春阳浴身，温热舒心。这一日，关汉卿外出，她去收拾书房，顺便写下：

"爱他时似爱初生月，喜他时似喜梅梢月，想他时道几首西江月，盼他时似盼辰钩月。头上是圆月，身边是缺月，要相守似水底捞明月。"①

写完，悄悄拿过关汉卿正写的文稿，覆盖在上面，退了出来。关汉卿回来，一掀文稿，立马跃入眼中，他读得身心烈烈热，血脉突突跳。真想将腊梅纳妾，那该是何等美妙的日子。想到此，他摇摇头，凤鸾那娇嗔的样子刺痛他。他无奈地摇头，再摇头。而后，写下这心里话："鬓鸦、脸霞，屈杀了将陪嫁，规模全是大人家，不在红娘下。笑眼偷瞧，文谈回话，真如解语花。若咱，得她，倒了葡萄架。"②

次日，再去整理书房，腊梅看见了关汉卿的墨迹。这哪里是墨迹？是他真心爱自己，又怕夫人怪罪的矛盾心事。腊梅流泪了，一滴泪穿过脸面，自腮下滴在墨色上。她的眼睛模糊了，怔怔站着，站着，突然醒悟了，忙把纸页卷起，藏在腋下，藏在自己的住室。

腊梅精细，可是没有精细过凤鸾。凤鸾早就留意腊梅的举止，她这藏掖哪能躲过那锐利的目光。不日，凤鸾看到了关汉卿写给腊梅的小令，她肯定生气，肯定恼怒。生气无用，恼怒也没用，若是关汉卿执意纳妾，她又有什么办法？凤鸾不愧是大家闺秀，没有对丈夫发火，没有像丈夫那样写下一首随兴所至的小令，而是推敲出一首也还规整的诗：

闻君偷看美人图，
不似关王大丈夫。
金屋若将阿娇贮，
为君唱彻醋葫芦。

诗不长，有劝导，有威胁，看得关汉卿坐卧不宁。他明白如今的坐

① 元曲，无名氏《正宫·塞鸿秋》。
② 关汉卿散曲《中吕·朝天子·书所见》。

卧不宁，是静悄悄的坐卧不宁。可要是自个儿真纳腊梅为妾，那将是闹嚷嚷的坐卧不宁。若是那样，他如何安心行医？如何精心写戏？他那颗豌豆心，来回滚，滚来滚去，他宁要静悄悄的坐卧不宁，不要闹嚷嚷的坐卧不宁。他虽然与腊梅心心相印，却只能望梅止渴。

绵搭絮

在我看来，关汉卿情感波澜导致的家庭鳞波，可以这么过去了。然而，在众多文人学士为之建构的生活天地里，还有更为精彩的故事。

故事里的关汉卿和腊梅好在了一起，而且关汉卿拉着腊梅坐在自己的腿上。他轻轻撩拨着那一头乌黑的秀发，像在玩味一颗好不容易到手的珍珠。腊梅则乖巧地贴着他，享受着难得的温馨。静谧的时光里，微微响起关汉卿的声音：

> 想你想你真想你，
> 请个画匠来画你，
> 把你画在眼珠上，
> 看在哪里都有你。

腊梅问："这是写给我的歌吗？"

关汉卿答："不是，是写给我自己的。"

听到这话，我们可以想见腊梅那娇昵中略带嗔怪的姿态。然后，冲着关汉卿说："你不给我写歌，那我就自己给自己写吧！"说罢，稍一沉思唱出：

> 想你想你更爱你，
> 编支歌儿来唱你，

把你唱进心窝里，

口口声声都是你。

关汉卿使劲将腊梅抱在怀里，腊梅贴紧那滚烫的襟怀。

这故事把两个相爱的人勾画得十分逼真，十分动人。称十分精彩也不过分，孰料还有比这更为精彩的。关汉卿领着腊梅奔出大都，回到了他的第二故乡伍仁村。一对相亲相爱的人，走出了白凤鸾的视野，没了她的妒看，非坠入李后主的词《菩萨蛮》不可。"花明月暗笼轻雾，今宵好向郎边去。刬袜步香阶，手提金缕鞋。画堂南畔见，一向偎人颤。奴为出来难，教君恣意怜。"这自然无须刬袜步香阶，无须手提金缕鞋，只需教君恣意怜。如此看来，这词有那么点不贴切。其实，何需去古人那里牵强附会，关汉卿笔下就有贴切的：

或向幽窗下，或向曲槛前，春纤相对摇纨扇。闲凭着玉肩，双歌《采莲》，斗抚冰弦。遂却少年心，称了于飞愿。[1]

遂却少年心，分明是关汉卿久有的心思；称了于飞愿，分明是关汉卿与腊梅做了夫妻。《诗经·大雅·卷阿》载有："凤凰于飞，翙翙其羽。"后人常用"凤凰于飞"比喻夫妻，关汉卿的心何不在此？

浅浅江梅驿使传，乱剪碎鹅毛片。旋剖温橙列着珉筵，玉液着金瓶旋。酒晕红，新妆面，人道是穷冬，我道是虚言。[2]

酒晕红，新妆面，应该是新妆面，酒晕红。挣脱禁忌，面对求之不得终于得到的新人，怎能不贪杯？贪杯怎能不酒晕红？人道是穷冬，我道是虚言。正是，情感的盛宴，会让贫穷的寒冬也变得富贵华丽，别人

---

[1] 关汉卿散曲《双调·新水令·庆东原》。

[2] 关汉卿散曲《双调·新水令·挂打沽》。

习惯歧视的穷冬，岂不化为虚言？

> 夜夜嬉游赛上元，朝朝宴乐赏禁烟。密爱幽欢不能恋，无
> 奈被名缰利锁牵。①

密爱幽欢不能恋，还不是因为名缰利锁的牵绊？而一旦抛却名缰利锁，自然可以身心舒畅地夜夜嬉游赛上元，自然可以放荡无忌地朝朝宴乐赏禁烟。赏禁烟，好个赏禁烟，深藏着这么玄妙的机心！

沉醉于如此玄妙的情感温泉，突然想问，关汉卿那位"为君唱彻醋葫芦"的夫人白凤鸾，怎么就会网开一面，放纵一对有情人比翼出京？这里面必有隐情。是啊，不解读这隐情就无法逾越从"醋葫芦"到明白人之间的深深壕沟。

让我逾越这深深壕沟的跳板，是关汉卿的剧本《诈妮子调风月》。剧本的主角是聪明美貌的婢女燕燕。主家命燕燕服侍来府的亲戚小千户。小千户地位高、长相好、见识广，可一见燕燕就为她的聪明美貌所倾倒。"许下我包髻、团衫、绣手巾"不说，还要燕燕"专等你世袭千户的小夫人"。一个纯真思春的青春女子，如何能不情窦初开？他甜言相许，她处女委身。燕燕似乎时来运转，找到知音，实指望从低贱的奴婢升为堂堂小夫人。岂料寒食节游春，小千户迷上了千金小姐莺莺，接受了她的情物巾帕。燕燕得知如遭雷击，悲愤、悔恨难以描画她内心的痛苦……一般低下的婢女只能忍气吞声，打碎牙齿往自己的肚子里咽。

可是，关汉卿没有让燕燕混迹俗流，而是赋予她出人一格的性情。小千户的婚礼上，宾客熙攘，乐舞声喧，燕燕满腔悲愤喷涌而出，抖搂出小千户给她的许愿和无情的变脸。夫人、小千户的母亲既窘迫，又吃惊。关汉卿也没有让这位夫人混迹俗流，泯灭人性，而是用她的善良为全剧谢幕。她做主命小千户将燕燕收为小妾，卑贱的婢女走进了富贵人

---

① 关汉卿散曲《双调·新水令·石竹子》。

家，改变了自己的身份地位。

关汉卿的笔下浩荡着千军万马。别个的千军万马攻城略地，造成的是尸横遍野的人间惨剧；他的千军万马不攻城略地，却给等级森严、把女婢不当人看的黑暗天地，炸响一道光明的霹雳。

这一道光明，不知能唤醒多少愚暗的心胸？至少那些尚有良知的人会幡然猛醒。白凤鸳可能就属于此列。和往常一样，她是关汉卿戏剧的第一个读者，最早沉醉和挑剔的都应是她。

读到"无男儿只一身，担寂寞受孤闷；有男儿吃梦入劳魂，心肠百处分。知得有情人不曾来问肯，便待要成眷姻"①，白凤鸳肯定会想起独坐绣楼的忧思和春愁，轻轻叹息一声也在情理之中。

读到"自勘婚，自说亲，也是贱媳妇责媒人。往常我冰清玉洁难亲近，是他亲，子管交话儿因"，白凤鸳肯定会替燕燕揪起心，不知她一脚踏去是陷阱，还是福地？闺中女的滋味她是饱尝过的。

读到"我便做花街柳陌风尘妓，也无那则忔过三朝五日。尔那浪心肠看得我忒容易，欺负我是半良半贱身躯。半良身情深如尔那指腹为亲妇；半贱体意重似拖麻拽布妻。想不想于今日，都了绝爽利，休尽我精细。"白凤鸳肯定不哭泣也会流泪，就怕她一脚踏空掉在陷阱里，偏偏她就掉在陷阱里。

白凤鸳擦去泪水，泪水在"别人斩眉我早举动眼，道头知道尾。尔这般砂糖般甜话儿多曾乞！尔又不是闲花酝酿蜂儿蜜，细雨调和燕子泥。自笑我狂踪迹。我往常受那无男儿烦恼，今日知有丈夫滋味"的字行里流出来。

白凤鸳擦去泪水，泪水在"出门来一脚高一脚低，自不觉鞋底儿着田地。痛连心除他外谁跟前说，气夯破肚别人行怎又不敢提？独自向银蟾底，则道是孤鸿伴影，几时吃四马攒蹄"的字行间流出来。

流出来，滴在纸面，洇染墨痕，打湿了她那一颗心。

---

① 关汉卿剧本《诈妮子调风月》，下面连续四段的引用同出此剧。

　　她知道燕燕不是腊梅，夫君也不是小千户，可她就是替腊梅忧伤，悲愤。她貌美不逊自个儿，她聪慧胜过自个儿，为何就只能当丫鬟？为何就只能做下人？

　　当燕燕一番抗争，夫人要小千户收她做妾，白凤鸾提起的一颗心蓦然放下，长长呼出一口气。一口气出过，蓦然心又提起。她为燕燕舒心，她为腊梅揪心。一个良知未灭的人总会设身处地，总会将心比心。设来设去，比来比去，白凤鸾要做一个开明的夫人。

　　这一开明就给了我们逾越壕沟的跳板。先是白凤鸾跳了过去，跳过"醋葫芦"，变作开明人，我们才能看见关汉卿和腊梅比翼双飞。飞进那"夜夜嬉游赛上元，朝朝宴乐赏禁烟"的境地。

　　乐极生悲！

　　乐极也可以不生悲。若是关汉卿一味享受腊梅的温柔之乡，悲剧不一定会找上门来。然而，爱心催逼着关汉卿走进哭声。那哭声不是悲剧的根源，却是悲剧的蔓延。关汉卿朝那哭声走得有多快，悲剧也就朝他走得有多快。

　　哭声起自离关家不远的王家，王老太和三个儿子哭得昏天黑地。半个时辰前，王老汉腿脚利落地出门去，可一转眼已经躺倒在地，再也难以醒来。他耳朵笨，埋头走路没有听见马蹄声。马上骑的是窝都札，别看窝都札只是个小小的甲主，却主宰着二十几家的命运。那时候，甲主多是蒙古人，吃的穿的都要这些人家供养。更可恶的是，谁家的妻女长得好看，窝都札都会随意奸淫。横行霸道的窝都札根本没有把王老汉放在眼里，见他在前面行走非但没有勒马停步，反而快马加鞭，将老人家活活踩踏死。窝都札斜瞅一眼，扬长而去。

　　窝都札敢这么蛮横，完全是其时的刑律所致。铁木真曾骄横地宣称：杀死蒙古人偿命；杀死色目人罚交四十巴里失黄金，折合八十两白银；若要是杀死汉人，罚交一头毛驴了事。一个时代把人不当人，就会出不少枉披人皮的人。窝都札就是个枉披人皮的人，踏死王老汉丝毫不认罪，还闯进王家说是王老汉惊吓了他的马，三天内要赔一副马鞍。王家长子不愧是个血性男子，捞起一根木棍，三下五除二，就让这个家伙回到他那鬼世界。

这无疑闯下了大祸，王老太和她的三个儿子，四个人都被拿到县衙。不对，是五个人，还有一个是关汉卿。他要为王家鸣不平，他们不是平白无故打死人，是被逼无奈才下的手。要不怎么说是自己走向悲剧，而不是悲剧找上门来的。别看关汉卿在戏剧里可以伸张正义，在生活里不过是个微渺的草芥，谁会把他当回事呢！他这一出面，不但于事无补，还把自个儿套进牢囚。官府传言，不交二十两罚银，休想放人！

二十两银子，可不是一个小数目。那年月，能吃顿饱饭就算不错，哪来的余钱？不要说伍仁村，就是几个村庄也难凑齐。关汉卿心里明白，除非大都的朋友得知，要不自己只有死死坐在牢里。

可是，不过几日，关汉卿出来了。

关汉卿出来了，腊梅不见了。

腊梅把自己卖了二十两银子，救出了关汉卿。

关汉卿连忙去追腊梅，赶紧追吧，腊梅危急万分。买下腊梅的是窝都札的手下邹小六，他看上了她的美色，正把她送往都城，想换个一官半职。

邹小六怕一路坎坷颠簸坏他千辛万苦搞来的奇货，特意雇了一辆撑着敞篷的马车。马车悠悠前行，不觉然到了白洋淀，离大都渐行渐近，邹小六鼻子不喜眼窝喜。嘿嘿，这一回肯定能换得个官职，返回来就可以体体面面去赴任。

就在此时，前面的马车停下了。邹小六问话，说是女娘要尿。他正要说往前走走再停，就见腊梅飞身而下，直扑淀中。

腊梅跳水了！

关汉卿赶到后，只看到腊梅僵直的尸体，和她怒睁的双眼。

第二折

鹊踏枝

腊梅为救自己死于非命，关汉卿身心遭到重创，不过几日人就憔悴得塌了架子。形容憔悴，李清照曾说"人比黄花瘦"，读到的人无不赞许写得精当。可是，这精当的妙语要用米形容关汉卿此时的憔悴，明显力度不够。他那样子堪称人比枯枝瘦。

瘦如枯枝的关汉卿回到大都，白凤鸾大吃一惊，抱紧他放声大哭。哭着问他为啥成了这模样？关汉卿不答，只说：

"腊梅死了。"

白凤鸾肯定又是大吃一惊，又是一阵大哭。哭着又问为啥？

关汉卿还是不答，只说："腊梅死了。"

白凤鸾不敢再哭，擦去泪水，打起精神，给他换衣服。关汉卿不换，躺在榻上眼睛直直地瞅着屋顶。端来水，不喝；做好饭，不吃。催急了，还是那句话："腊梅死了。"

一连数日，关汉卿都是那句话："腊梅死了。"白凤鸾赶紧请来玉京书会的才人劝慰。王和卿劝他，他是这句话；杨显之劝他，他是这句话；石君宝、白朴劝他，他还是这句话。

若不是珠帘秀到来，关汉卿可能还会继续消沉在浑浑噩噩之中。珠帘秀一听关汉卿遭难，风风火火跑来了。当初，她久病不愈，就是关汉卿治好的啊！这救命之恩她没有像旁人那样常挂在嘴上，可一时一刻也没有忘记。起先，她只是感恩，感恩这位刚到大都落脚未稳的才人。没过多少日子，她对这位才人刮目相看。在烟花娼妓圈子里，谁敢说珠帘秀是等闲之辈？她能说，能唱，能演，能导，虽说写戏文不是强项，可别人写的那戏文按她说的一改，平平常常的话语顿现光彩。那戏演起来就添了掌声，热闹了几分。当然，还有一点是任何人也没法比的，她天生丽质，笑时娇艳如牡丹，忧时怅然似秋菊。所以，早早就在大都的圈子里拔了头彩。好些年了，她都是上厅行首。

写到此需要交代几句，元代的妓女曾有"青楼"的雅称。因而，夏芝庭给艺妓立传，才以《青楼集》为名。但是，不论名称如何雅观，其实质都是以歌舞才艺和皮肉之体事人。事人的妓女分两种：私妓和官妓。乍一听，似乎官妓要比私妓高一个层次，实际却比私妓更少自由。顾名思义，私妓不属官家辖制，只要获得准许，就可面向社会接客。官妓则由官方的教坊司统辖，官人传唤就得前去伺候。这自然多了一个紧箍咒。才艺过人、色压群芳的珠帘秀更是无数官吏垂涎的对象，她的紧箍咒上就又多了一道紧箍咒。

这里暂且不说珠帘秀头上的紧箍咒，只说她能戴上这紧箍咒，是因为才艺过人。才艺过人的珠帘秀混迹多年，一个个接近她、讨好她的人，都说她目中无人。可是，自从看过关汉卿的戏本，谁要再说她目中无人，那他不是老眼昏花，就是有眼无珠。她深深为关汉卿的才情所折服，渐渐向他靠拢。

珠帘秀的靠拢自然也与常人不同，不是勾肩搭臂，不是暗送秋波，而是恳求他写个戏文。关汉卿问：

"写什么？"

她说："写我们这种人。"

关汉卿说："显之不是已经写过吗？"

她答："写过了，也写错了。你看我们都是那种下贱人？"

关汉卿猛然醒悟，杨显之戏文的情节把妓女视为反面角色，还有"淫邪货"、"难做好人妻"一类的词语。看到戏文，他就给杨显之说过，说过也就再没有往心里去。今日珠帘秀点明，他觉得确实有些过头。从平阳，到汴京，再到燕京大都，他打过交道的歌伎倡优，不是一个两个，淫邪货不能说没有，可要是说她们都是淫邪货，那真是以偏概全，实在太不公正了。他还未及作答，珠帘秀又问：

"你看我们就那么歹毒？"

"不，不，那戏太偏激。"

关汉卿立即答应了珠帘秀的请求。

关汉卿很快满足了珠帘秀的请求。

满足珠帘秀的请求，关汉卿确实费了一番心思。从内心说，他很乐意写这戏，即使不为珠帘秀，也要为那些被人轻贱的青楼女子讨个公道，何况这是珠帘秀恳求呢！只是具体到写什么，如何写，却不是随便捞起笔就能写。写戏的高手都明白，大故事好编，小故事难凑。大故事是情节，小故事是细节，没有好的细节再曲折的情节看上去都是虚假的。关汉卿当然深谙此道。他已想好了，就让风流才子柳永和他的同窗好友钱大尹，演出一场宠爱歌伎的戏。当然，这歌伎要美貌聪明，值得人爱。可是，佳丽的美貌好说，聪明如何展示？说几句空话自然无法使人物鲜活生动。他抓耳挠腮难有出彩的细节，也就迟迟不能下笔。偏就在这时，珠帘秀给他送来一个求之不得的宝物。宝物是对关汉卿而言，最初珠帘秀不过是用来糊弄阿合马的。

元代史料里多见阿合马的残暴凶狂，少见他也有风趣幽默的一面。此人不仅风趣幽默，而且巧舌如簧，能言善辩。有人鼓捣忽必烈除掉阿合马，阿合马闻知毫不惊慌，端着个黑盘子去面君。忽必烈看见黑盘子里面装满各种珍珠，珍珠上面放着一把刀子，还用一块红绸子盖起来。他不明白这是什么意思，阿合马说：

"当初我来给圣上效力时，胡须像这个盘子一样黑。唉，这些年黑胡须变得和这些珍珠一样白啦！可是，高平章却想用刀子使我的胡须变得如同这块绸子一样红啊！"

阿合马一番惟妙惟肖的表演，打消了忽必烈对他的疑虑，他躲过一死。如此一个狡黠的人，家里豢养着数百美女，自然不稀罕她们的肉体。他狎妓无非是找点新鲜的乐趣。这一日，他把新鲜的目标瞅在珠帘秀身上。作为上厅行首的珠帘秀，这是她分内的职责，不能有任何理由推托。不过，她来到府邸，阿合马没有立即让她唱曲，也没有让她脱衣解带，只笑眯眯看着她，看得珠帘秀惶惑不安，他才说：

"你就是上厅行首珠帘秀吧？"

珠帘秀点头说是，他又说："人们都说你聪明可爱，今天大人我倒要见识见识。你给我唱支曲，唱好了大人我君子动口不动手，唱不好休怪我不客气，大人就变成小人，动口又动手。"

珠帘秀明白，今日难逃一劫。她定定神，再点头，阿合马已将选好的曲子递了过来。没容她多思，音乐响起，她赶紧和着旋律唱起来：

自春来惨绿愁红，

......

刚唱完一句，正要接下面"芳心事事可可"，猛然觉得不对，这厮的陷阱在此处。倘若她唱出"芳心事事可可"那就正中人家的下怀。"可"字与阿合马的"合"字发音相近，犯了人家的名讳别说陪人家睡觉，就是乱棍打烂皮肉也不为过。她瞥一眼阿合马，见他正得意扬扬盯着自己，像在说看你怎么唱？是啊，这正是阿合马的狡诈，要是不唱"芳心事事可可"，那后头"犹压香衾卧"、"终日恹恹倦梳裹"、"音书无个"的韵辙就全得改变，难啊！可是，只一刹，珠帘秀就变过词语唱下去：

> 自春来惨绿愁红，芳心事事已已。日上花梢，莺喧柳带，
> 犹压绣衾睡。暖酥消，腻云鬒，终日恹恹倦梳洗。无奈，想薄
> 情一去，音书无寄！早知恁的，悔当初不把雕鞍系。向鸡窗收
> 拾蛮笺象管，拘束教吟味。镇日相随莫抛弃，针线拈来共伊
> 对，和你，免使少年光阴虚费。①

曲声一落，阿合马就连连赞誉："精明，果真精明。"

缘此，珠帘秀逃过一劫，

不说，珠帘秀庆幸逃过一劫，却说关汉卿闻知，大腿一拍，道声有了，便躲进书房。接连数日伏案走笔，待笑呵呵走出来时，手里拿着写好的一沓文稿。叫来珠帘秀一看，是剧本《钱大尹智宠谢天香》。珠帘秀手拿戏文，就再也难以放下，一头扎进故事里。那婉转的情节牵动着她的心，她看见风流才子柳永爱上了一代名妓谢天香。二人爱得不舍昼夜，死去活来。可就在此时，科考在即，二人不得不分手相别。临别柳永放心不下谢天香，竟将她托付给新任知府、他的同窗好友钱大尹照料。见他答复得不痛快，三番五次请求。这更让钱大尹生气，抱怨这位同窗不思上进，沉迷青楼。为绝掉他的念头，他将谢天香唤进府中，命她唱曲，是想找个碴惩罚。要谢天香唱的正是珠帘秀给阿合马唱过的那支曲，那恰是柳永作的曲。

读到这里，珠帘秀热泪盈眶。真想不到，关汉卿才思如此敏锐，把一个自己活脱脱搁进戏里。看到钱大尹因为谢天香巧妙的演唱，喜欢上了她，珠帘秀心一悸，往下该如何演？看到钱大尹将谢天香娶进钱府为妾，暗暗欣喜，妓女天香总算逃出地狱过上常人的日子。喜过又忧，那个柳永回来钱大尹和谢天香可该如何面对？为难啊为难，做人咋就这么

---

① 关汉卿剧本《钱大尹智宠谢天香》第二折。

难？珠帘秀不禁微微叹息。叹过，又被关汉卿弄得扑朔迷离，却怎么讨到喜欢的女子为妾，偏不和她同枕共乐？难道是嫌她身子不干净？想到自己，珠帘秀止不住伤心地流出泪来。然而，泪水尚未落下，珠帘秀竟笑出声来。好个聪明的钱大尹，原来金屋藏娇不为己，为的却是柳兄弟。待柳永中状元归来，他竟完璧归赵。不，不，不是钱大尹聪明，是关汉卿聪明。好个聪明的关汉卿，若不是在他屋舍，若不是人多眼杂，她真想投进他的怀抱。尘世上男人多的是，可有几人能如他这般善解人意，会解人意？

珠帘秀再看关汉卿时，眼光里多了一丝常人看不到的光色。顺着这光色望去，可以窥见心灵深处亟待滋润的干渴期盼。可惜，一向感情敏锐的关汉卿却辜负了这珍贵的光色。那时，他正沉醉于腊梅赐予的欢悦天地，粗略一瞥也就忽视了珠帘秀情感的光泽。要不怎么说是沉醉呢，喝醉的人经常物我两忘，沉醉的人除了迷醉于醉倒他的对象，以外的一切都会视而不见。回味关汉卿与珠帘秀这次感情的波折，我觉得有一个植物界的术语相宜：花期不遇。

尽管错过了关汉卿的爱怜，他也被珠帘秀深深锁在心底。听说他遭受磨难，她急急火火地跑来。看见关汉卿这枯瘦模样，泪水直在珠帘秀眼眶里打转。她不敢哭，强咬住，咬住，沉默了一刹，平息了心头的怨愤，才张开口。她没有劝关汉卿，却指责他：

"亏你还是个汉子，咋就这么没出息？！"

关汉卿抬头瞅着她，说："腊梅死了。"

"腊梅为谁死的？"珠帘秀问。

关汉卿不语。

"腊梅是要你变傻？"

关汉卿还是不语，却低下头。

"腊梅是要你和她一块死？"

关汉卿仍然不语，只摇摇头。

珠帘秀提高声音："腊梅是要你活着，活得顶天立地，活得像模像样，要不她为啥甘愿自个儿找死？"

关汉卿仰起头，直直盯着珠帘秀，听她呵斥："腊梅错看了人，你这样不值得她死！"

关汉卿埋头大哭，哭得浑身颤抖，声震屋瓦。在场的人没有一个不跟着落泪。

可就是这一场痛哭，关汉卿泼洒出内心积压的郁愤，摆脱了噩梦的困扰，逐渐走进常人的世界，走进戏曲的天地。

过些时日，玉京书院出现了他的身影。

朱履曲

在这个世界里，缝合伤口最好的医师是时光。一切创伤，肉体的、精神的，时光都可以缝合得天衣无缝。然而，时光再高明也无法抹掉遗留的疤痕，精神创伤更是这样。时不时腊梅的眉眼就在关汉卿脸前晃动，晃动的不只是腊梅，还有那个沉睡在记忆深处的荆香。腊梅说没就没了，刚刚还活蹦乱跳，眨眼间就人天两隔，到了另一个世界。关汉卿弄不清在那边的腊梅想不想他，他却想她想她真想她。见不到腊梅，是她为自己跳水而亡。荆香呢？荆香还在人世，为啥也再难相见，更别说相聚在一起，唉！在唉声叹气里，《商调·梧叶儿·别情》悄然孕育：

> 别离易，相见难，何处锁雕鞍？春将去，人未还。这期
> 间，殃及杀愁眉泪眼。

写完，撂下笔，关汉卿静静坐在窗前。夫人白凤鸾没有打扰他，容他思量，慢慢疗治心头的伤口。关汉卿在想什么？想到了李白的"平林漠漠烟如织，寒山一带伤心碧。暝色入高楼，有人楼上愁？"可能，对故乡的思念，和对故人的思念在此通连为一体；想到了李煜的"问君能

有几多愁？恰似一江春水向东流。"可能，那亡国的忧愁，再加上情爱的摧折，凝聚成一江滔滔泪水。只是，忧愁即使汪洋恣肆成浩浩的东海，也不是自个儿的，关汉卿要倾倒自个儿的忧愁。隔日，一曲《双调·沉醉东风》出现在纸卷：

忧则忧鸾孤凤单，愁则愁月缺花残。为则为俏冤家，害则害谁曾惯，瘦则瘦不似今番。恨则恨孤帏绣衾寒，怕则怕黄昏到晚。

昔日，关汉卿静坐窗前咀嚼品味的是李白和李煜的忧伤。而今，我坐在窗前可以咀嚼品味李白和李煜的忧伤，也可以咀嚼和品味关汉卿的忧伤。李白的忧伤是离乱，李煜的忧伤是亡国，关汉卿的忧伤包含了二者，既有亡国之恨，又有离乱之痛。谁也不会钟爱亡国之恨、离乱之痛，可是，离开了那震撼心灵的痛苦和愤恨，诗人、词人和曲人的心绪都会归为平静。一湖平静的死水如何翻动惊天动地的浪花？如何迸溅惊天动地的绝唱？唉，国家不幸诗人幸，真是个惹人心酸的定理。其实，怎么说诗人也不幸，可是，只有不幸的生命才能爆开惊艳的鲜花。悖论，悖论，文学艺术就在悖论里生长。

玉京书会的才人生怕关汉卿又回旋进过去的忧伤里，这一日把关汉卿拽进瓦舍去看演出。主角是珠帘秀，剧目是《钱大尹智宠谢天香》。名角演名戏，台下的人早早坐下黑压压一片。或许，关汉卿坐在下面的缘故，珠帘秀做戏格外卖力。卖力，是观众的说法。书会的才人则说，精到。精到是说，做、念、唱、白，毫不含糊，每一个小细节都十分入微到位。唱，唱得穿耳入心，那脆亮圆润的声音，在人的心尖尖上转来转去。比唱腔还拿人的是眼神，那亮灿灿的眼光滴溜溜转着，一刻也不松懈地撩拨着人的心魂。把个聪明机敏的谢天香演得神采飞扬，就连关汉卿也禁不住连声喊好。王和卿看他入迷的样子，逗他说：

"好，是戏文写得好吧？"

关汉卿随嘴即答:"嗯。"说完,觉得失口了,忙说,"不是,是四姐演得好!"

身边的人听见他俩的对话,都被逗得哈哈大笑,关汉卿的笑声融进其中。是啊,好久他没有这么笑了。这是王和卿想要的效果,也是书会才人想要的效果。

关汉卿正忘情地大笑,就听台下一下静悄得没有一点点声息。只听珠帘秀冲着大家说:"今儿大伙儿看的这戏,是关汉卿写的戏文。欢迎他上台和我唱一段,好不好?"

"好!"

喊好声震耳欲聋。关汉卿站起环视一圈,只见众人使劲地拍手。他冲大家招招手,大步跨上台去,和珠帘秀略一商量,二人就表演开来。他二人演的是第四折的最后一段:

　　谢天香(唱):他那里则是举手,我这里忍着泪眸,不敢道是厮问厮当、厮来厮去、厮揾厮揪,我如今在这里不自由。

　　柳永(云):大姐,你怎生清减了?

　　谢天香(唱):你觑我皮里抽肉,你休问我可怎生骨岩岩脸儿黄瘦!

　　钱大尹(云):耆卿,你怎生不吃酒?

　　柳永(云):我吃不的了也!

　　钱大尹(云):罢、罢、罢,话不说不知,木不钻不透。冰不搭不寒,胆不试不苦。

钱大尹一口气说出以娶谢天香为名,给他保护佳娘的往事。误会消除皆大欢喜。

　　谢天香(唱):见妾身精神比杏桃,相公如何共卯酉?见天香颜色当春画。观花不比观娇态,饮酒合当饮巨瓯。谁把清香嗅？则是深围在阄底，又何曾插个花头！

　　钱大尹(云)：张千，快收拾车马，送谢夫人到状元宅上去！

　　柳永同谢天香一同拜谢钱大尹，(云)：深感相公大恩！

　　珠帘秀的演唱众人赏看得多了，关汉卿这么在台上演出可不多见。尤其是他一人扮二角，转过来演钱大尹，侧过身演柳永，演谁像谁，令众生大开眼界。别说观众，就是书会才人，也是头一回领教，大家使劲地叫好，鼓掌。

　　关汉卿兴奋地朝台下鞠躬，再鞠躬。

　　就是这一天，那个一度被他视而不见的珠帘秀蓦然突兀在眼前。关汉卿睁眼闭眼，都是她灵巧的身段，都是她翻跹的舞姿，都是她闪亮的眼神。他失眠了，躺下去，又起来，操笔在手，在纸页旋舞：

　　轻裁虾万须，巧织珠千串；金钩光错落，绣带舞蹁跹。似雾非烟，妆点就深闺院，不许那等闲人取次展。摇四壁翡翠浓阴，射万瓦琉璃色浅。

　　[梁州]富贵似侯家紫帐，风流如谢府红莲，锁春愁不放双飞燕。绮窗相近，翠户相连，雕栊相映，绣幕相牵。拂苔痕满砌榆钱，惹杨花飞点如绵。愁的是抹回廊暮雨潇潇，恨的是筛曲槛西风剪剪，爱的是透长门夜月娟娟。凌波殿前，碧玲珑掩映湘妃面，没福怎能够见？十里扬州风物妍，出落着神仙。

　　这就是他写的散曲《南吕·一枝花·赠珠帘秀》。

　　凑巧第二日杨显之来家中小叙，进门落座，关汉卿急不可耐把这曲作拿给他看："你这杨补丁，不请自到，快帮我看看，有何不妥。"

　　杨显之看了两行就夸好，可看着，看着，不再言语。看完了仰脸盯着关汉卿不说话。

　　关汉卿问他："说啊，有啥还不好意思直说。"

杨显之这才告给他，先不要给珠帘秀为好。这些天，卢挚正追捧珠帘秀，说是要给她赎身。这可是个大事情，好事情。元代官妓赎身，要有权势的人运作，还少不了一笔银钱。近些年，玉京书会的才人们不止一次说过给珠帘秀赎身的事，都想帮她跳出火坑，让她一心演戏。可这确实太难了，别说缺少银钱，官府就很难打点啊！卢挚在翰林院做事，他喜欢珠帘秀，若是能成全她赎身的愿望，这可是天大的好事啊！关汉卿赞成杨显之的主意，把这曲暂时放下。

杨显之说得没错，卢挚追珠帘秀不是一天两天了。在关汉卿痴迷于腊梅时，卢挚就向珠帘秀倾吐了心声。现在收进《全元曲》的就有《醉赠乐府珠帘秀》：

> 系行舟谁遣卿卿，爱林下风姿，云外歌声。宝髻堆云，冰弦散雨，总是才情。
>
> 恰绿树南薰晚晴，险些儿羞杀啼莺。容散邮亭，楚调将成，醉梦初醒。

"嘈嘈切切错杂弹，大珠小珠落玉盘"，这是江州司马聆听长安歌女弹琵琶；"云外歌声"，"冰弦散雨"，这是卢挚观赏珠帘秀歌唱表演。一个官妓，能被翰林院学士如此赏识，还要为她赎身，珠帘秀如何能不动心？她放歌一曲《答卢疏斋》：

> 山无数，烟万缕，憔悴煞玉堂人物。倚篷窗一身儿活受苦，恨不得随大江东去。

"山无数，烟万缕"，是思念。思念到何种程度？"憔悴煞玉堂人物"。你看，"倚篷窗"的珠帘秀"一身儿活受苦"，恨不得跳进大江，随水东去。卢挚啊，你问她爱你有多深？敢跳大江去献身。

杨显之走了，关汉卿禁不住心里酸溜溜的。他盼望卢挚赶快成全珠帘秀，可成全后的珠帘秀当然要花落卢家。不过，他还是默默祝福她早日赎身，跳出火坑。《赠珠帘秀》的尾该是关汉卿此时续写下的：

> 恰便似一池秋水通宵展，一片朝云尽日悬。你个守户的先生肯相恋，煞是可怜，则要你手掌儿里奇擎着耐心儿卷。

粉蝶儿

忽如一夜春风来，千树万树梨花开。

关汉卿的剧本《钱大尹智宠谢天香》在大都一演，轰动四方，青楼戏纷纷亮相大小勾栏瓦舍。而且，戏文一改过去歧视妓女的习惯套路，从不同的角度发现她们身上的闪光之处。从现存的资料看，除关汉卿有关妓女的剧本外，还有《李亚仙花酒曲江池》《逞风流王涣百花亭》《谢金莲诗酒红梨花》《诸宫调风月紫云亭》《陶学士醉写风光好》《江州司马青衫泪》《郑月莲秋月云窗梦》《杜牧之诗酒扬州梦》《花间四友东坡梦》《包待制智赚灰阑记》《李素兰风月玉壶春》《玉箫女两世姻缘》等等。

这些剧本里的青楼女子，个个天生丽质，花容月貌，一举手，一投足，招人怜爱。若要是伶人演出再眉目传情，那更是摄人心魂。更别说她们"歌舞吹弹"、"写字吟诗"、"撷竹分茶"，无不精到。只可惜这些姣美的丽人，沦落风尘，身份低贱，终日里不得不强作笑颜，送旧迎新。内心的辛酸，感染着观众。

更为感人的是她们身上的真爱。过去人们都说妓女逢场作戏，虚情假意，可是，展现在舞台上的烟花女子个个不乏爱心。《李素兰风月玉壶春》里，李素兰与玉壶生倾情相爱，爱财如命的鸨母却棒打鸳鸯，要李素兰嫁给商人，而且赶走玉壶生。李素兰誓不从命，剪发明志，高唱："今朝截下青丝发，方表真心不嫁人。"《逞风流王涣百花亭》里的上厅行首贺怜怜，春游时遇见风流书生王涣，一见钟情，她吟诗传情，主动示爱，王涣喜不自禁说道："她把我先勾拽，引得人似痴呆，我和她四目相窥两意协。"这爱，爱得泼辣，爱得本真。至于《郑月莲秋月云窗梦》里的郑月莲、《谢金莲诗酒红梨花》里的谢金莲，无一不想寻觅到才貌双全、性情相投的如意郎君，好好过正常人的日子。一个爱字唱响都市，唱遍乡间。

为了爱，《李亚仙花酒曲江池》里的李亚仙，愤恨鸨母将心上人郑元和赶出门，骂她"是个吃人脑的风流太岁，剥人皮的娘子丧门，油头粉面敲人棍，笑里刀剐皮割肉！"

为了爱，《诸宫调风月紫云亭》的韩楚兰，敢同鸨母抗争，甚至让那厮吃她的拳头。

虽然无法判定，这些剧本都是在关汉卿的引领下出炉的，但是，可以断言正是由于关汉卿的不落俗套，塑造出别开生面的谢天香，才使妓女这个轻贱的行当改变了形象。

是日，玉京书会的才人相聚在一起，话题就从妓女戏说起。

杨显之冲着关汉卿直说："汉卿兄，我是你的手下败将。"

关汉卿不解，问："显之兄，此话怎讲？"

"你看，你一颂扬青楼女子，处处都唱赞曲。我要是再写萧娥淫邪货，就成了过街的老鼠，人人喊打啦！"

大家听得都笑起来。关汉卿没笑，一本正经地说："哪有那么厉害？你言重了。"

石君宝接过话头："显之兄是有些言重，可这事也足以见出汉卿兄的不凡，振臂一呼，应者如云。"

"说得对，振臂一呼，应者如云。"费君祥带头赞同，大家跟着点头。

关汉卿摆摆手说："过头了，我哪有那么大的威力！"

石君宝又说："咋能说没有威力，大着哩！你看我写的《李亚仙花酒曲江池》不比你迟，村里演过，城里演过，演的演，看的看，哪一个当回事啦？没有，没人当事。可你的戏一上台，就大不一样，一下扭转大势，连显之兄都甘拜下风了。"

"是，是，甘拜下风，甘拜下风。"杨显之连声附和。

往常话最多的王和卿迟迟没有张嘴，他一张嘴便逗趣："说得对，咱们哪个敢跟汉卿兄比风流？没人比得了，人家掌握的烟花女子比咱们多，情感比咱们深。"

话里显然有话，关汉卿不会听不出来，可是不知缘何他竟一本正经地说："要说对青楼女子的了解，我真比不上曾瑞，他的散曲《妓怨》才真是说出她们的心里话。"说着，他张嘴吟诵：

> 春花秋月，歌台舞榭，悲欢聚散花开谢。恰和协，又离别，被娘间祖郎心趄。离恨满怀何处说。娘，毒似蝎。郎，心似铁。

吟诵完，不待别人插话，他又说："离恨满怀何处说。娘，毒似蝎。郎，心似铁。你们看，说得多么深刻，多么令人同情。"

王和卿听完也板着脸一本正经地说："不见得，我觉得还有人比他理解得更深。"说着，微闭双眼吟诵：

> 当初指望成家计，谁想琼簪碎；当初指望无抛弃，谁想银瓶坠。烦烦恼恼，哀哀怨怨，哭哭啼啼，回黄倒皂，长吁短叹，自跌自推。

众位才人放声大笑，都知道这是关汉卿的散曲《中吕·古调石榴花·鲍老儿》。关汉卿红着脸辩解："和卿又取笑我，那不是写妓女，是写良家女子的离别怨气。"

王和卿的嘴真快，跟着就说："谁知道你是良家闺秀，还是烟花女子？"

众位才人又是大笑，要不怎么说，王和卿和关汉卿斗嘴，关汉卿没有一次占上风。笑声消散，王和卿接着说："说是说，笑是笑，不过从今往后，这妓女戏真是不好写啦！"

"对，再写能写出啥新鲜的？不新鲜不如不写。"

"千万不要步人后尘。"

"更不要拾人牙慧。"

"哦，对，除非汉卿兄的牙掉了，别人的我懒得弯腰。"又是王和卿逗趣，众人不笑都不由自己。

聚会在笑声里结束。关汉卿笑得比大家还开心，他也觉得这青楼戏往后真无法再下手写。可是，他不会想到，青楼戏他不仅还写，而且，一不做，二不休。

沽美酒

改变关汉卿想法的是顺时秀。

顺时秀不见了，这立即在大都才人圈里引起轩然大波。

顺时秀去了何处？有人曾在文章中写去了太原，关汉卿的剧本里则是去了郑州，干脆就以关汉卿的剧本为准。顺时秀去郑州干什么？话需从她的烟花姐妹宋引章说起。

宋引章比顺时秀小几岁，入青楼也迟。人长得好，心肠也好，就是有些单纯。单纯不是坏事，一身单纯的人肯定都是好人。只是单纯的人往往以单纯的眼光看尘世，觉得人们都像自个儿一般单纯。岂不知大千世界，无奇不有，有一种人浑身的才智就是用来算计别人。若是单纯遇上算计，被人家卖出去还会给人家高高兴兴地数钱。

还算宋引章走运，头一个看上她的人虽然不像她那般单纯，却也不是算计人的人。那个人叫作安秀实。安秀实一见宋引章就觉得她悦目赏心，随口就吟出李延年当着汉武帝的面夸他妹妹的诗：

北方有佳人，

绝世而独立。

一顾倾人城，

再顾倾人国。

宁不知倾城与倾国？

佳人难再得！

宋引章一听心花怒放，这么赞美她的安秀实还是第一个人。不过，这个单纯的人，还玩了一把不单纯，故意娇嗔地说："不好，这是夸别人的。"

安秀实外秀内实，外秀是他的容颜不错，内实是装着一肚子学识。他明白宋引章是要他为她作诗唱曲，这难不住他。略一沉思，他说：

"我要是吟出个曲，你可得给咱唱。"

唱曲是宋引章的拿手戏，她自然不推辞。她一答应，安秀实就吟：

"风尘艳娃，堪题堪咏，堪羡堪夸。朱唇檀口些娘大，脸衬桃花。"①

刚吟到这儿，宋引章脸已绯红，被他夸得心里热乎乎，要不怎么说她单纯呢！安秀实看看她绯红的脸蛋，欣喜地往下吟诵："理冰弦纤纤银甲，步香尘窄窄刀麻。天生下，温柔典雅，端的玉无瑕。"②

吟完，说："该你唱啦！"

宋引章不好推却，只说："我唱是唱，这个短，你还得再来一曲。"

说毕，忘情地放开喉咙。宋引章唱得不错，可是，在大都青楼里唱得好的女子多的是，却怎么安秀实听来这声音，不光大都，甚至天下都是第一。俗话说，情人眼里出西施。不用说西施的声音肯定最销魂，莫说宋引章还要他吟诗，为了听她那美妙的声音，也得再吟一首。稍一沉思，便吟："手腕儿白似鹅翅，指头儿嫩似葱枝，开口唱一曲水晶质。

① 元曲，无名氏《中吕·满庭芳》。

② 同上。

音儿甜甜如蜜，余音绕梁不辞，把一个安秀实险醉死。"①

唱，唱，哪能不唱。唱完了再吟，吟出来再唱。先是站着唱，再是坐着唱，到后来干脆躺着唱。躺着唱，那就不是一个人唱，而是两个人二重唱。唱呀唱，唱得春眠不觉晓，处处闻啼鸟。宋引章就这么和安秀实好得难分难舍。好成一个人了，才发现安秀实啥都好，可惜没有银钱。没有银钱，那就再也进不了青楼的门槛，那他们就不能再唱，再好，这是多大的遗憾。宋引章不想要遗憾，就把自个儿的私房钱做了安秀实的入门钱，要不怎么说她单纯呢！

若不是另一个人的出现，宋引章肯定会嫁给安秀实。偏巧这个人就出现了，在关汉卿的笔下他叫周舍，我们不妨就以周舍相称。周舍和安秀实相比，比人样，不错；比嘴巴，会说；比举止，乖巧。从外面看，样样不弱于安秀实。可就是有一条不能比，他是个风流浪荡的纨绔子弟，人品差。不是差，而是太差，很差。然而，画人画虎难画骨，知人知面不知心。周舍是个没有心肝的东西，偏偏这东西肉眼就是看不见。能够看见的是周舍长得好，且倜傥风流；能够听见的是周舍说得好，且巧舌如簧。安秀实会给宋引章做事写曲，这难不倒周舍。别看周舍不会写，却会偷，随便装进耳朵里花里胡哨的词语，往出一倒，接人的颔水当油卖，在宋引章看来还是香油。要不怎么说，流氓不可怕，就怕流氓有文化。

而且，周舍有个长处那可是安秀实打肿脸也无法比的：有钱，家有万贯啊！安秀实要给宋引章赎身，还需要她慢慢等待，在火坑里慢慢煎熬漫长的时光。周舍就不需等待，说赎马上就能赎，就能跟着他从良，欢欢喜喜地回家过日子。这是何等的好事！这好事不是天上掉馅饼，胜似天上掉馅饼。天上掉馅饼，不捡白不捡，白捡谁不捡？不管别人捡不捡，宋引章决心要捡，还怕自己弯腰迟了别人给抢跑。宋引章铁了心要嫁给周舍，要不怎么说她单纯呢！

---

① 借用无名氏元曲《中吕·红绣鞋》，将其中贾长沙改为安秀实。

宋引章单纯，有人不单纯。谁？顺时秀。顺时秀比宋引章年长，阅历深，会看人，一眼看上了实诚可靠的安秀实，一眼看透了油嘴滑舌的周舍。看见姐妹与安秀实相好，她高兴；看见姐妹与安秀实分手，她焦急；看见姐妹被周舍糊弄得晕头转向，她焦虑。她不能望洋兴叹，她不能隔岸观火，她不能眼睁着自家的姐妹往火坑里跳。顺时秀赶紧前来劝阻宋引章。

顺时秀问宋引章："妹子，你为甚么就要嫁他？"

宋引章答："则为他知重您妹子，因此要嫁他。"

顺时秀问："他怎么知重你？"

宋引章又答："一年四季，夏天我好的一觉响睡，他替你妹子打着扇；冬天替你妹子温的铺盖儿暖了，着你妹子歇息。但你妹子那里人情去，穿的那一套衣服，戴的那一副头面，替你妹子提领系、整钗环。只为他这等知重你妹子，因此上一心要嫁他。"

周舍夏天替她摇扇子，冬夜给她暖被子，这事实诚厚道的安秀实肯定不会干。何况还给她提领衣服、整理钗环，这些琐屑小事，安秀实更不会干。可就是这些小事，已遮掩了她的眼，迷糊了她的心。一叶障目不见泰山，心有迷惑难辨真假啊！

顺时秀几乎想笑这单纯的眼看就要受骗的姐妹，她嗔怪地说："你原来为这般啊！"开口却耐心地规劝：

> 我听的说就里，你原来为这的，引得我忍不住笑微微。你道是暑月间扇子扇着你睡，冬月间着炭火煨，烘炙着绵衣。
>
> 吃饭处把匙头挑了筋共皮；出门去提领系整衣袂，戴插头面整梳篦：衡一味是虚脾，女娘每不省越着迷。
>
> 你道这子弟道求食，娶到他家里，多无半载相弃掷，又不敢把他禁还，着拳椎脚踢，打得你哭啼啼。
>
> 恁时节船到江心补漏迟，烦恼怨他谁？事要前思免劳后

悔。我也劝你不得，有朝一日，准备着搭救你块望夫石。[①]

　　最后，顺时秀推心置腹地警告宋引章："妹子，久以后你受苦呵，休来告我。"

　　这些劝告加警告，可说是忠言逆耳，良药苦口，但确实能医病，利于行。孰料，人入迷途，心有魔障，劝了耳朵劝不了心。顺时秀的苦口婆心，只得到宋引章的一句："我便有那该死的罪，我也不来央告你。"

　　顺时秀一番好心被宋引章当成驴肝肺，好不伤情。伤情又如何？伤情拦不住飞奔的时光，落花流水春去也。

　　去就去吧，是福不是祸，是祸躲不过。顺时秀已把好话赖话都说到，宋引章有福有祸也和她没关系。偏偏善良人就是善良人，宋引章一封书信就让顺时秀跑出大都没命地飞奔。

---

① 关汉卿剧本《赵盼儿风月救风尘》第一折。

第三折

斗虾蟆

少年时代在乡下小镇看蒲剧演出的情形，至今记忆犹新。那戏名是《燕燕》，台上的燕燕看见突然过来的飞蛾，直向明灯飞去，唱道："蓦然看见飞蛾扑明灯，我说是飞蛾，飞蛾，避火为吉，近火为凶。"可飞蛾不听劝解，仍然往前扑，于是，燕燕连忙挑灯救飞蛾。

这是五十年前的事情，后来才知道那戏是改编的关汉卿剧本《诈妮子调风月》。我猛然想起那往事，是顺时秀的侠义行为引发的。我觉得顺时秀就是在救扑火的飞蛾。

这一日，顺时秀收到一封书信，顿时心如刀绞。信是宋引章来的，她写道：

引章拜上姐姐并奶奶：自别之后，果应其言。当初不信好人之言，果有恓惶事。进他门来，打我五十杀威棒。如今朝打暮骂。你来得早，还得见我；来得迟呵，不能勾见我面了。只此拜上。①

　　果如赵盼儿所言，周舍将宋引章娶回家里，凶相毕露，再也没有了往日扇扇子、暖被子、提领系、整衣袂、戴插头的温柔。有的是娶来的媳妇买来的马，任咱骑来任咱打。一进门就是五十下杀威棒，往后说得不中听，打；做得不如心，打；睡得不对点，打。打，打，打来打去，还不把自家的姐妹给打死啦！

　　顺时秀心疼，"那厮每日家不住手，无情的棍棒丢，浑身上鲜血流，逐朝家如暴囚。"

　　顺时秀抱怨，当初好话歪言劝说你，你咋就秋风过耳，油盐不进。还强辩"我嫁了一个张郎家妇、李郎家妻，立个妇名，我做鬼也风流！"如今，还敢说做鬼也风流？做鬼也发愁啊！

　　抱怨归抱怨，顺时秀却决心要救宋引章。如何救？俗话说，舍不得孩子套不住狼，而今只能是舍不得身子套不住狼。顺时秀盘算，"那厮爱女娘的心，见的便似驴共狗，卖弄他玲珑剔透"。抓住他的这个软肋，"我到那里，三言两句，肯写休书，万事俱休；若是不肯写休书，我将他掐一掐，拈一拈，搂一搂，抱一抱，着那厮通身酥，遍体麻"。若还不行，那就只有将他"鼻凹儿抹上一块砂糖，着那厮舔又舔不着，吃又吃不着，赚得那厮写了休书"再说。

　　打定主意，顺时秀风风火火直奔郑州。这一去山一程水一程，路途遥远，坎坷丛生且不说。人常言，好汉打不出村。你顺时秀再有本事，到了人家地面，强龙压不住地头蛇，救不出宋引章也罢，别把自个儿也送进虎狼窝。大都的才人无不为顺时秀捏一把汗，关汉卿也不例外。

　　才人为顺时秀提心吊胆并不过分，那周舍不是好斗的。那顺时秀该如何斗？我们往下看。

---

① 关汉卿剧作《赵盼儿风月救风尘》第二折。

那周舍认出来到他面前的是顺时秀，立即生怒："当初破亲也是你来！小二，关了店门，则打这贱人。"

先前，周舍曾让顺时秀给他保媒娶宋引章，顺时秀不保这媒，还一个劲儿劝宋引章嫁给安秀实。见周舍生怒，她慌忙说："你休要打我。俺将着锦绣衣服，一房一卧来嫁你，你倒打我？"

周舍一怔，不知天上怎会掉下煮熟的野鸭子。就听顺时秀又说："周舍你坐下，听我说。你在大都时，人说你周舍名字，说得我耳满鼻满的，则是不曾见你。后得见你呵，害得我不茶不饭，只是思想着你。听得你娶了宋引章，教我如何不恼？周舍，我待嫁你，你却着我保亲！"

是啊，顺时秀要嫁给我，我却娶宋引章她咋能乐意保媒？周舍听出个中的滋味。他还没张口，就听顺时秀生气了，她说："我好意将着车辆、鞍马、奁房断送来，你划地将我打骂。小闲，拦回车儿，咱家去！"

这一下顺时秀心不再慌，慌的是周舍，他赶紧解释："早知姐姐来嫁我，我怎肯打你？"

顺时秀缓口气说："你真个不知道？你既不知，你休出店门，只守着我坐下。"

周舍色迷迷看着顺时秀得意地说："坐就坐，休说一两日，就是一两年，您儿也坐的。"

听听，周舍的嘴多会说，竟把堂堂的男儿说成是"您儿"。

稳住周舍的心，顺时秀害怕他不信，精心导演的另一幕戏上演了。这时宋引章急匆匆闯进来，冲着周舍就吵闹：

"周舍两三日不家去，我寻到这店门首。我试看咱，原来是顺时秀和周舍坐哩！"

转脸，指着顺时秀骂道："兀那老弟子不识羞，直赶到这里来！周舍，你再不要回家，要是回来，我拿一把刀子，你拿一把刀子，咱们戳个死活！"

周舍哪会想到宋引章能闯进来，忙乱间动手动脚将她赶走。回头再看顺时秀气红了脸："周舍，你好道儿！你这里坐着，点的你媳妇来骂我这一场。我这就回去！"

周舍赶忙央求："好奶奶，请坐！我不知道她来；我若知道她来，我就该死。"

顺时秀问："真不是你指使她来的？"

周舍答："不是。"

顺时秀松口气说："那好。你要是舍掉宋引章，我就嫁给你。"

周舍脱口就说："我这就回家休了她。"

事情到此似乎已经成功，可是还有麻烦，要不怎说那周舍也不是好斗的。周舍心想，且慢着，那个妇人早被我打怕了，若给了她休书，一道烟就跑了。若是这婆娘变卦不嫁我，那不弄得尖担两头脱？身到门口又返回来，说："我把媳妇休掉，你要不嫁我，我就苦了。我不休。"

顺时秀不慌不忙地说："周舍那我给你赌个咒，你若休了媳妇，我不嫁你呵，让塘子里的马把我踏死，死也不落个囫囵尸首。"

这一赌咒，周舍心血沸腾，激动不已，高声叫店小二，快拿酒。

顺时秀说："不用，我带着酒。"

周舍要店小二买羊，顺时秀告他，羊也带着。周舍高兴得忘乎所以，到哪里去找这么可心如意的女子？太好啦，转身就要去买红礼。顺时秀将他拦住，说："也不用买，我箱子里有一对大红罗。"

周舍说："咋能让你破费？"

顺时秀笑着告诉他，还说啥你的我的，你的便是我的，我的就是你的。

这么通情达理，这么善解人意，周舍不昏头晕脑才算怪哩！接下来的事情就不那么棘手了，顺时秀只是等待，等待宋引章拿到休书，等待她赶来一块儿回大都。然而，等待也不轻松，她在客栈无异于煎熬。就在煎熬里，顺时秀解救了宋引章。

宋引章终于拿到休书，冲出了人间地狱。

顺时秀在舞台外面上演了一出激动人心的戏剧。

上小楼

顺时秀领着宋引章回到大都，轰动了烟花青楼，倡优才人。众人都把她视为侠肝义胆的巾帼英杰。

玉京书会和元贞书会的才人们不约而同前来看望顺时秀，热情地为她作诗唱曲。梁进之感动地夸说："巾帼不让须眉，顺时秀真是女中豪杰。"

杨显之也夸："古人说，为朋友两肋插刀，我看顺时秀就是这样的英杰。"

王实甫说："好，就是两肋插刀。过去我们写莺莺，写亚仙，只看到女子温柔痴情的一面，忽略了她们阳刚义气的一面。"

马致远也说："对，不是两肋插刀，胜似两肋插刀。"

关汉卿插进话来："是胜过两肋插刀。两肋插刀是血溅眼前，这顺时秀是以柔克刚。"

王和卿顺水推舟，也不忘逗趣："好，以柔克刚好！还是汉卿兄能深入女子的身心。"

众人大笑。笑过赋诗唱曲，很久才散。

关汉卿回到家里夜已很深，一直等待他的夫人白凤鸾正要张嘴问他，为何这么晚才回来，就听他说："赶快笔墨伺候，哈哈！"

白凤鸾说："该睡啦！"

"知道，憋不住，要赶紧写，迟了会散气，写不出劲儿。"关汉卿笑着说。

白凤鸾不再说啥，很快给他预备好笔墨。关汉卿拿起笔毫不犹豫地写下《女校尉》：

换步挪踪，趋前退后，侧脚傍行，垂肩鳞袖。若说过论搭头，欹答板拨，入来的掩，出去的兜。子要论道儿着人，不要无拽样顺纽。

[紫花儿]打的个桶子欹特顺，暗足窝妆腰，不揪拐回头。不要那看的每侧面，子弟每凝眸。非是我胡诌，上下泛前后左右瞅，过从的圆就。三鲍敲失落，五花气从头。

[天净沙]平生肥马轻裘，何须锦带吴钩？百岁光阴转首，休闲生受，叹功名似水上浮沤。

[寨儿令]得自由，莫刚求。茶余饭饱邀故友，谢馆秦楼，散闷消愁，唯蹴踘最风流。演习得踢打温柔，施逞得解数滑熟。引脚蹉龙斩眼，担枪拐凤摇头。一左一右，折叠拐鹘胜游。

[尾]锦缠腕、叶底桃、鸳鸯叩，入脚面带黄河逆流。斗白打赛官场，三场儿尽皆有。

这是一曲《越调·斗鹌鹑》。关汉卿笔墨划过纸页，飞快地写着，白凤鸾心里有话，不敢出声，怕打断他的思路。他一撂笔，白凤鸾就问："我以为你要写啥，是写女校尉啊！这不是你看过好久了吗，为啥今儿个才写？"

关汉卿告诉她，自己一直想写，可就是找不见情绪。要是匆匆胡写，能画出她的形姿，难画出她的精神气质。说穿了，就是难有那股子气势。

白凤鸾微微摇头，不明白他的意思。关汉卿又给她解释，为文作曲最难得的是写出气势。文章要是气韵不通，即使词语再华丽，也难感动人。

见白凤鸾专注地听他讲，接着又说，有的曲也好，诗也好，看上去漂亮，却读之无味，原因就在于气韵不通，是磕磕绊绊改出来的。磕绊出来的文章像是给死人整容，整得再好也没有生气。说到这里，他自己肯定美滋滋地笑了。白凤鸾跟着他发笑，笑过又问："那你今儿个哪里来的气势？"

"借的。"

白凤鸾好奇地问："借谁的？"

"顺时秀的。"

白凤鸾还是摸不着头脑，关汉卿将顺时秀的侠义大举和盘托出。可惜，白凤鸾没有听明白，反而更糊涂。是啊，这顺时秀和女校尉有啥关系？

"这你就不清楚了。"关汉卿耐心地说，"顺时秀的义举和女校尉的举止，在精神上都是一样的气势，刚柔相济，神韵一致。"

白凤鸾还是似懂非懂，她说："没想到写东西有这么深的道道。"

次日，关汉卿重返丽春院，带着昨夜乘兴写就的《女校尉》，对顺时秀说："这是借你的风韵写成的，送给你吧！"

顺时秀接过纸卷拿在手中，眼睛不在纸页，却直直盯着关汉卿。两双眼光搅和在一起，关汉卿看着，看着，顺时秀眼里涌出泪水。泪水滴落下来，她怕打湿纸面，将之贴在胸襟。关汉卿还真没有这么留意过顺时秀。她没有珠帘秀起眼，个头矮些，身肢瘦些，唱曲也没有人家洪亮。头一次为珠帘秀诊病，他就有些眼热心跳。可见过顺时秀多回了，他也没有眼热心跳的感觉。然而，此刻他才真正察觉到这个女子身上非凡的魅力。疾风知劲草，路遥见马力，正是。他正不知该说啥为好，就听顺时秀轻轻一揉眼眶，说：

"你咋就不懂我的心思！"

关汉卿咋能懂得顺时秀的心思？顺时秀从来没有贴近关汉卿的意思，却暗恋他多时了。她知道他心里只有珠帘秀，珠帘秀处处高人一筹，她自愧弗如，也就不和人家去争风头。可是，她一刻也放不下他。他待人热忱，他说话干练，他写戏精到，都让她有种说不出的感觉，而这感觉在任何人身上也没有过。她不止一次梦见和他吟诗唱曲，醒来时却孤枕清冷。她不是没有接近他的勇气，也不是没有接近他的手段，但是，她不愿意用。她需要的是人间真情，那不是靠勇气和手段能得到的。古人云，平生得一知己足矣。顺时秀急切而又耐心等待着知己到来的时机。

顺时秀说着话，泪水溢出眼眶，真是有情芍药含春泪，关汉卿禁不住伸手给她抹去，说："感谢你，不借助你的神韵，我写不出这套曲。"

顺时秀抬头瞅他一眼，娇羞地钻进他的怀里。关汉卿不由自主地一把将她抱紧，两颗心跳在了一起。

时光静静的，窗外的几声燕语没有滋扰清静，反而平添了屋里的寂静。过了好一会儿，顺时秀才把眼光游移到纸面，读着，读着她如痴如醉，"锦缠腕、叶底桃、鸳鸯叩，入脚面带黄河逆流。斗白打赛官场，三场儿尽皆有。"他咋就有这么大的能耐，一个蹴鞠竟能蕴藏进无数的世事风情？扭头，又贪贪看他一眼，恨不能将他装进自个儿的眼中。不知何处来的胆量，她脱口而出："我想请你给我写个戏。"

关汉卿蓦然挺直："唔，写个戏？"

"对，写个戏。"

"好啊！"关汉卿眼里飞扬起亮色，心里却在盘算我咋就没有这么想呢？顺时秀智救宋引章这事，现成就是一出戏啊，太好了！

顺时秀见关汉卿答应她，兴奋地说："你就在这儿吃，在这儿住，在这儿写。"

"好啊，谁说青楼戏不能再写！"

顺时秀再看关汉卿，他的目光不瞅自己，不看屋内，不知游移到了何处天地。好一会儿，他都那么旁若无人地痴迷着，直到顺时秀拉他坐下。

醉春风

若不是关汉卿在身边写戏，顺时秀还真不知道他的精细。一连数日，关汉卿都没急着伏案操笔，而是独步闲阁。更多的时候，是和顺时秀一块儿拉话。顺时秀说着，他听着；顺时秀给他添水续茶，他品着。这还不够，还唤来宋引章一起叙谈。问及青楼生涯的苦衷，她俩泪挂眼帘；问及待嫁的心思，她俩惶惑着目光；问及狎客的情态，她俩痛苦不堪。关汉卿陪着她们流泪，眼睛湿了干，干了湿。要不是顺时秀一句话，他们不知道还有笑颜。

沉闷，太沉闷，顺时秀见宋引章抓起茶壶倒水，抹一把眼泪说："不哭了，哭也不治事，一壶香茶全流了泪，何苦呢！"

三人全笑了。

笑过，关汉卿要她俩歇息，自己拿起笔趁热写开曲子。

没多时，他把顺时秀和宋引章叫来，将墨迹未干的曲子念给她俩听。关汉卿先念的是《倘秀才》：

县君的则是县君，妓人的则是妓人。怕不扭捏着身子蓦入他门；怎禁他使数的到支分，背地里暗忍。

再念的是《滚绣球》：

那好人家将粉扑儿浅淡匀，哪里像咱干茨腊手抢着粉；好人家将那篦梳儿慢慢地铺鬓，哪里像咱解了那襟胸带，下颏上勒一道深痕。好人家知个远近，觑个向顺，那些个好人家风韵；哪里像咱们，恰便似空房锁定个猢狲，有那千般不实乔躯老，有万种虚嚣歹议论，断不了风尘。

曲刚念完，宋引章就饮泣不止。顺时秀说，是这样，你把我们的苦衷全倒出来啦！关汉卿说，下面这曲《油葫芦》是嫁人的心情，你们听听是不是这般：

姻缘簿全凭我共你？谁不待拣个聪俊的？他每天都拣来

拣去转一回。待嫁一个老实的，又怕尽世儿难相配；待嫁一个
聪俊的，又怕半路里轻抛弃。遮莫向狗溺处藏，遮莫向牛屎里
堆，忽地便吃了一个合扑地，那时节睁着眼怨他谁！

她俩争着说，是啊，就是这般。关汉卿说别急，还有曲《商调集贤
宾》，是说急于攀高结贵的心情，也看看准不准：

咱收心待嫁人早引起那话头，听的道谁揭债谁买休。他每
待强巴劫深宅大院，便待折揲了舞榭歌楼。一个个眼张狂似漏
了网的游鱼，一个个嘴卢都似跌了弹的斑鸠。御园中可不道是
栽路柳，好人家怎容这等倡优。他便初时间有些志诚，临老也
没来由。

顺时秀不管宋引章咋想，接嘴就说："写得准，就是这样子。"
宋引章叹口气说："豌豆心，来回滚啊！唉，滚来滚去还是滚偏了，
滚栽了！"
关汉卿又读出一首《元和令》，说明狎客和丈夫的不同：

做丈夫的便做不得子弟，他终不解其意；那做子弟的他影
儿里会虚脾。那做丈夫的，忒老实。

"当初姐姐就是这么劝我的，可惜没听，真后悔。"宋引章怅叹
着说。
随后关汉卿又让两人说说周舍。宋引章和顺时秀你一言，她一语，
唠叨半天。关汉卿听明白了，这人既聪明，又狠毒。在他看来就是这聪
明和富贵害了周舍。不富贵惯不出坏毛病，人一坏聪明就不是聪明，就
沦为狡诈。狡诈的人和聪明的人有着天壤之别。差别在于聪明人想自
己，也想别人。狡诈的人只想自己，不想别人。世人都想聪明，可这聪

明弄不好就是狡诈，害人又害己啊！那怎么才能将这种人的面目活画出来呢？关汉卿不再说话，连连踱步，转过数圈，打算用几个出场白点透周舍的阴暗心理和糜烂生活。第一折是：

"酒肉场中三十载，花星整照二十年。一生不识柴米价，只少花钱共酒钱。"

后头还有一折是："万事分已定，浮生空自忙。无非花共酒，恼乱我心肠。"

他将这出场白说出，顺时秀、宋引章两人都说像，像是周舍这赖皮的心思和行径。只不过往日他藏掖着看不见，你把他藏在皮肉里的脓囊给活撕开啦！顺时秀、宋引章都敬慕地瞅着关汉卿说，你咋把这厮的心思拿捏得这么准？关汉卿嘿嘿笑着说，还不是你们告诉我的啊！

叙说完，顺时秀问关汉卿，这下该动笔写了吧？关汉卿告说，还不行，还要把情节梳理一下。安排不好，吸引不住人。她俩告辞退出。走到门口，顺时秀忽然想起个情节，反身回来告给关汉卿。那个周舍贼精贼精，写过休书，赶走宋引章，就来追我。我早和宋引章离开客栈，走出好远。那厮知道上了当，赶上来没有纠缠我，拉住宋引章就呵斥："贱人，哪里去！你是我的老婆，如何逃走？"

引章说："周舍，不是你休了我，赶我走？"

那厮眨眼就是点子，马上说："休书上该是五个指头印，你那是四个指头的，嘿嘿，不算数。"

引章实诚，展开就看。周舍伸手夺过，塞在嘴里嚼了个碎。然后，淫笑着说："谁说我写休书啦？来我看。"

引章气得手指直抖，话也说不清："你，你，发赖……"

关汉卿听到这儿禁不住犯急："快说，这可咋办？"

顺时秀微微一笑，不慌不忙地说："休书咋能让那厮毁掉，我早抄写了一份，那厮嚼掉的是假的。"

"哈哈哈，狐狸再狡猾，斗不过好猎手。这情节太好了，我就照实写上。"关汉卿大笑着说，转脸又问，"你去郑州前到底是咋想的？"

顺时秀说:"我是泼上命啦!他周舍不是贪色吗,我就把这云鬟蝉鬓妆梳就,还再穿上些锦绣衣服,迷乱那厮的心。"

"莫不是——"关汉卿来句道白,唱着接下去,"珊瑚钩、芙蓉扣,扭捏的身子儿别样娇柔。"

顺时秀嘿嘿一笑,又说:"我对宋引章还有满肚子的怨气,让我这嫩生生的粉脸,搭救这个挺尸的,要不拼上命,哪里敢出手!"

"好,就是要有这股子劲。"关汉卿说着,在屋里转一圈,唱出一曲《双雁儿》:

> 我着这粉脸儿搭救你女春牛。割舍了一不做二不休,拼了
> 个由他咒也波咒。不是我说大口,怎出得我这烟月手!

顺时秀记性真好,关汉卿唱过,她接嘴再唱一遍,毕竟是亲身经历的事情,浑身是情,唱得关汉卿热血沸腾,连声说:

"这戏肯定能写好!"

"这戏我肯定能演好!"话音未落,顺时秀接上。

二位都没有食言,关汉卿把情节安排得一波三折,扣人心弦,玉京书会的才人凡看过剧本的都夸写得好。顺时秀呢,再现往事,情感真切,人人都夸演得好。《赵盼儿风月救风尘》的演出,又是一次轰动。顺时秀领着宋引章回来,轰动的是青楼才人。这事搬上戏台,轰动的是整个大都。头一场演出,玉京书院的才人都来看,元贞书会有人闻知也赶来了。原以为还是出青楼戏,能写出啥新意?真没有想到关汉卿会将侠女顺时秀写进戏里。顺时秀演自己的事情,一招一式都很精到,一曲一调都含深情。不等散场,就有戏迷急切切张罗来五尺红绫。戏刚完,戏迷们跑上台去就将红绫挂在顺时秀的脖子上。急得顺时秀喊:"不,不要给我戴,要戴该给关大爷,是他的戏本写得好!"

就有人喊闹:"戴上,一块戴上!"

早有人把关汉卿推搡前来,一条红绫搭在他两的肩上,众多的戏迷

笑闹着喊好："好，写得好，演得好，一对好！"

喊好声经久不息。

看来这戏果真不错，每回都能找出漏洞的杨显之，散场后迟迟不走，激动地拉住关汉卿的手说："汉卿兄，你快成人精了，哪里来的这么多鬼点子？"

关汉卿说："哪有什么鬼点子，不就是照实写的吗？是顺时秀干得漂亮。"

"话不能这么说。"杨显之顺嘴白说出周舍的一段台词：

　　则见那轿子一晃一晃的，我向前打那抬轿的小厮，道："你这等欺人！"举起鞭子就打。问他道："你走便走，晃怎么？"那小厮道："不干我事，奶奶在里边不知做甚么？"我着鞭子挑起轿帘一看，则见他精赤条条地在里面打斤斗。来到家中，我说："你套一床被我盖。"我到房里，只见被子倒高似床。我便叫："那妇人在哪里？"则听的被子里答应道："周舍，我在被子里面哩。"我道："被子里面做甚么？"他道："我套棉被，把我翻在里头了。"我拿起棍来，恰待要打，他道："周舍，打我不打紧，休打了隔壁王婆婆。"我道："好也，把邻舍都翻在被里面！"①

杨显之白到此处，自己哈哈大笑，笑着问："这也是顺时秀干得好？"

关汉卿顺手指着王和卿说："这不是步和卿兄的后尘逗趣么！"

王和卿真不愧是逗趣的把式，指指嘴说道："你那是象牙，咱这嘴可吐不出来！"

笑，大笑，笑声连天。

---

① 关汉卿剧作《赵盼儿风月救风尘》第二折。

天净沙

时光一天天刷新，可就在它不经意的刷新间，刚刚还很新鲜的人和事一忽儿就成为过去。过去得久远了，往事变得扑朔迷离。后人要想感知往事全靠猜度，要想打开往事全靠虚拟。

关于关汉卿与珠帘秀的爱情，后人就虚拟出多种故事。最有影响的故事出自戏剧大家田汉先生笔下。一九五八年，在全国声势浩大的纪念世界文化名人关汉卿的声浪中，田汉先生推出戏剧《关汉卿》，关汉卿和珠帘秀的爱情故事也在其中应运而生。在那个特殊的政治背景下，两个人相爱得特别高尚。故事就从关汉卿把朱小兰无辜被处死的事情告诉珠帘秀开始吧。

> 关汉卿　你看，就这样残暴无耻地断送了一条高贵的生命，可他们还把自己说成是"民之父母"！（击桌。）
>
> 朱帘秀　（急扶住茶杯）干吗这样跟桌子过不去啊，我的关大爷？
>
> 关汉卿　你能不生气吗，四姐？你看这还成个世界吗？
>
> 朱帘秀　怎么能不气？我可是气够了，都麻木了。有的人简直把这看成理所当然的了。只有你，头发都有好些根白的了，可心还跟年轻人一样，碰上不公正的事，就气成这个样儿。人家敬重你，就为的你有这个好处，你知道吗？①

珠帘秀敬重关汉卿就因为他刚直不阿，有一颗赤子之心。话又说回来，物以类聚，人以群分，珠帘秀喜欢关汉卿是因为她和他心有灵犀

---

① 田汉话剧《关汉卿》第二场。

一点通。而这一点就是刚直不阿的赤子之心。缘于此，关汉卿写出剧本《窦娥冤》，珠帘秀成为第一个读者，看过后颇有感慨。

　　朱帘秀　　汉卿，你的勇气真不错啊。我随便说说，你认为天地不正，你就骂天骂地吧。你当真骂起来了："不分好歹何为地？错勘贤愚枉做天"，骂得真够劲儿啊！

　　关汉卿　　你再来看这末段，我改成这样了。

　　朱帘秀　　（接过来兴奋地朗诵）"你道是天公不可欺，人心不可怜，不知皇天也肯从人愿。做什么三年不见甘霖降？也只为东海曾经孝妇冤，于今轮到你山阳县。这都是官吏每无心正法，使百姓有口难言！"好一个"官吏每无心正法，使百姓有口难言！"你胆子还真不小。这戏演出去，台底下准不会太太平平的。百姓就会感谢我们替他们说话，官吏们被刺痛了的，短不了找我们麻烦。

　　关汉卿　　而且，麻烦还一定不会小。我可是拼着性命写的，四姐，你还敢演吗？

　　朱帘秀　　要不敢演那就不是我朱帘秀了。你拼着命写，我拼着命演。

　　关汉卿　　你不会反悔？

　　朱帘秀　　让我用一句屈原的词儿，"虽九死其犹无悔。"[1]

　　"虽九死其犹无悔"，珠帘秀借助屈原的话表明自个儿的决心，令关汉卿倍加感动。他紧紧握着她的手满含激情地说：四姐！

　　恰如他们所料，《窦娥冤》一演出立即引起民众的共鸣，好评如潮，却也刺激了某些官吏的神经。何总管奉命前来要关汉卿修改台词，可是一修改，磨平棱角，就会降低剧本的感染力。这该怎么办？还是走进田

---

[1]　田汉话剧《关汉卿》第五场。

汉先生的原作吧：

  王和卿 （暂时沉默之后）今天的戏演得真动人。官儿们中间也有感动的，王千户就是一个例子。可是越演得动人，心里有毛病的就越受不了。阿合马在朝势压群僚，多少人倒在他手里，怎么肯轻易放过咱们？幸而汉卿毕竟是当今名士，他们还不敢轻易动手。再加伯颜老太太又欢喜这个戏，接见了帘秀，不然，真不堪设想。汉卿很坚决是好的。可是于今戏不改就不能演，人家定了场子，不演也不成。生死祸福就看我们自己决定了。

  关汉卿 我已经决定了，宁可不演，断然不改。

  王和卿 可是刚说的，已经不能够不演啊。

  朱帘秀 （决心）那么，照样演，不改。

  王和卿 那怎么能瞒得过这些老奸巨猾？你没有听得郝祯"不改不演，要你们脑袋"吗？

  朱帘秀 （想了一下）这么办吧，和卿先生，请您设法让汉卿连夜离开大都。（对关汉卿）汉卿，你走吧。这里的事由我承担，你放心，我宁可不要这颗脑袋，也不让你的戏受一点损失。

  关汉卿 那怎么成，不要脑袋就都不要吧！（暗转）①

  看到此，真让人为之拍案叫绝，铁骨铮铮的汉子遇到了铁骨铮铮的女子，真是千载难逢的知音啊！可是，让人无不担忧，暴力强权有雷霆万钧之力，文人才女的脖颈再硬，也硬不过屠刀。再读下去，果然双双锒铛入狱。铁窗炼狱没能瓦解他们的意志，松懈他们的斗志，仍然是一个铁骨铮铮，一个是铮铮铁骨。看看他们在监狱相逢的情景：

---

① 田汉话剧《关汉卿》第六场。

关汉卿　四姐，真是对不起，为了我的著作，竟然把你连累到这个地步。

朱帘秀　什么话？我不是说过你敢写我就敢演吗？说这话的时候，我就打算有今天的。

关汉卿　可是哪知道这一天来得这么快。

朱帘秀　迟早反正一样。我从没有像这些日子这样活得有意思。我觉得我越来越跟大伙儿在一块了。不是吗？老百姓恨阿合马，我们也恨阿合马，而且敢于跟他们斗！王著替大伙儿除害，他死了，我们也站在王著这一边，跟坏人一直斗到死。窦娥不正是这样的女人吗，她至死也不向坏人低头。我欢喜这样的女人，我也愿像她一样地死去。瞧我还穿着窦娥的行头，跟窦娥一样的打扮，回头还要跟窦娥一样地倒下去。我一定也不会轻易倒下去的，汉卿，在倒下去以前我一定像窦娥一样地喊着，不，也许像王著一样地喊着："与万民除害呀！"你看行吗？我现在真不知道我是在过日子，还是在台上。我要像在台上一样，对着成千上万的看的人一点也不胆怯。说真的，你刚才告诉我我们快要死的消息，我心里还有点乱。这会儿好多了。我会像窦娥那样坚强的，你放心。

关汉卿　你也放心，四姐。我姓关，现在虽算是大都人，我原籍是蒲州解良，我会像我祖宗那样英雄地死去的。"玉可碎而不可改其白，竹可焚而不可毁其节"，这也正是我今天的心胸。

朱帘秀　咳，我最不能瞑目的是玉仙楼那天晚上，我托和卿设法让你连夜逃走，你怎么不走，反而第二天晚上来看戏呢？那样爱看戏吗？

关汉卿　我怎么能走？我怎么能让你一个人承担那样重的担子？

　　朱帘秀　我有什么？大不了一个唱杂剧的歌伎，怎么能比得你？你是一代作者，你替我们杂剧开了一条路，歌台舞榭没有你的戏，人家就不高兴。你正应该替大伙儿多写些好东西，多替"有口难言"的百姓们说话，多替负屈衔冤的女子申冤。可是，可是于今你跟我一样也这么完了，那怎么行？叫他们杀了我吧，千万把你给留下……（她哭了）

　　关汉卿　四姐，谢谢你的好心。我们的死不就是为了替百姓们说话吗？人家说血写的文字比墨写的贵重，也许，我们死了，我们的话说得更响亮。①

　　读到此，仅以铁骨铮铮形容他们明显有欠缺，至少也要增加上心心相印。他俩刚正至此，纯真至此，深爱至此，诚乃人间至正、人间至真、人间至爱啊！所幸他们未死，关汉卿获刑发配，珠帘秀也被放出。关汉卿流放这日走至卢沟桥，大都很多才人赶来相送，珠帘秀也来了。而且，她来了就没打算再回去，要跟着关汉卿去南方。最后大伙儿一起合唱：

　　　　　怨什么天南地北，
　　　　　愁什么月缺花飞？
　　　　　收拾起饯行杯，
　　　　　拭干了别离泪。
　　　　　祝你们同心并翅，
　　　　　飞向那江南风景媚。
　　　　　愿休忘！
　　　　　有间阎憔悴。②

---

①　田汉话剧《关汉卿》第八场。
②　田汉话剧《关汉卿》第十二场。

一腔正气，两颗真心，田汉先生用如椽之笔写下了一个特殊时代唱给关汉卿和珠帘秀的颂歌。那爱情是提纯了的爱情，是复壮了的爱情，是感人至深的爱情，却也让人觉得高不可攀，踮起脚跟，探头翘望，也难望其项背。

关汉卿、珠帘秀，你们到底如何相爱？

第四折

落梅风

　　走出田汉先生为关汉卿与珠帘秀勾画的爱情世界，我们再去追寻一下他俩的爱情步履。步履显然是比喻，尚能辨析那草蛇灰线般步履的是他们留下的散曲。前面杨显之说珠帘秀坠入卢挚的情网靠散曲，这里让珠帘秀离开卢挚也要靠散曲。

　　珠帘秀如何会坠入卢挚的情网？那"林下风姿，云外歌声。宝髻堆云，冰弦散雨，总是才情"的赞颂确实动心。痴情的女子哪个听到这么迷人的颂曲会无动于衷？自古以来哪一位纯情的女子不被公子哥的甜言蜜语所魅惑？这里绝不是贬低卢挚对珠帘秀的爱心，他是不是真情，我们无法判定，但是在关汉卿眼中，卢挚肯定不值得珠帘秀那般献身。是嫉妒？虽然关汉卿也是饱尝人间烟火的躯体，不要把他看得像神仙一般圣洁，但是，最好不要用这样的词语去贬低他的感觉。

　　珠帘秀陶醉于卢挚赠与她的温馨梦乡，那美妙的散曲，世上能有几人可得？她在独享一份自以为红尘唯一的温馨天地。关汉卿看到的天地却比她看到的更为缤纷瑰丽。卢挚赠珠帘秀不假，可他还《赠歌者蕙莲刘氏》。我们不妨借着关汉卿打开那秘密的时机，偷窥一下卢挚的情湖碧波：

> 问何人树蕙芳洲？便春满词林，香满歌楼。纨扇微风，罗裙纤月，作弄新秋。
> 好客呵风流太守，怎生般玉树维舟。樽酒迟留，醉墨乌丝，当得缠头。

"纨扇微风，罗裙纤月，作弄新秋"，仪态翩跹，惹人缠绵。于是就缠绵，缠绵到"樽酒迟留，醉墨乌丝，当得缠头"。卢挚如此缠绵蕙莲刘氏，珠帘秀当然无法独享十分温馨。

而且，不只是赠歌者蕙莲刘氏，卢挚还有写给阿娇杨氏的《朱履曲》。曲有几首，谨此窥斑知豹吧：

> 恰数点空林雨后，笑多情逸叟风流，俊语歌声互相酬。且不如携翠袖，撞烟楼，都是些醉乡中方外友。

卢挚访游至广教精舍，不羡僧家闲逸，却慕歌女仙姿；不羡俊语歌声互相酬，却要携翠袖，撞烟楼，何等风流！

而且，卢挚风流情怀里不仅装着歌者蕙莲刘氏，还有"香添索笑梅花韵，歌珠圆转翠眉颦"的伶妇杨氏娇娇；还有"红绡皱，眉黛愁，明艳信清秋"的无名歌伎……

那是一个情感缤纷瑰丽的时代，卢挚的情感缤纷瑰丽无可非议。当年唐明皇三千宠爱集一身，如今他一身集三千宠爱也不会受到谴责。微微惋惜的是，珠帘秀在卢挚那里拥有的不是一眼清泉，而是一杯剩水。不过，珠帘秀一个歌伎，一个上厅行首，或许能得到卢挚如此才华横溢、如此高官厚禄者的一杯情水，也很为荣幸。荣幸就会陶醉，陶醉就会忘乎所以，就会误将秋凉转暖，醉若春温宜人。

珠帘秀不识庐山真面目，只缘身在此山中。关汉卿身在此山外，应该识得真容颜。那他为何不一语点醒梦中人？肯定是关汉卿也把梦想寄予卢挚身上。他寄予的梦想是赎身，为珠帘秀赎身。无论是真爱，还是非爱，只要他能为珠帘秀赎身，那可是一件难得的好事。然而，梦想成真确实不是一件容易事。

这一天，多日未谋面的珠帘秀站在了关汉卿身边。那个台上典雅华美的"谢天香"，怎么会沦为一株苦丁草？问，流泪；不问，也流泪。流着泪掏出一纸，关汉卿一瞧，顿时怒火中烧，一曲《别珠帘秀》，竟是卢挚的笔迹：

才欢悦，早间别，痛煞煞好难割舍！画船儿载将春去也，空留下半江明月。

好难割舍，也已割舍，画船儿载将卢挚南行，赴江东道任廉访使去了。空留下的不是明月，而是残月，是残月笼罩下的珠帘秀那株苦丁草。一个有责任的男子此时该做什么？安慰和赎身，关汉卿不会例外。他深知安慰是当下的事情，赎身是需做的努力。不过，他说什么为好？贬低卢挚吗？珠帘秀会更难受；粉饰卢挚吗？关汉卿不愿做违心事。此时无声胜有声，关汉卿只送给一纸，珠帘秀那凄清冷泪，一忽儿变为激动的热泪。那是他珍藏已久的《赠珠帘秀》：

轻裁虾万须，巧织珠千串；金钩光错落，绣带舞蹁跹。似雾非烟，妆点就深闺院，不许那等闲人取次展。摇四壁翡翠浓阴，射万瓦琉璃色浅。

……

让珠帘秀摆脱情感波折，关汉卿不仅靠自个儿的温存，还借助众位才人的热情。打捞那时的散曲，可以窥见一个小小的聚会，关汉卿把书会才人请来为珠帘秀唱曲解闷。冯子振起立要唱，珠帘秀却把他拦住，示意自个儿先唱一曲，对诸位的关心略表谢意。她唱的是《醉西施》：

> 检点旧风流，近日来渐觉小蛮腰瘦。想当初万种恩情，到如今反做了一场僝僽。
>
> 害得我柳眉颦秋波水溜，泪滴春衫袖，似桃花带雨胭脂透。绿肥红瘦，正是愁时候。

冯子振站起说，满座同仁若春风，四姐何须再愁？说着开口唱道：

> 凭倚东风远映楼。流莺窥面燕低头。虾须瘦影纤纤织，龟背香纹细细浮。红雾敛，彩云收。海霞为带月为钩。夜来卷尽西山雨，不着人间半点愁。①

珠帘秀啊，你一出来红雾敛，彩云收，流莺窥面燕低头，为何再着人间半点愁？莫愁，莫愁！接着唱曲的是胡祗遹：

> 锦织江边翠竹，绒穿海上明珠。月淡时风清处，都隔断落红尘土。一片闲情任卷舒，挂尽朝云暮雨。②
>
> ……

最后压轴的无须说，是关汉卿的散曲大作。不是他唱的，是珠帘秀的弟子赛帘秀唱的。一曲接一曲，曲曲情真真，意切切，珠帘秀怎能不心热？这么多同仁关注着自己，关爱着自己，何为还要深陷情愁愁

---

① 冯子振赠珠帘秀《鹧鸪天》，见《青楼集》。
② 胡祗遹《沉醉东风·赠妓朱帘秀》，见《青楼集》。

更愁?

拨云见日,珠帘秀准会看见一弯垂挂长空的彩虹!

牧羊关

彩虹的出现是倏忽间的事,消失也不耗时,倏忽就飘然无影。珠帘秀不会日日陶醉在彩虹的美妙里。她苏醒过来面对现实,上舞台淋漓尽致地演绎,用自我的心性放射出生命的彩虹,是欢悦的;更多的时候则是"摧眉折腰事权贵,使我不得开心颜"。何况,这种事还不如李白干的那种事,是难以启齿的肌肤之事。珠帘秀不敢奢望突如其来的变故让她跳出深渊,关汉卿却为她跳出深渊急不可耐。

给珠帘秀赎身,成为关汉卿的头等大事。可以设想,他将书院的才人们召集起来,共同商议如何打通门路,帮助她走出困境。才人们个个热心,人人尽力,无不极尽能量奔走活动。结果并不理想,珠帘秀处境依旧。看看珠帘秀的处境,就明白这些才人的心情,别看哪个也身怀绝技,或写戏,或作曲,或演艺,各有绝招。可是,奔走权贵之门,求告他人,还真不符合他们的性情。

关汉卿不会抱怨任何人,因为他的奔走也是竹篮打水。

竹篮打水无法获得生活需要的物质,却使关汉卿明白了需要懂得的道理,低下的身份是他们打通关节的最大牢狱。往常他根本没将身份当回事儿,什么一官、二吏、三僧、四道、五医、六工、七猎、八娼、九儒、十丐,嘿嘿,那是宫廷官吏狗眼看人低!见他的鬼去吧,他关汉卿走到哪里都有人笑脸接,笑脸送。他不信,他这地位比娼妓低下,低下的仅胜于乞丐。可是,用才人的面目,以书会的名义,还真无法引起权贵的注意。

好在关汉卿还有一招,那就是他太医院的身份。不只是这身份,而且,他还治好不少病人,播种下无数人缘。靠着这些人缘,他能够轻而易举地跨进常人无法跨进的门槛。只是，跨进门槛并不等于事遂人愿。每一次走进去的信心，都被出来时的懊丧替代。连续的替代，使他悟得了症结所在。

症结在于珠帘秀的身份和名声。元代娼妓有官妓和私妓两种，《元史·刑法志》载："诸倡妓之家，辄买良人为倡，而有司不审，滥给公据，税务无凭，辄与印税，并严禁之，违者痛绳之。"可见，官妓必须向官府纳税，才能取得营业执照。但有些妓女为了逃避纳税而不隶乐籍，成为私妓，也叫作暗娼。民间也叫她们"私科子"，关汉卿还将这叫法写进《赵盼儿风月救风尘》。官妓则是编入乐籍的艺妓，由各级官府直接或间接管理。官妓的经营分为义务制和买卖制。义务制就是无条件到官府唱歌跳舞，唱就唱吧，跳就跳吧，最厌恶的是去官府无偿侍寝，这称为"应官身"。"应官身"必须随叫随到，若迟来，或表现不佳则要受罚。

珠帘秀是官妓，又是上厅行首，貌若天仙，才艺过人。关汉卿怎么钟爱她不说，情人眼里出西施，难有公允。跨越时段看，稍微靠后的夏庭芝在《青楼集》里说她："姿容姝丽，杂剧为当今独步，驾头、花旦、软末泥等，悉造其妙，名公文士颇推重之。"这应该不会夸张。这样名动大都的歌伎，"应官身"的任务如何繁重，可想而知。而且，要应的那官身绝非等闲人物。那么，要给她赎身就不是教坊司可以随意决定的，也不是主管教坊司的官员敢于拍板的。

这就让关汉卿碰一个钉子，再碰一个钉子。

碰过多次钉子的关汉卿突然想起顺时秀。顺时秀今非昔比，《赵盼儿风月救风尘》使她一举成名天下知。红得几乎可以和珠帘秀比翼双飞，她们像是大都两朵娇艳的牡丹花。花艳自有采花人，翰林院学士王元鼎迷上这朵华贵雍容的牡丹花，迷得《青楼集》都有了记载。他给顺时秀赠诗一首，巧妙地把她的名字嵌入其中：

郭外寻芳景物新，

顺溪流水碧粼粼；

时时啼莺催人去，

秀领花开别是春。

有次顺时秀偶染小疾，关汉卿诊过病未开草药，让她吃马肠食疗。然而，跑遍大都均未找到。王元鼎闻知，立即命人将自己心爱的坐骑杀掉，取出马肠供顺时秀烹食。这事不胫而走，传遍大街小巷，传进阿鲁温的耳朵。

阿鲁温可不是个平常人，他是蒙古权贵，担任着参知政事。他十分欣赏顺时秀，可想而知顺时秀去他那里应官身不是一次两次了。顺时秀和王元鼎的艳情飞进阿鲁温的耳朵，他肯定不怎么美气。和王元鼎相比，他位尊权重，哪能把一个小小的翰林学士放在眼里？可是，这小子怎能就那么深得女子的芳心？再招顺时秀入府侍候，他不无醋意地问：

"你觉得我比元鼎怎么样？"

这真是个非常难以回答的问题。在当时，一般蒙古人都高人一等，何况参政这样的高级官员？回答不好就会自找苦果吃，那就口是心非地奉迎讨好吧！然而，顺时秀不是口是心非的小人，要是这样她肯定不会挺身救风尘了。那该如何回答？这问题还真没能难住顺时秀，她说：

"参政身处政界高位，是朝廷要员；元鼎为大学士，属于文人才子的行列。若是辅助皇上管理百姓，学士肯定不及参政；而嘲风咏月、惜玉怜香，参政就不及学士。"

聪明的顺时秀，把阿鲁温堵得无话可说，还让他自得其所，无火可发。阿鲁温一笑作罢。

这事能流传后世，关汉卿不会不知道。知道这事，就知道顺时秀和阿鲁温的非常关系。为了解脱心爱的珠帘秀，关汉卿不会不求助于这位走红的新星。即使成为新星，顺时秀也不会忘记关汉卿的栽培之恩，更别说还是为她仰慕的珠帘秀说情。

顺时秀肯定答应了关汉卿的请求；

顺时秀肯定去实施自己的承诺。

　　结果如何？阿鲁温可以像王元鼎那样给顺时秀杀马疗疾，却无法满足她的恳求。因为，在朝中还有比他玩得大的，他只能遗憾地说不。

　　此刻，关汉卿不是黔驴技穷，就是无头苍蝇。

　　哪怕是无头苍蝇，关汉卿也要再撞，再碰。他撞开教坊司的门，无疑碰了一鼻子灰。他碰的对象是谁？是我们前面提到的薛文辅，还是田汉先生笔下的叶和甫，我们无法弄清，隐隐约约清楚的是，这一次碰出了他一肚子火气。对方用什么话激怒他的，我们无法弄清，隐隐约约觉得有一句话是肯定的：以你精湛的医术好好诊病多好，何苦再在烟花行当里混日月！

　　这无疑是对关汉卿的当头一棒！任何没有泯灭人性的人都会替关汉卿难过，绝不会为这一棒喝彩。可是，远离那个年头，当我们为《南吕·一枝花·不伏老》喝彩时，极有可能激活关汉卿忿情的就是那一棒。关汉卿冲着那一棒气恼地奋笔疾书："攀出墙朵朵花，折临路枝枝柳。花攀红蕊嫩，柳折翠条柔，浪子风流……"他长出一口气，仍难解胸中郁闷，接着写："我是个普天下郎君领袖，盖世界浪子班头。愿朱颜不改常依旧，花中消遣，酒内忘忧……"此时，不再憋屈，却还难痛快。干脆彻底改换面目，以恶制恶，用玩世不恭张扬自我的严苛，抗击时势的歹毒，他又写下"我是个蒸不烂煮不熟捶不扁炒不爆响当当一粒铜豌豆"，若不是"阎王亲自唤，神鬼自来勾，三魂归地府，七魄丧冥幽"，他还要向烟花路儿上走，走到底，不回头！

　　我们姑且不论关汉卿还朝不朝烟花路儿上走，急于搞清的是他还为不为珠帘秀奔走。事实是关汉卿即使再要奔走，珠帘秀也不让他奔走了，看着他一次次碰壁，她心疼啊！

　　心疼关汉卿的珠帘秀该当如何办？

　　资料里无法找到任何情节，却留下了明确结果。珠帘秀嫁给了道士洪丹谷。不用说，她赎身了。若不赎身，她就走不出烟花行院。

　　资料里还可以看到，珠帘秀晚年的一幕，弥留之际，她对丈夫洪丹谷说：

"夫妾，歌儿也。卿能集曲调于妾未死时，使预闻之，虽死无憾矣。"

洪丹谷遂作歌一首：

> 二十年前我共伊，
> 只因彼此太痴迷。
> 忽然四大相离后，
> 你是何人我是谁？[①]

珠帘秀听罢，微微一笑，瞑目而卒。

珠帘秀晚景如何，不是这里关注的话题。我们关注的是，洪丹谷道士如何能为珠帘秀赎身？并走到一起？

从最后的歌声可以听出，洪丹谷不是能和珠帘秀唱曲对诗的有情伴侣。缺乏相同的志趣，相守相依未必是好夫妻。那珠帘秀为何会投进他的怀抱？

解答可以多种多样，但是，我更乐意接受这样一种现实：珠帘秀再也不愿折腾关汉卿，让他为自己赎身奔走碰壁，碰壁奔走。为此，她断然宣布：谁能为我赎身，我就嫁给谁。

于是，洪道士独占花魁。

关汉卿当作何感？

一代才俊不要痛心，你看在统治者设定的人之地位里，道士明明白白排在第四位，即使你医术高明，也只能屈尊第五位。

一个悲哀的时代，必然造就悲哀的浩叹。好在关汉卿那一声不伏老的悲叹，穿越时空，至今响彻人寰。

---

① 见《南村辍耕录·卷十五》。

剔银灯

聆听关汉卿在《不伏老》里那惊诧人寰的誓言，看来他是非把烟花路走到底不可。不过，通读他的作品，随着他演绎的思想回归那个年代，就会蓦然醒悟，哪里是关汉卿在说心里话？哪里是他的什么誓言？是他在赌气，是在倾倒憋在胸腔的苦闷，是用一种自甘堕落的面孔哀鸣对堕落的无奈！若不是这样，他为何会写下《杜蕊娘智赏金线池》这样的剧本？

这样的剧作自然不是无源之水，那源头活水在何处？就是关汉卿那激烈跌宕的心波。悉心体察这心波，不会与这样的情节无关。

大都流行开一首《蟾宫曲·青楼十咏》，是朝廷命官徐琰写的。此人曾任职太常寺，后出为陕西行省郎中，继而奉召回朝被拜为学士承旨。学士承旨写出这曲子，令关汉卿未免吃惊；这曲子的流行，更让关汉卿吃惊。按说关汉卿出入烟花青楼对此应该司空见惯，不足为奇。可是，初听到还是有小巫见大巫之感。是什么青楼咏叹会令关汉卿这样的盖世界浪子班头，这样一粒蒸不烂、煮不熟、捶不扁、炒不爆响当当的铜豌豆，也有所触动？看来有必要听听此曲。

徐琰《蟾宫曲·青楼十咏》，足足十曲：一初见、二小酌、三沐浴、四纳凉、五临床、六并枕、七交欢、八言盟、九晓起、十叙别。从初见，到叙别，中间还有床上戏，这曲调活活唱出一个狎妓的全过程。先看《一初见》：

> 会娇娥罗绮丛中，两意相投，一笑情通。傍柳随花，偎香倚玉，弄月抟风。堪描画喜孜孜鸾凤妒宠，没褒弹立亭亭花月争锋。娇滴滴鸭绿鸳红，颤巍巍雨迹云踪。夙世上未了姻缘，今生则邂逅相逢。

虽是初见，却一见钟情，不过人家不说世人说烂了的一见钟情，而是以"两意相投，一笑情通"来了个别开生面。一对可心人大有相见恨晚的感觉，却幸喜"夙世上未了姻缘，今生则邂逅相逢"。喜相逢也没有急于求成，而是"琼杯满酌，艳曲低讴"，"拼醉花前，多少风流"；而是"酒初醒褪却残妆"，"浣冰肌初试兰汤"；而是"纳新凉纨扇轻摇"，"夜将深暑气潜消"；而是"并香肩素手相携，行入兰房"，"困倚屏帏，慢解罗衣"。当然，即使狎妓床第之欢是必不可少的，且看《六并枕》：

> 殢人娇兰麝生香，风月弥漫，云雨相将。绣幕低低，银屏曲曲，凤枕双双。赛阆苑和鸣凤凰，比瑶池交颈鸳鸯。月射纱窗，灯灭银釭。才子佳人，同赴高唐。

这还不是《青楼十咏》的高潮，高潮在于《七交欢》：

> 向珊瑚枕上交欢，握雨携云，倒凤颠鸾。簌簌心惊，阴阴春透，隐隐肩攒。柳腰摆东风款款，樱唇喷香雾漫漫。凤翥龙蟠，巧弄娇抟。恩爱无休，受用千般。

"握雨携云，倒凤颠鸾"活化实景；"凤翥龙蟠，巧弄娇抟"抒写真情。同枕同衾，同生同死，同坐同行，琴瑟瑟鸾凤和鸣，情依依难分难舍。难分也得分，难舍也得舍，因而又有缠绵到晓起，无奈地叙别：

九　晓起

> 恨无端报晓何忙？唤却金乌，飞上扶桑。正好欢娱，不防分散，渐觉凄凉。好良宵添数刻争甚短长？喜时节闰一更差甚阴阳？惊却鸳鸯，拆散鸾凰。尤恋香衾，懒下牙床。

十 叙别

惠青楼兴却阑珊，仆整行装，马鞴雕鞍。叹聚会难亲，想恩爱怎舍，奈心意相关。是则是难留恋休掩泪眼，去则去好将惜善保台颜。便休道凤只鸾单，枕冷衾寒。他日来时，不似今番。

卿卿我我，缠缠绵绵，若春山葱茏，似春花红盛，恰另得东君一种春。难怪一人唱罢百人和，娼妓唱，才人唱，小吏唱，高官也唱，市井勾栏，处处十咏唱青楼。你唱他也唱，唱得关汉卿惴惴不安。他想起了杭州，杭州青楼的景象复现眼前。

关汉卿对杭州的印象，是无妓不店，无店不妓。这似乎不无夸大，可是也不是没有来由。要不马可·波罗为何写道：杭州"艺妓之多，使我吃惊。她们衣服华丽，粉香扑鼻。艺妓馆设备豪华，并有许多女仆侍候她们"。沈和甫曾带关汉卿前往青楼，一路走来当街就有不少拉客的妓女，本地人叫作"打野呵"，这是妓女里档次最低的。稍高一点的多在瓦舍，歌馆、酒肆也有，连茶坊也不例外。他们在春风楼坐定，就有三十岁上下的一个徐娘半老提着几样小菜进来。这是"浚漕"，酒店附近的良家妇女，多是以小菜增添花色，也有被客人相中卖身的。正吃小菜，似是风吹门帘，两个歌女轻盈入门。一人吹箫，一人唱曲，这是"打酒座"的妓女，她们色艺俱卖。酒菜上齐，店家送来花牌，请他们挑选，无疑是让选择陪酒的艺妓，当然，她们既陪酒，也陪宿。娼妓如此之多，出乎关汉卿的预料。更为令他吃惊的是这里娼侩众多，他们专门趁穷家遇难，放给高利贷，换回美貌女子，卖给妓院。无数良家女子，就这么被迫沦落风尘，调笑卖身。

关汉卿的惴惴不安，就是那时潜隐进心中的。他为那些良家女子悲叹还在其次，锥心的是那些高档的青楼都是达官贵人寻欢作乐的场所。就是这深深刺痛了关汉卿的心。狎妓何为不是奢靡？奢靡何会不损其志？一个奢靡的人怎么还会想到天下他人？一个奢靡的官吏怎么还会顾及天下大事？"御食饱清茶漱口，锦衣穿翠袖梳头。有几个省部交，朝廷友。樽席上玉盏金瓯，封却公男伯子侯，也强如不识字烟波钓叟。"①天下熙熙都为利来，天下攘攘都为利去，谁还甘愿清正为民？谁还甘愿守土卫国？难怪偌大宋朝不堪一击，亡国遗恨，将万民推进灾难的深渊。曾经借助先祖关云长放声高歌"急切里倒不了俺汉家节"的关汉卿，还能唱出那激情满怀，也激荡他人的浩歌吗？

此时，关汉卿对盛行的娼妓业有了深沉的思考，对《青楼十咏》的流行也就另眼相看。曾经关汉卿恨不能披甲上阵，驱逐鞑虏，收拾旧山河。而今，他不再有那样的愿望，若是还对骏马铁蹄践踏出的皇权仍旧耿耿于怀，他绝不会面对杭州"普天下锦绣乡，寰海内风流地"，高唱"大元朝新附国，亡宋家旧华夷"。一个"大元朝"标示出他心灵的天平倾斜了。倾斜到了唯恐官吏奢靡，唯恐国土再生变乱的境界。亲眼目睹战火狼烟，生灵涂炭的关汉卿，最怕的是烽火干戈，尸横遍野。他要呵护的是万民同享的安居乐业，不必说对烟花青楼也渐渐心生疑义。

疑义是逻辑思考，仅依凭此建构不成血肉丰满的戏剧，更别说像《杜蕊娘智赏金线池》这样的经典剧本。促成关汉卿动笔，还应有生活的助产士。这个助产士该锁定谁？她不是珠帘秀，却应该在珠帘秀的身边。在珠帘秀演出《钱大尹智宠谢天香》时，和她同台表演的有一位旦角，扮演钱大尹的侍妾，只在第三折上场，台词不多，却极入戏。她科范简洁，招式到位，不抢风头，把个珠帘秀捧得微妙得体。她就是珠帘秀的弟子，后来被人们誉为赛帘秀。刻下，却还不是赛帘秀，还有待于她用美妙的演出征服大都观众。而她唱红的剧本，关汉卿正在孕育。换言之，她的经历极有可能就是关汉卿剧作《杜蕊娘智赏金线池》的助产士；关汉卿剧作《杜蕊娘智赏金线池》，极有可能就是这位旦角唱红，并成为赛帘秀的催化剂。

可惜，他们谁也不知道将在数百年以后要让人关注、探究，那时她走近关汉卿是要倾诉心里的苦闷，是期盼这位梨园领袖能够帮她排解

---

① 徐琰散曲《双调·沉醉东风》。

苦楚。自然，她如此信赖关汉卿还是得益于恩师珠帘秀的耳濡目染。不过，她走近关汉卿时绝不像师傅那般坦然，少不了有点拘束。她不是名角，很少受人宠爱，关汉卿这样的大名人会不会帮助她，她心里没底。但是，事情催逼着她，她只能硬着头皮贸然一试。哪想到关汉卿得知就把这事搁在心上，随她一起去见她那心硬的母亲。尽管后来她为此举深深歉疚，不该让关汉卿和她同去碰这个钉子。她要从良，不再混迹于烟花青楼，而且，已经有了意中人。几次和母亲摊牌，都没有得到准许，有病乱求医，便求到大名鼎鼎的关汉卿，巴望他的声望能够触动母亲。母亲若是稍稍宽恩，她就会跳出风尘，回归常人。关汉卿没端他那名人的架子，热切地随她来到家里。

关汉卿与赛帘秀（姑且这么相称）同去见她母亲的情景，不必再现了。这里只一笔带过，她那母亲没有给关汉卿好脸。为此，她愤然生怒，大声指责母亲。关汉卿不会想到要从这里获取创作的灵感和素材，但是，这一趟委屈的行走却被他嵌进千年不朽的纸卷。至今我们仍然可以听见那发自肺腑的呼声：

> ［金盏儿］你道是性儿淳，我道你意儿村，提起那人情来往俫装钝。（带云）有几个打踅客旅辈，丢下些刷牙掠头，问奶奶要盘缠家去。（唱）你可早耳朵闭眼睛昏；前门里统镘客，后门里一个使钱勤，揉开汪泪眼，打拍老精神。①

> ［油葫芦］炕头上主烧埋的显道神，没事哏，苘麻头斜皮脸老魔君。拿着一串数珠是吓子弟降魔印，抡着一条柱杖是打鸂鶒无情棍。②

只可惜钱迷心窍的母亲，眼里心窝除了钱，还是钱。女儿痛彻心扉

---

① 《杜蕊娘智赏金线池》第一折。
② 同上。

的责骂动摇不了她的金钱心肠，她竟说：

> 丫头，拿镊子来，镊了鬓边的白发，还着你觅钱哩！①

关汉卿震怒了，他的话打不动一个女人的心肠，却奢望打碎一个糜烂的行当，害人的罪孽。写作《杜蕊娘智赏金线池》的念头，腾跳而出。

挂玉钩

一场委屈闷气，幻化出一本戏文；
一个普通女子，幻化出一个刚烈娇娘。
关汉卿写下杜蕊娘，写下她心头的怨愤。让他的心声化作对烟花娼妓行业的控诉：

> 则俺这不义之门，那里有买卖营运，无资本，全凭着五个字迭办金银。可是那五个字？恶、劣、乖、毒、狠。②

五个字每撇每画都是匕首，都是投枪，都直刺娼妓卖身的罪恶。点破罪恶还远远不够，关汉卿要将那罪恶凌迟刀剐，令世人深恶痛绝。他让杜蕊娘继续痛斥：

> 无钱的可要亲近，则除是驴生戟角瓮生根。佛留下四百八门衣饭，俺占着七十二位凶神。才定脚谢馆接迎新子弟，转回头霸陵谁识旧将军。投奔我的都是那矜爷害娘，冻妻饿子，折

---

① 《杜蕊娘智赏金线池》第一折。
② 同上。

屋卖田，提瓦罐爻槌运。恶劣为本，板障为门。①

"矜爷害娘，冻妻饿子，折屋卖田，提瓦罐爻槌运"，这都是狎妓者
的下场！一语惊醒梦中人，但不知梦中人同不同情可怜的青楼烟花女。
关汉卿曾让赵盼儿伤情地悲叹："那好人家将粉扑儿浅淡匀，哪里像咱
干茨腊手抢着粉；好人家将那篦梳儿慢慢地铺鬓，哪里像咱解了那襟胸
带，下颏上勒一道深痕。好人家知个远近，觑个向顺，那些个好人家风
韵；哪里像咱们，恰便似空房锁定个猢狲，有那千般不实乔躯老，有万
种虚嚣歹议论，断不了风尘。"

如今，又让杜蕊娘杜鹃般啼血呼唤：

[醉扶归]有句话多多的苦告你老年尊，累累的嘱托近比
邻，"一片花飞减却春"，我如今不老也非为嫩，年纪小呵须是
有气分，年纪老无人问。②

"一片花飞减却春"，临到年老无人问。娼妓身，青春饭，悲惨的日
子，悲惨的命运！

写下去，将满腔的愤情，满腹的怒火，化作犀利的剑戟投掷出去。
关汉卿愤愤不平地写下去。

这样写下去是不是过于直露？我们看到的剧本不是这个样子。是繁
复的，是丰满的，装进里面的情节是可信的。这可信的情节哪里来？应
是一阵叩门声。

叩门进来的是个书生，关汉卿给他起个名字韩辅臣。他的真实名字
已无据可查，干脆就以此名相称。韩辅臣进门时哭丧着脸，他被那个心
硬的母亲赶出门不说，赛帘秀居然也对他不理不睬。他找上门去，看的
是冷脸，吃的是抢白。处在热恋中的痴情男儿，哪能承受这般意想不到

---

① 《杜蕊娘智赏金线池》第一折。
② 同上。

的打击。几日不见，形容枯槁，哪里还像关汉卿见过的英俊书生。一俟坐定，韩辅臣便倒出满肚苦水。关汉卿听过哪会无动于衷，撂下笔就跑去找赛帘秀。赛帘秀又气又恼，连声数叨韩辅臣喜新厌旧，见异思迁，害得她苦不堪言。她心中有多么痛苦？关汉卿将之写在剧本里面：

> 东洋海洗不尽脸上羞，西华山遮不了身边丑，大力鬼顿不开眉上锁，扬子江流不断腹中愁。闪的我有国难投，抵多少南浦伤离后。爱你个杀才没去就，明知道雨歇云收，还指望他天长地久。①

满肚子冤屈滔滔汩汩倾泻而出，仍然难解赛帘秀的郁愤，她对韩辅臣充满怨恨。你问她恨有多深？爱有多深恨就有多深。她的怨恨喷涌而出：

> 这厮懒散了虽离我眼底，忔憎着又在心头。出门来信步闲行走，闲瞻远岫，近俯清流；行行厮趁，步步相逐，知他在那搭儿里续上绸缪？知他是怎生来结做冤仇？俏哥哥不争你先和他暮雨朝云，劣奶奶则有分吃他那闲茶浪酒，小姐也，几时得脱离了舞榭歌楼？不是我出乖弄丑，从良弃贱，我命里有终须有，命里无枉生受。扑地掀天无了休，着甚么来由？②

若不是关汉卿赶来，赛帘秀还不知要怨恨到何时；
若不是关汉卿赶来，韩辅臣还不知要痛苦到何时。

关汉卿了解到韩辅臣的情状，无疑对赛帘秀的行为充满好奇。奇怪地问她如何知道韩辅臣负心忘义？赛帘秀答是母亲说的。母亲说的，关汉卿恍然大悟，敢情是这老虔婆有意棒打鸳鸯。这个精明的婆娘，简直

---

① 关汉卿剧作《杜蕊娘智赏金线池》第二折。
② 同上

精明到奸猾的地步。可怜一对纯真的晚生，哪里能斗过这老奸巨猾的虔婆。他直率地说：上当了，你们都上了当！然后，直言不讳地挑明真相。

赛帘秀的怨恨消除了；

韩辅臣的痛苦消散了。

两个有情人和好如初，关汉卿方又坐在窗前伏案走笔。他的笔不再飞流直泻，而是蛇曲跌宕，留下纠结人心的波折。还原波折的魅力，我们不妨借助同代人的眼光。石君宝看过演出激动地对王和卿说："汉卿兄简直是神来之笔啊，你看又写活了一个人物。杜蕊娘和哪个女子也不一样。谢天香聪明稳沉，赵盼儿机警果敢，宋引章单纯天真，杜蕊娘性情刚烈，可也带着天真，怎么能斗过她那一肚子世故的老娘？"

"说得好！汉卿就是出手不凡，我辈望尘莫及，望尘莫及。"关汉卿如何能让王和卿这样的高手也甘拜下风？

请看看赛帘秀误解了韩辅臣，两人见面后尴尬的场景。

韩辅臣来了，剧中的杜蕊娘不予理睬，可心里很不好受。"不见他思量些旧，到有些意儿相投。我见了他扑邓邓火上浇油，便恰似勾搭住鱼鳃，箭穿了雁口。"

韩辅臣没趣地说道："那旧性不改，还弹唱哩！"

杜蕊娘唱：你怪我依旧拈音乐，则许你交错劝觥筹？你不肯冷落了杯中物，我怎肯冷落了弦上手？

这不是有意打嘴仗，是有意给韩辅臣难看。他哀告道：姐姐，我半月不曾来家，姐姐你休打么。杜蕊娘不答话，只管数落韩辅臣：

[三煞]有耨处散诞松宽着耨，有偷处宽行大步偷，强似你一番家把机泄露，逼得你弹着睡、烧着香，却不管舒着手，说那瞒心的谎、昧心的咒。你那手，怎掩旁人是非口？说得困须休。

[尾煞]高如我三板儿的人物也出不得手，强如我十倍儿的声名道着处有；寻些虚脾，使些机勾，用些工夫，再去趁逐。

你与我高揎起春衫酒淹袖，舒你那攀蟾折桂的指头，请先生别
挽一枝章台路旁柳。①

欣赏过这真切的情景，需要对后来的事情做简要的交代。其实，无
须赘言，按戏剧情节演进，杜蕊娘和韩辅臣和好了。

按事实逻辑推进，赛帘秀声情并茂的演出，把关汉卿写成的剧本唱
活了，把自己唱红了，要不怎么会有"赛帘秀"的美誉呢！

需要赘言的是，倘不是中间调停和解二人的关系，关汉卿哪来的这
活生生的素材？道德良知主导着关汉卿的行为，驱使他将别人的事当成
自己的事，不畏艰难，扑下身子去办。就在这办事的过程里，大量鲜活
的材料纷纷涌来，关汉卿取之不尽，用之不竭。

问渠哪得清如许，为有源头活水来。

岁月的流水波浪翻滚，承载着关汉卿久有的思考百回千转，翻转出
醒目的浪花，激荡出灵魂的呐喊。那呐喊声洞穿数百年，仍然回旋在我
们的耳边，唱响着充斥人间的大爱、普爱。关汉卿用他的一身热血播撒
大爱，用他的满腔激情播撒普爱。他的情不是拘于一人，他的爱不是限
于一身，而是普天下的弱者、贫者、苦者，当然也包括那些沦落风尘的
青楼娼妓。

关汉卿的笔，饱蘸世风抒写自己的浓情！

关汉卿的戏，满含浓情高唱百姓的心声！

---

① 关汉卿剧作《杜蕊娘智赏金线池》第二折。

魂系苍生感天地

楔子

戏剧巨匠！

戏剧泰斗！

戏剧宗师！

站在当代观赏，关汉卿身上戴着无数的光环。若是由此认为关汉卿活着时出人头地，风光体面，那不是进入误区，就是仅看到局部的表象。真正读懂他的杂剧、散曲，就会明白关汉卿是在灵魂的痛苦中煎熬挣扎。人生理想和现实生活的巨大落差，使之如高山坠石，常有跌入沟壑无人救助的无奈。他一生都在自救，都在试图疗治自己心灵的创伤。然而，他的创伤真正是举杯消愁愁更愁，抽刀断水水更流，永远疗治不完。

不过，坚强的关汉卿一时也没有停下他心灵救赎的脚步。他在救赎自己，也在救赎社会。救赎贯穿了他的整个人生。解析救赎的过程，我们可以把他的人生划分为两个阶段，即单纯人生和繁复人生。

单纯人生也可以说是理想人生，或是梦想人生。这主要是少年时期和青年时期。那时，他烂漫若豆蔻，喷薄似朝日，一心只读圣贤书，唯求金榜题名时。"幼习儒业，颇看诗书"，这裴度的心声，未必不是他心灵的真实写照；"几时得否极生泰？看别人青云独步立瑶阶，摆三千珠履，列十二金钗，我不能勾丹凤楼前春中选，伴着这蒺藜沙上野花开。则我这运不至，我也则索宁心儿耐。久淹在桑枢瓮牖，几时能勾画阁楼台？"① 这裴度的渴望，未必不是他理想的真实写照。

如果金代社会像一条江河，不舍昼夜缓缓流向前方，那么，迟早有一天关汉卿可能会皇榜高中，步入官场，用手中权力指使下属，纵横世事。中国的史料上或许会增添一个有些名气的官宦，但是，文化的星空绝对不会再有关汉卿这么璀璨的明星。似乎历史不愿让文化的长空寂寥，因而，便使金代的河水干涸断流！

不幸猝然而至！

血沃中原，白骨横陈，历史跌宕，改朝换代，金国成为往事，科举骤然中断。回眸前尘往事，任谁也无法将这段历史说成是幸运，可是客观地评析，这确实是关汉卿的幸运。他的幸运就在于不幸，他极力想扭转这不幸，因而发出惊天动地的长叹："我到那里：一刃刀，两刃剑，齐排雁翅；三股叉，四楞铜，耀日争光；五方旗，六沉枪，遮天映日；七稍弓，八楞棒，打碎天灵；九股索，红绵套，漫头便起；十分战，十分杀，显耀高强。俺这里雄兵浩浩渡长江，汉阳两岸列刀枪。水军不怕江心浪，旱军岂惧铁衣郎！"② 如此陈布浩浩雄兵仅仅为威慑东吴，久占荆州吗？那远去的历史早就不必再做牵挂，令关汉卿牵挂的是何日收复汉家河山。只要"急切里倒不了俺汉家节"，科举就有望，入仕就有望，青云独步就有望。

这是热血沸腾的呼吁！

这是激情澎湃的呐喊！

可是，再读下去，关汉卿的呼吁变腔了，呐喊变调了。我们在《钱大尹智宠谢天香》《杜蕊娘智赏金线池》里看到的是烟花青楼女子的悲

---

① 关汉卿剧作《山神庙裴度还带》第一折。
② 关汉卿剧作《关大王单刀会》第三折。

苦命运;我们在《邓夫人苦痛哭存孝》《尉迟恭单鞭夺槊》里看到的是豪杰英才的冤屈痛楚;我们在《望江亭中秋切脍》《包待制智斩鲁斋郎》里看到的是对贪官污吏的智斗惩罚。更别说《感天动地窦娥冤》,那简直是一声震惊人寰的晴天霹雳!

单纯的关汉卿复杂了,他的人生步入了繁复阶段。

繁复的关汉卿升华了,他笔底的文章不再囹圄于民族的故园,而是大化出人性的风采。

那么,关汉卿是在何处升华的?是在何处繁复的?

是在汴梁城金国土崩瓦解的时候吗?

是在貌似强大的南宋顷刻崩溃的时候吗?

是在蒙古军立国元朝渐趋稳定的时候吗?

就让我们紧随他戏剧中流露的思想轨迹做一次精神寻访。

第一折

朝天子

关汉卿的科举入仕情结，虽然不能说是与生俱来，却也可以说是幼年就已扎下深根。

遗憾的是，关汉卿生不逢时，他没有堂而皇之参加科考的机遇，也就不会有鲤鱼跃龙门的风光体面。不能通过科举脱下布衣换紫袍，是他终生无法排遣的隐痛。

不过，眺望关汉卿的人生历程，也不是一次科考的机遇都没有。戊戌选试应该是唯一的机会，却不知怎么他会错过。

公元一二三四年，太宗窝阔台灭掉金国，大兵挺进南宋之前，中书令耶律楚材向他奏告，"以儒治国，以佛治心"，并认为"制器者必用良工，守成者必用儒臣"，要求优待、选择、任用汉儒。要选拔汉儒进入宫廷治世，就必须像汉人那样实行科举，"请用儒术选士"。这奏章得到窝阔台认可，他"下诏始命断事官术忽觫与山西东路课税所长官刘中，历诸路考试。以论和经义、辞赋分为三科，作三日程，专治一科，能兼者听，但以不失文义为中选"。对于中选者，次年朝廷进行正式考试，"得士凡四千三十人"，其中"东平杨奂等若干人，皆一时名士"，中选者被任命为本籍议事官。由于这一年为戊戌年，史称这次科考为"戊戌选试"。

研究历史的专家学者认为，这次科举考试，与传统的科举考试有很大差距。相比宋金时期的做法，"戊戌选试"只有一次路试而无会试。选取的儒生质量不算太高，"以不失文义为中选"，这比宋金时期的科举考试的门槛低很多。尽管如此，也是汉人儒生通往仕途的珍贵机遇。何况即使被俘者也可得到赦免，参与选试，以此改变身份地位。然而，实在弄不明白的是，关汉卿为什么会与这次考试擦肩而过？

从关汉卿的阅历看，此时他应该流落在伍仁村。伍仁村不算偏僻，朝廷选拔人才不可能闭塞到毫无所知。错过这次机遇的原因很可能是，刚刚逃出战火烟云的关汉卿惊魂未定，对当局满腔愤恨，怎么能甘为犬儒，穿着紫衣摇尾乞怜？因而决计不去！

这决计不去，肯定有向往支持着他，他未必不是怀念南宋。他知道，蒙古军不可谓不强大，不凶悍，可是要凭借自己的实力灭掉金国还是不行。所以，在同金国最后的决战阶段，还需要借助南宋军队增援。南北夹击，两路进攻，才使金国结束了苟延残喘。这未必不让关汉卿暗暗窃喜，窃喜南宋还有实力。若是他们能鼓劲挺进，北定中原，那不仅可以告慰在天国痴望"王师北定中原日"的陆游，也能够给他和众多儒士出头之日。或许，就是如此，他打定不去考试的主意。岂知南宋没能让他的窃喜变为现实，还是败在蒙古军手里。而大获全胜统一中国的元代皇帝，对儒士，对关汉卿这样的文人说不屑一顾是好听，说不无歧视才更真实。史书记载，元代再次举办科考，要等到延祐年间。

皇庆二年农历十月，即公元一三一三年，仁宗要求中书省议行科举。皇庆二年农历十一月十八日，即公元一三一三年十二月六日，元仁宗下诏恢复科举。延祐元年农历八月二十日，即公元一三一四年，全国举行乡试，一共录取三百人。延祐二年农历二月三，即公元一三一五年，乡试合格者在大都举行会试取中选者一百人；农历三月七日一百名会试中选者在大都皇宫举行殿试（廷试），最终录取护都答儿、张起岩等五十六人为进士。

此次科举仿照唐朝、宋朝的旧制，尊崇朱熹学说，不无正规。汉族士人至此重新获得正常的晋升途径，这自然不乏重要意义，历史上称之"延祐复科"。可悲的是，此时离蒙元灭亡宋朝，已有三十六年，而距离金朝灭亡更是长达八十一年之久。最为可悲的不是别人，是关汉卿。他即使是百岁寿星，也已风烛残年，无缘拄着双拐进入考场。

关汉卿的科举情结注定了他的悲剧命运。

他在悲剧中挣扎，挣扎出了他的戏剧。他的戏剧也就无法摆脱科举情结。

关汉卿现存的剧本有十八部，涉及文人仕进的有六部，占到三分之一。

在《钱大尹智宠谢天香》里，他让"万般皆下品，唯有读书高"唱响舞台。还让谢天香看中柳永"拿起笔作文词，衠才调无瑕疵"，"敬重"他，"你那钓鳌八韵赋，待你那折桂五言诗，敬你那十年辛苦志，重你那一举状元时"。在《山神庙裴度还带》里，他将自己对科考成名的愿望抒发得痛快淋漓：

> 姨娘：想你父母身亡之后，你不成半器，不肯寻些买卖营生做，你每日则是读书。我想来：你那读书的穷酸饿醋有甚么好处？几时能勾发迹也！
>
> 裴度：姨娘不知，圣人云："富家不用买良田，书中自有千钟粟。"小生我虽居贫贱，我身贫志不贫。
>
> ……
>
> 姨娘：你空有满腹文章。你则不如俺做经商的受用。你这等气高样大，不肯来俺家里来；你便勤勤地来呵，我也不赶你

去也。

裴度唱：则我这穷命薄如纸，您侯门深似海，空着我十年守定青灯捱！我若是半生还不彻黄虀债，我稳情取一身跳出红尘外。

员外：看你这般穷嘴脸，知他是几时能勾发迹！

裴度唱：你休笑这孤寒裴度困闾阎，（带云）则不但小生受窘，（唱）尚兀自绝粮孔圣居陈蔡。

员外：大嫂，你听他，但开口则是攀今揽古。

姨娘：裴度，你学你姨夫做些买卖。你无本钱，我与你些本钱，寻些利钱使，可不气概？不强似你读书，有甚么好处！

裴度唱：你教我休读书，做买卖；你着我去酸寒，可便有些气概。你正是那得道夸经纪，我正是成人不自在。

姨娘：你穷则穷，则是胸次高傲。

裴度唱：我胸次卷江淮，志已在青霄云外。叹穷途年少客，一时间命运乖！有一日显威风出浅埃，起云雷变气色。①

"显威风出浅埃，起云雷变气色"，这气魄就够大了，但还是难以尽显关汉卿的雄心壮志。他又借裴度之口宣称：

稳情取禹门三级登鳌背，振天关平地声雷。看堂堂图相麒麟内，有一日列鼎而食，衣锦而回。那期间青霄独步上天梯，看姓名亚等呼先辈；攀龙鳞，附凤翼，显五陵豪气，吐万丈虹霓。②

虽是我十年窗下无人比，稳情取一举成名天下知……我既文齐福不齐，脱白襕，换紫衣，列虞侯，摆公吏，那威严，那

---

① 关汉卿剧作《山神庙裴度还带》第一折。
② 同上。

英气，那精神，那雄势，腆着胸脯，拈着髭髯！宝雕鞍侧坐，镔铁镫斜挑，翠藤鞭款袅，缕金辔轻摇，笑吟吟喜春风骤、马娇嘶。列紫衫银带，摆绣帽宫花，簇朱幢皂盖，拥黄钺白旄，那期间酬心愿，遂功名，还故里。[①]

听听这气魄，青春气盛的关汉卿不攀登龙庭朝见天子才算怪哩！而要想登龙庭朝见天子，科举考试才是他的上天梯。

节节高

至今我无法准确判定关汉卿《状元堂陈母教子》写于什么时候，但肯定地说，是写在风华正茂的岁月。那里蓄纳的情感，字字句句都是对科举入仕的向往和渴求。金榜题名不行，还要独占鳌头，非当状元郎不可。科举早已深入他的脏腑，随着血液的流通，在全身激荡。

戴着这样的有色眼镜瞭望，关汉卿的《状元堂陈母教子》极有可能写在由平阳去汴梁的途中。之前，时局混乱，百姓苦不堪言，呼唤英雄，拯救苍生，是他的心声。之后，金国灭亡，即便他存有南宋北征、收复河山的热望，也只能是内心深处的企盼，难有令他冲动的写作欲望。唯有前往汴梁才是最佳的时段，唯有途经陵川才是最佳写作机缘。

关汉卿从平阳出发，直往东南方去，越走人家越少，渐渐进入太行腹地。往常人少的地方便有些冷落，而今刀戈纷争的多是烟火旺盛的城镇。相比较而言，这里山清水秀，酷似世外桃源。即使大山深处的小城，也损毁不大，仍是先前的安闲模样。这日，关汉卿走进陵川县城。县城不大，没啥起眼的，可是关汉卿竟在此地停下脚步。招引关汉卿目光的是一座大宅院，门额上的大字是：乐天园。这偏远小县为何会有这

---

① 关汉卿剧作《山神庙裴度还带》第二折。

么好的大宅院？一打听，关汉卿好不惊喜，这家前数年出过三个状元。小时候，他不止一次地听母亲说过，宋朝时南充陈家出了三个状元。每次说到陈家的荣耀，母亲都要笑眯眯地瞅定他说，咱家能不能出个状元，就看你了！每次听过母亲艳美的夸赞，关汉卿便充满了向往。状元的种子，就这么早早播植他的心田。真没想到自己会走进陵川，这里一门也考中过三个状元。

停下脚步，关汉卿已走进乐天园。接待他的是老管家，见他是个书生不无热情。问起状元堂的详情，老管家眉飞色舞地抖搂个一清二楚。大哥武明甫，三十四岁时中辞赋科状元。初时授任翰林应奉文字，后任翰林侍讲学士、官谏议大夫右正言、户部尚书。二哥武天佑也是辞赋科状元。曾授任翰林应奉文字，后升任经筵讲官。小弟武天和，考中的是经义科状元，也曾授任翰林应奉文字，后来当上尚书省令史。听听武家弟兄高中皇榜的光彩，看看博大的庭院，关汉卿眼光闪亮，放射出少见的辉泽。或许，老管家见他是温文尔雅的书生，问他前往何处。得知他要去汴梁，等待机会参加科考，满心欢喜，便安顿他在客舍歇息。

那肯定是个无眠之夜，处在极度兴奋中的关汉卿毫无睡意。一门三个状元，真真是光门耀祖。武家兄弟能做到，陈家兄弟能做到，他为何做不到？想想名播千秋的先祖关云长，他热血沸腾！此去汴梁只要开考，定要激扬文字，独占鳌头。他满心都是金榜题名，都是锦绣前程。陶醉于憧憬里的关汉卿心潮澎湃，蓦然就来了写个状元戏的灵感。

这灵感还来自于陈氏兄弟的故事。陈尧叟是老大，陈尧佐是老二，陈尧咨是小弟。北宋初年，他们相继考中。弟兄三人里，老二陈尧佐最聪明，父亲教哥哥读书，哥哥还没背会，他在一边听得已经背熟。因而，他考中状元比哥哥还早。弟兄三人里，小弟陈尧咨最有故事。关汉卿清楚地记得，他被欧阳修写进了《卖油翁》。陈尧咨喜欢武功，二十出头就练出一手好箭。一次在靶场上习射，箭箭都中靶心。围观的人们喝彩叫好，只有一个老头似乎并不在意，只略微点了点头。见老头这样，傲气正盛的陈尧咨很不高兴地问：

"你也会射箭？"

老头答不会。陈尧咨又问："那我的箭术不高吗？"

老头说："这没什么，只不过手熟而已。"

陈尧咨一下变了脸色，怒冲冲地说："你怎么敢轻视我的射箭技术！"

老头不慌不忙地说："看看我往葫芦里倒油，就知道箭术。"

老头是卖油的，他拿个葫芦放在地上，取出一枚小钱盖在葫芦口上。然后，用勺子从油篓中舀出油来，从钱孔中倒入葫芦，倒完一勺，钱孔滴油没沾。围观的人和陈尧咨都看得目瞪口呆，无不夸赞。老头却依然很平静地说："这也没什么，只不过手熟而已。"

卖油翁的话打消了陈尧咨的傲气，从此他习武练箭更为刻苦，成为武功超群的英杰，登上了武状元的金榜。

想想这些，一股又一股热浪波击着关汉卿的心胸，他禁不住要写个状元戏。次日，老管家闻知他的心思，比他还要兴奋，竟然劝他住下，把戏文写完再走。武门早有规矩，他们都靠诗文改换门庭，逢有书生过路都要接应。若是歇息读书，更应提供方便。连日赶路，关汉卿不无疲倦，停步歇息，自然再好不过。更令他欣喜的是，武家状元兄弟得知关汉卿写戏同样高兴，还召见他饮茶聊天。

身边风吹树摇，桥下微波轻荡，群鱼时而游来，画出一湖水花。三位避乱还乡的状元，鬓发皆白，却精神矍铄，谈吐有着少见的风雅。初见面，关汉卿无不拘谨，看见他们和蔼可亲，便贴近几分。他说过自己的意图，大哥一定问他为啥写戏？他肯定将自己写过戏的情形照实说来，还想知道他们如何能够都中状元。二哥、小弟都夸，是大哥开了个好头。

大哥说："哪里话，全凭自个儿努力。"

二哥说："我说的是真话，你一考中，我们都来了心劲。哈哈，不光自己下苦，每日还有母亲督促呢！"

小弟说："就是，二哥说得没错。你们两个考中后，母亲没有把我逼疯算是万幸。"

"对，咱们都沾了母亲的光，"大哥点头赞成，"她老人家不只是督促，还给我提神，只怕我信心不足。起头，我还真没心劲，总觉得咱这山高皇帝远的地方，哪能和状元有缘。母亲一遍又一遍地说，世上无难事，只怕有心人。"

"可不是，世上无难事，只怕有心人。母亲不知说了多少遍。"二哥附和。

"母亲给你们说好听的，世上无难事，只怕有心人。对我却说，你要是考不中，就不是武家的人。差一点就要动家法，打屁股。"小弟的话把两位哥哥逗笑了，关汉卿也跟着发笑。

笑过，关汉卿说："我那母亲也一样，只要在她跟前，一天能把好好读书念叨几遍。"

大哥严肃地说："若不是母亲管教，还真不知道自个儿是啥样子。"

二哥、小弟都说母亲管教得好。坐在碧波湖边的清风亭上，关汉卿顿时豁然开朗，有了题目《状元堂母亲教子》。后来改作《状元堂陈母教子》，那是笔下的母亲身上鲜活着关汉卿母亲的影子。边喝茶，边拉话，不觉然日影西斜，他们一起进餐，举杯饮酒。

天下乐

太行深处的夜晚，虫鸣唧唧，凉风习习，伏案走笔的关汉卿情韵盎然。

如果那时我在关汉卿身边，真会替他担心，担心他对科举考试的强烈的愿望，将剧本写成直白的呼喊，要是如此别说传世，就是行世演唱也很困难。

不必替古人担忧，关汉卿这样的大家不动笔则罢，一挥写就会妙笔生花。《状元堂陈母教子》的主题毫不单一，将大量的人生思考融入其中。而且，这些思考绝不是喧宾夺主，只是主干上生出的枝丫，丝毫不影响昂扬向上的主干，还旁添了盈目的绿色。

关汉卿不是主理天下的君王，却比君王还要胸襟博大，视际辽远。一落笔，他就请出了宋朝赫赫有名的寇莱公寇准。寇准亮相的四句诗话，道出多少人忙碌终生难以参透的世事哲理："白发刁搔两鬓侵，老来灰尽少年心。等闲赢得食天禄，但得身安抵万金。"而后即借他的口说：

> 方今圣人在位，八方无事，四海晏然。当今明主要大开学校，选用贤良，每三年开放一遭举场。今以圣主仁慈宽厚，一年开放一遭举场，天下秀士都来应举求官。今奉圣人的命，怕有那山间林下，隐迹埋名，怀才抱德，闭户读书不肯求进的，圣人着老夫五南路上采访贤士走一遭去。调和鼎鼐理阴阳，万里江山属大邦。天下文章齐仰贺，他都待赤心报国尽忠良。[①]

仅这一段话，就把观众引入一个缤纷繁丰的世界。

——"方今圣人在位，八方无事，四海晏然"，这不是天下万民对现实社会的渴求么？

——"今以圣主仁慈宽厚，一年开放一遭举场"，这不是关汉卿这样的儒士学人对前途的企盼么？

——"调和鼎鼐理阴阳，万里江山属大邦"，这不是对罢休干戈、国泰民安的祈求么？

这还仅仅是个开头，再看下去更是缤纷得五色皆呈，繁丰得厚重无垠。陈母一登台就宣称："老身严教，训子攻书。"正在盖一座状元堂，鼓励孩儿上进。这境界不低，要做到很难，难的不是缺乏良好的开端，而是坚持不到终点。关键在于中途诱惑太多，稍有左顾右盼，就会眼花

① 关汉卿剧作《状元堂陈母教子》楔子。

缭乱。一旦眼花缭乱，哪里还能矢志不渝地跑到终点？这不，状元堂正在动工修建，诱惑就砰然而出，"打墙处刨出一窨金银来"。这一窨金银管够陈家几代丰衣足食，荣华富贵。关汉卿一动笔就把这么大的诱惑摆在陈母面前，也摆在观众面前。陈母经得起这样的诱惑吗？经得起，她全然不为金银动心。她不动心，谁也不能动手。

陈母淡定地说：是真个打墙处掘出一窨金银来？休动着，就那里与我培埋了着。

大哥不解地问：母亲，这的是天赐与俺的钱财，可怎生培埋了哪？

陈母教导说：孩儿每也，你哪里知道！岂不闻邵尧夫教子伯温曰："遗子黄金满籝，不如教子一经。"依着我，就那里与我培埋了着。

不说三兄弟依着母亲的教诲，培埋了金银，仅那一句"遗子黄金满籝，不如教子一经"，就给世人树起一面明镜。即使当今，又有几人能抵御金钱的诱惑？这里没有声嘶力竭地喊叫"万般皆下品，唯有读书高"，却比直接喊叫更有震撼力。

这里已见繁丰，关汉卿还嫌单薄，又往里添加内容。陈母教子，既教他们苦读经书，求取功名，更教他们洁身自好，不贪不腐。一下就将剧本的价值提高到千古不朽的高度。小弟好不容易夺得头名状元，喜滋滋荣归故里，却受到母亲责罚。原因何在？我们看看下面的戏：

> 小弟：母亲，您孩儿往西产绵州过，那里父老送与我一段孩儿锦，将来与母亲做衣服穿。
>
> 陈母：大哥，将的去估价行里，看值多少钱钞？
>
> 大哥：估价值多少？母亲，价值千贯。
>
> 陈母：辱子！未曾为官，可早先受民财，躺着，须当痛决！
>
> 大哥：兄弟，为你受了孩儿锦，母亲着你躺着，要打你哩！
>
> 小弟：母亲要打我，番番不曾静扮。[1]

---

[1] 关汉卿剧作《状元堂陈母教子》第三折。

陈母手持家法，打得那小厮金鱼坠地。不为金钱所迷惑，不因位尊就贪婪，谆谆教诲，防微杜渐，天下若都是这样的母亲，世上哪里还有逆子贪官？

一台戏，容纳了千秋世情，万古哲理，繁复，厚重，令人沉迷陶醉，百看不厌。

如果那时我在关汉卿身边，真会替他担心，担心他对母亲的无比孝敬，会将剧本写成严肃的说教，要是如此别说打动观众，就是选择戏班也很困难。

不必替古人担忧，关汉卿这样的大家不动笔则罢，一挥写就会妙趣横生。

《状元堂陈母教子》有严肃的劝学，吐玉泄珠，掷地有声。

"学儒业，守灯窗，望一举，把名扬。袍袖惹桂花香，琼林实饮霞觞，亲夺的状元郎。威凛凛，志昂昂，则他那一身荣显可便万人知，抵多少五陵豪气三千丈！有一日腰金衣紫，孩儿每也，休忘了那琴剑书箱。"——是这样。

"则要你聚萤火，临书幌；积瑞雪，映寒窗。"——是这样。

"你频频地把旧书来温，款款将新诗讲，不要你夸谈主张。我说的言辞有些老昏忘。后园中花木芬芳，俺住兰堂，有魏紫姚黄。指着这一种名花做个比方：三哥不要你做第三名衬榜，休教我倚门儿专望。哎，儿也，则要俺那状元红开彻状元堂。"——是这样。

《状元堂陈母教子》有婉转的情节，起伏跌宕，曲径通幽。

之一：三弟自以为才高八斗，诗书过人，参加科考定会一举夺魁，孰料却得到个探花；

之二：门外喧闹，有报登科的人来。大哥、二哥皆中状元，小弟前去应试，陈母以为准是他皇榜高中，孰料状元竟是王拱辰；

之三：小弟终于考中本来是喜事，孰料因为受贿却吃了家法。

《状元堂陈母教子》有幽默的语言，添味增趣，笑不自禁。

先看一段小弟没有考中状元的自我解脱：

小弟：母亲，您孩儿虽然不得状元，亦不曾惹得街上人骂娘。

陈母：怎么骂我？

小弟：俺大哥头一年做了官，摆着头答街上过来，老的每道："这个是谁？""是陈妈妈家大的孩儿。""嗨！鸦窝里出凤凰。"

大哥：这个是好言语。

小弟：是么好言语！娘倒是墨老鸦，你倒是凤凰！第二年二哥也做了官，又骂的娘不好；摆着头答，街上人道："这个是谁？""是陈妈妈第二个孩儿。""嗨、嗨、嗨，粪堆上长出灵芝草。"

二哥：这个是好言语。

小弟：嗦声！娘倒是粪堆，你倒是灵芝草！您孩儿虽然做了探花郎，不曾连累着娘。我打街上过来，老的每道："这个是谁？""是陈妈妈的第三个孩儿。"众人道："嗨、嗨、嗨，好爷好娘养下这个傻弟子孩儿。"①

再看小弟没有考中状元，大哥如何用小弟临别的大话教训他：

大哥：呸！三兄弟你羞么？你去时节夸尽大言，回来则得个探花郎，甚是惶恐。你不说"掌上观纹"？

小弟：手上生疮不见了。

大哥："怀中取物"？

小弟：衣服破把来掉了。

大哥："碗里拿带把儿蒸饼"？

小弟：不知哪个馋弟子孩儿，偷了我的吃了。②

---

① 关汉卿剧作《状元堂陈母教子》第二折。

② 同上。

句句有变化，处处藏机趣，机智幽默尽在对话中。不要说还有艺妓的精彩表演，即使没人做戏，仅读戏文也看得常常捧腹大笑。笑关汉卿真是大师，数百年前的一个小小花絮，竟让我们如此开心，开心地读下去，并在阅读里得到新的领悟。

……

关汉卿写时是不是像我们读得这样开心，不得而知，能够知道的是，他肯定不是一字一句憋出来的，而是像山涧溪流，起伏回环，潺潺涓涓，欢快地跳跃前来。

如果这种猜度无误，那太行山中武家的乐天园真是名副其实啊！

折桂令

两耳不闻窗外事，一心只读圣贤书。尘世间还真不乏这样的书生。

是日艳阳如火，天蓝似染，真是晾晒麦子的好天气。妻子从屋里一趟一趟把新打下的麦子提出来，摊开在院子里。金灿灿的麦粒泛着光色迷人招眼，妻子看一看，再看一看，还真有点舍不得离开。可是，地里的农活很多，要点种菽豆，人误地一时，地误人一季，不得不走。摊晒好，她朝屋里喊："我下地去呀，你出来给咱看住麦。"

不见应声，妻子匆匆跑进屋去，把正在读书的丈夫拉出来，告诉他别让鸡鸭扰害了。丈夫点着头，眼珠还盯着手中的书，妻子抱个蒲团让他坐下。坐下要赶窜来偷吃的鸡鸭还需起身，妻子便给他找出一根木杆，递到他手里。

妻子风风火火地去了。

丈夫闲闲静静地读书。

盛夏的天气说变就变，如火的烈日转眼不见了，蓝天上翻滚着浓浓的乌云。点种的妻子慌忙跳出田垄往家里猛跑，紧跑慢跑，霹雳炸开，雷声骤响，如注的暴雨倾盆而倒，路上的低洼处已成为一条小渠。妻子淋成个落汤鸡，踏着泥泞艰难地移步。赶到门前，就见从院里流出的水中漂着麦粒。难道丈夫没来得及将麦子收回屋里？跑进门，妻子猛然怔住，丈夫根本没有收麦子，还端正地坐着，专注地读书。妻子气得大声叫喊，丈夫如梦初醒，奇怪地说："唔，下雨了。"

这是关汉卿的剧本《白衣相高凤漂麦》，高凤就是那位埋头读书的丈夫，《后汉书·高凤传》有他的记载。关汉卿为何要把沉溺在史书里的高凤打捞出来，再晾晒一番？

回答是：撼山易，撼江山易，撼社稷易，撼心志难，撼意识更难。

科举入仕，曾经是关汉卿的理想、心志，久而久之，理想心志化为肌肤深处的意识。千里迢迢，历经坎坷，从平阳赶到汴梁，不就是为科考做官，一举成名么？随着金国的土崩瓦解，无数儒士学子金榜题名的美梦也灰飞烟灭，关汉卿当然不会例外。侥幸尚存的一点希望是南宋，如果他们挥戈北进，收复河山，那书生就能鲲鹏展翅，梦想成真。可惜，时光远去时没有空手，将这个王朝随手带去，收藏进无法复活的历史。

理想，灰飞烟灭；心志，灰飞烟灭。关汉卿写一出《白衣相高凤漂麦》莫非就是铭记这过往的灰飞烟灭？极有可能，因为专心读书的高凤不同于他人，一生布衣未曾做官。一场骤然而至的暴风雨漂走的不只是到手的麦子，也是汗水浇灌出的希望。这似乎是关汉卿终生布衣的忧伤感言。

然而，理想和心志灰飞烟灭，不等于意识也随之灰飞烟灭。潜藏在心底的意识稍不留意就会悄悄溜出来，在关汉卿渲染的天地里释放能量。这意识就是脱掉布衣，换上紫袍，去当皇帝的命官。

在《赵盼儿风月救风尘》里，关汉卿令郑州府官明断是非。周舍追来无理取闹，赵盼儿、宋引章不得不走进衙门。弄清事实，府官圆满结局：

周舍，那宋引章明明有丈夫的，你怎生还赖是你的妻？若不看你父亲面上，送你有司问罪。您一行人听我下断：周舍杖六十，与民一体当差。宋引章仍归安秀才为妻，赵盼儿等宁家住坐。[①]

在《杜蕊娘智赏金线池》里，杜蕊娘执意不嫁韩辅臣，关汉卿令石府尹出面周旋。石府尹借口杜蕊娘误官身要张千将大棒子来打！

韩辅臣连忙求情，待杜蕊娘回答妾委实愿嫁韩辅臣，石府尹不仅免去责打，还赦掉她的官身。

在《温太真玉镜台》里，别看温峤还是个翰林学士，倩英姑娘不愿嫁他，他还真没办法。没办法就得想办法，想来想去，想到的还是府尹。王府尹出题令他俩吟诗，倩英姑娘吟不出来，多亏温学士博学多才，出口成章。这才让倩英姑娘心悦诚服。

府尹问：夫人，你肯依随学士么？

倩英：妾身愿随学士。

府尹准备筵席庆贺，送学士、夫人欢天喜地还宅去。

明断是非，靠官人；平息风波，靠官人；和谐姻缘，靠官人。朝廷命官无所不能，主宰着整个社会。关汉卿未能高中皇榜，未能入仕做官，未能主宰世事，却令他的笔繁衍故事，却令他笔下的官人主宰世事。这何为不是他潜意识的表露？

科举入仕的路堵死了，科举入仕的意识仍然潜在运行，以至终生。

---

① 关汉卿剧作《赵盼儿风月救风尘》。

第二折

驻马听

阅读关汉卿，时不时就会想起久有的体会，读书育己，讲书育人，写书育世。关汉卿的人生就运行在这样的轨道上。如果再要完整全面，那就再加上一句，治病救人。打通二者的关系，他一生的使命无外两个字：救治。不是救治肉身，就是救治精神。而在救治精神上，他的成就明显要比救治肉身大得多。救治肉身是个别的，再多也是有限的；救治精神却是广泛的，而且穿越时空以至无穷。

取得如此丰赡的业绩，抵达如此超拔的境界，苦难是他唯一的渡船。

关汉卿的苦难也可以分为肉身和精神两个层面。战争的祸害折磨着他的身体，他有过敌兵围城的彻夜不眠，有过炊米待续的饥肠辘辘，有过千里奔走的坎坷辛劳，有过举家迁徙的居无定所。但是，这一切绝没有科举中断、入仕无望对他的打击更大。他笔下的裴度曾抒发自己的心志："虽然是我身贫，我身贫志不移；我心经纶天地，志扶持社稷。"这莫不是他的满腔热望?

热望的破灭冷却了关汉卿的身心,他几近颓废,放浪形骸,远离尘嚣的世事。或邀集三五才人,携带一壶美酒,在远村僻地的枯树下席地而饮;或堕入烟花青楼,找一绝色美人,卿卿我我,再唱出心里苦闷的小曲。这不是主观臆想,是他的散曲里弥漫着如此气息:

> 〔碧玉箫〕乌兔相催,日月走东西。人生别离,白发故人稀。不停闲岁月疾,光阴似驹过隙。君莫痴,休争名利。幸有几杯,且不如花前醉。
>
> 〔歇拍煞〕恁则待闲熬煎、闲烦恼、闲萦系、闲追欢、闲落魄、闲游戏。金鸡触祸机,得时间早弃迷途。繁华重念箫韶歇,急流勇退寻归计。采蕨薇,洗是非;夷齐等,巢由辈。这两个谁人似得:松菊晋陶潜,江湖越范蠡。①

如果凭眺关汉卿邀集才人在树下饮酒,如果聆听关汉卿偕同美女在青楼唱曲,你怎么也无法将读书育己、讲书育人、写书育世与他缕连在一起。然而,真正了解关汉卿绝不能只听他唱散曲,而是要看他演大戏。在他的剧本里,我们不止一次地听见他那经纶天地、扶持社稷的高昂志向。

扶持社稷,如何扶持?关汉卿不要说进入权力高端,连底层官府也不愿进入,如何扶持社稷?事实却是一个悖论,身在其中的人未必能做到,而身在其外的关汉卿未必没做到。他无法改变暴力构建的强权大厦,却在努力感化大厦里居住的心灵。心灵的改变能令沧海变为桑田,能够让沙漠变成绿洲。

关汉卿不是一头只知道钻牛角尖的犟驴,也不是一头在磨道里低首转圈的笨驴。他是一位充满学识的智者,年过而立渐趋成为一个哲人。

---

① 关汉卿散曲《双调·乔牌儿》。

听听他的心声"世情推物理，人生贵适意。想人间造物搬兴废，吉藏凶，凶暗吉"，谁会还有疑义？

元蒙强权，金国抵挡不住，南宋抵挡不住，一个弱小的书生不必去螳臂挡车。何况即使金国复归，南宋还魂，也不见得广众就能过上好日子。经历了兵荒马乱、战火狼烟的他深深懂得平安是福。平安来自稳定，稳定才会平安。他渴望平安中的渐变，惧怕暴力中的突变。而要在平安中渐变，必须改变人们的心态。还不能仅仅改变平民的心态，而要连同掌权者的心态一起改变。也许他没有这么清醒的认识，但是，他的举措却把一个清醒的认识推举到我的面前。

关汉卿又要写戏了。这一回他选定的题材和泽州有关。当初经过泽州，他曾想到李存孝在城下那一场英勇获胜的大战。可惜，就是这样一员虎将，竟被车裂分尸，悲惨至极！那时想，是为英雄愤愤不平；后来想，是要这段历史承载起他的思想。李存孝和李存信都是李克用的养子。李存信的才智和勇敢比不上李存孝，比不上没关系，十个指头哪能一般齐？长有长的好处，短有短的用处。可惜的是，李存信不这样想，想的是别人长了自己就变短，要是除掉长的，自己就是最长的。因而屡屡向李克用进谗言，诬陷李存孝。终致李存孝被激变，夜犯李存信大营。李克用亲自率兵前往，救出李存信，包围了李存孝。李存孝登上城楼，哭着对城下的李克用说道：

"儿蒙王的大恩，位至将相，难道愿意舍父子的关系而投仇敌？这是由于存信诬陷的缘故。希望能活着见父王，说一句话就死。"

李克用很感伤，派刘夫人入城慰谕。刘夫人带着李存孝回来，他磕头请罪道："儿于晋有功而无过，所以至此，是存信的缘故！"李克用却怕养虎为患，将他车裂处死。听信小人谗言，导致猜疑失信，是离心离德、招致祸患的根本。事后，李克用对车裂李存孝不无后悔，每次想起都默然落泪。

关汉卿将这个历史事件呈现在舞台，恐怕不只是为了感动观众，而是要警示世人，自然也包括那些强权在握的高官。关汉卿写戏不会照搬历史，照搬历史是对历史的无奈。他强化了李存信之流的奸诈，弱化了李存孝的反叛。拉大了李存信和李存孝的距离，距离间的落差更使得泾渭分明，清浊醒目。

幕布拉开李存信同康君立上场。

> 李存信云：自家李存信的便是。这个是康君立。俺两个不会开弓蹬弩，亦不会厮杀相持；哥哥会唱，我便能舞。俺父亲是李克用，阿妈喜欢俺两个，无俺两个呵，酒也不吃，肉也不吃；若见俺两个呵，便吃酒肉；好生的爱俺两个！自破黄巢之后，太平无事，阿妈复夺的城池地面，着俺五百义儿家将，各处镇守。阿妈的言语：将邢州与俺两个镇守。那里是朱温家后门，他与俺父亲两个不和。他知俺在邢州镇守，他和俺相持厮杀，俺两个武艺不会，则会吃酒肉，倘或着他拿将去了，杀坏了俺两个怎了？

> 康君立云：如今阿妈将潞州天党郡与存孝镇守，潞州地面吃好酒好肉去。如今我和你两个，安排酒席，则说辞别阿妈，灌的阿妈醉了，咱两个便说："邢州是朱温家后门，他与阿妈不和，倘若索战，俺两个死不打紧，着人知道呵，不坏了阿妈的名声！着李存孝镇守邢州去，可不好么？[①]

你别说，二人的花言巧语还真迷惑住了李克用，真把李存孝打发到了他们不敢去的邢州。如愿以偿，本该作罢。作罢就不是小人了，小人首先小在心胸太小。心胸太小的人哪能容得下比自个儿本事大、能力强的人？二人心怀鬼胎窜到邢州，来见李存孝。且看心怀何种鬼胎？

---

① 李存信、康君立所云，见关汉卿剧作《邓夫人苦痛哭存孝》第一折。

康君立云：李存孝，阿妈将令：为你多有功劳，怕失迷了你本姓，着你出姓，还叫作安敬思。你惹不依着阿妈言语，要杀坏了你哩！你快着的改姓，我就要回阿妈的话去也。

李存孝云：怎生着我改了名姓？阿妈将令，不敢有违。小校，安排酒肴，二位哥哥吃了筵席去。

康君立云：不必吃筵席，俺回阿妈话去也。诈传着阿妈将令，着存孝更名改姓。调唆的父亲生嗔，要了头也是干净。

李存孝云：阿妈，你孩儿多亏了阿妈抬举成人，封妻荫子；今日怎生着我改了姓？阿妈，我也曾苦征恶战，眠霜卧雪，多有功勋；今日不用着我了也！逐朝每日醉醺醺，信着谗言坏好人。我本是安邦定国李存孝，今日个太平不用旧将军。①

李存孝的话里不无怨气，却没有要反叛的意思，就这他也中了小人的奸计。两个小人审到李克用跟前，变了花招。花招一使，李克用便眼花缭乱。

李存信同康君立上，云：阿妈，祸事也！

李克用云：你为其么大惊小怪的也？

康君立云：有李存孝到邢州，他怨恨父亲不与他潞州，他改了姓——安敬思。他领着飞虎军要杀阿妈哩！怎生是好？

李存信云：杀了阿妈不打紧，我两个怎生是好？我那阿妈也！

李克用云：颇奈存孝无礼，你改了姓便罢，怎生领飞虎军来杀我？更待干休！罢，则今日就点番兵，擒拿牧羊子走一遭去。②

---

① 以上对话见关汉卿剧作《邓夫人苦痛哭存孝》第二折。
② 同上。

后面的故事是，李克用夫人刘氏不信，劝住不让出兵。她亲身前去邢州，带着李存孝回来向李克用说明根由。可惜，关键时候刘夫人被骗走，待她回转李存孝早已命丧黄泉。她怨恨交加，心疼得痛哭。

> 刘夫人云：李克用，你信着这两个贼子的言语，将俺存孝孩儿屈死了。李克用，你好恨也！五辆车五下齐拽，铁石人号啕痛哭。将身躯骨肉分开，血染赤黄沙地土。再不能子母团圆，越思量越添凄楚。刘夫人苦痛哀哉，李存孝身归地府。（做哭科，云）哎哟，存孝孩儿也，则被你痛杀我也！[①]

关汉卿没有停笔，若是就此罢手，混沌的尘寰还会混沌，污浊的世道还会污浊。他要继续写下去，要还尘寰以清纯，要讨世事以公道。令李克用"将二贼子五裂了，与存孝孩儿报了冤仇"。可是，把这两个无耻的小人车裂一次，再车裂一次，也无法让李存孝复活了。

世人啊，警惕呀警惕，警惕小人的谗言！

这便是《邓夫人苦痛哭存孝》，煞尾时还有李存孝夫人邓氏的号啕大哭。这哭声震动的不只是元代民间，还有朝堂，而且，最应该震动的就是朝堂。这是不是关汉卿的用意所在？

太平令

《邓夫人苦痛哭存孝》，哭声震动着台下，震动着元代朝野。

最先受到震动的应是大都才人，初排完成，他们纷纷前来观看，看得无不流泪。刚一演完，王和卿、王实甫都说好。杨显之笑着说：

"明知道汉卿兄是在哄骗人，可还是禁不住流泪。"

---

① 关汉卿剧作《邓夫人苦痛哭存孝》第三折。

梁进之揉揉涩红的眼睛说："好戏！赶快演，让大家都看清小人的嘴脸。"他当着个警巡院判，对官场的险恶深有感受。

这戏演到哪儿，红到哪儿，场场人挤得满满当当。看前面，人们个个揪着心。看到后来，泪水不由得往出流。尤其是邓夫人放声痛哭的场景，台下吸溜鼻子饮泣声响成一片。卢挚看一次还想看一次，别人以为他喜欢珠帘秀，是给饰演邓夫人的珠帘秀捧场，他却说："看着痛快，那两个小人罪有应得，杀得痛快！"

关汉卿医病所接触到的人都夸好。平民百姓说好，他听过也就过了，没太在意。他在意的是官宦人家，要的就是触动他们，尤其是元代府衙的那些大大小小的达鲁花赤。他们掌权拿事，又听不懂当地人的话。要是被两面三刀的小人蛊惑，那衙门里的汉人随时都有灭顶之灾。关汉卿不会奢望用一出戏规整世风，但却乐意为规整世风做精卫啼血般的呼喊。时隔不久，《邓夫人苦痛哭存孝》的姊妹戏《尉迟恭单鞭夺槊》面世了。

关汉卿真不愧为借助历史劝谕现实的能手，如果说《邓夫人苦痛哭存孝》是从反面警示世人，那《尉迟恭单鞭夺槊》则是用正面典型树立榜样。玉京书会的同仁都说，别人写戏写一个字是一个字，关汉卿写戏一下笔就完成了大半。他的妙处在于会选材，瞅准了才动手。这真是内行话，说出了关汉卿成功的又一个关键点。《尉迟恭单鞭夺槊》取材于初唐，李渊建立唐朝后，起兵反隋的后院河东大地竟然烽火燃烧。武德二年，即公元六一九年秋冬之际，刘武周公然反唐，齐王李元吉率军抵挡，全军覆没，匆匆携带妻妾，抛弃太原城逃往长安。李渊赶紧派裴寂抗击，也被打败，裴寂只身逃了个活命。刘武周势如破竹，很快攻陷霍州，南下平阳，占领河东全境。河东乃唐朝的发祥地，号称"王业所基，国之根本"。"河东殷实，京邑所资"，对稳定唐朝十分重要。

李渊惊慌失措，打算放弃黄河以东，退守关中。诸将无不赞成，唯独李世民提出不能放弃，必须抵抗，并要求率军出击。危急关头有人挺身而出，李渊怎能不同意？李世民披挂上阵，挺进河东，与敌军对峙数月，等对方军粮耗尽，突然大举进攻，一举打败刘武周主力部队。唐军乘胜追击，围困了刘武周部将寻相和尉迟恭驻守的介休城。二人看看获胜无望，投降了李世民。

尉迟恭面如黑炭，出身铁匠，乃一悍将。李世民部将屈突通担心他有二心，劝说李世民不要重用。李世民用人不疑，不但没有听从，还任命尉迟恭为右一府统军，仍然率领旧部八千余人。没过多久，和尉迟恭一起投降的寻相，趁李世民外出拉起人马逃走。屈突通担心尉迟恭跑走，便将他抓了起来，等李世民回来处死。李世民返回后不但没有答应，反而释放了尉迟恭，还对他说，如果想走我赠予黄金作为路资。尉迟恭大为感动，表示愿为李世民效力。后来，李世民身陷重围，是他单骑杀入解救出来；玄武门之变，在李世民倒地的危急时刻，又是他飞身而来，救他不死。李世民不听他人之言，对尉迟恭深信不疑，诚心相待，才成就他的功业。

关汉卿俯瞰青史，一下窥视到这段往事的可塑性。慧眼独具和妙笔生花是一位杰出的剧作家必须具备的素质。妙笔生花固然重要，但是若不慧眼独具，发现不了最具代表性的素材，很可能将鲜花插在牛粪上。关汉卿思接千载，视通万里，隐藏在苍莽矿山里的金子逃不过他的亮睛。找到金矿如何开采冶炼？这对关汉卿来说是轻车熟路。上一回他采用的是强弱法，强化狡诈的小人李存信，弱化真诚的英雄李存孝，让无数人以泪洗面。这回若是轻车熟路，强化屈突通，弱化尉迟恭那也顺理成章。然而，若是这样关汉卿就不成其为关汉卿了。他没有选择轻车熟路，却另辟蹊径，要让小人和英雄都强。于是，小人改换了面孔，出场的不是屈突通，而是那个早就龟缩回长安的李元吉。可以想象，这出戏初次上演，即使最具挑剔的杨补丁杨显之也不得不赞不绝口。该剧绝就绝在第二折，关汉卿安排尉迟恭从李元吉手中夺取利槊。要不剧名为啥会叫《尉迟恭单鞭夺槊》？槊利如矛，长达丈八。手持钢鞭，去夺利槊，危若累卵，弄不好就会丢掉性命。不要看戏，听听戏名就扣人心弦。这扣人心弦的戏如何演？且看：

元吉云：想当此一日在赤瓜峪，我与尉迟交战时，他曾打了我一鞭，打得我吐血。他如今可降了唐，我这仇恨几时得报？

段志贤云：三将军，要报这一鞭之仇也容易。

元吉云：哥，你有甚计策？

段志贤云：如今唐元帅往京师去了，你守着营寨。你唤尉迟恭来，寻他些风流罪过，则说他有二心，将他下在牢中，暗算了他性命。①

二人一合计，便将尉迟恭抓起来下在大狱，待要杀害，却被军师徐懋公挡住，还赶紧将前往京都的李世民拦截回来。李元吉见兄长返回，谎言尉迟恭逃跑被他追赶逮回。李世民若是听信兄弟之言，尉迟恭危在旦夕。

在剧中，李世民是主角正末。

正末云：三将军，敬德有何罪，将他下在牢中？

元吉云：元帅，你不知：自你去后，他有二心，领着他那本部人马，要往山后去，早是我赶回来。想敬德我有何亏负他来？

尉迟云：元帅，三将军记那一鞭之仇，敬德并无此心！

正末云：既这般，我亲释其缚。我欲待往京师奏知圣人，取将军牌印来，谁想将军要回去。可不道"心去意难留，留下结冤仇"？

尉迟云：敬德并无此心！

正末云：军师，安排酒果来。②

---

① 关汉卿剧作《尉迟恭单鞭夺槊》第二折。

② 同上

李世民宽厚仁爱，不杀尉迟恭，还设宴为他压惊。如他真要走，还以金相送，算作路资。尉迟恭大为感动，宁可碰死阶前也不离去，而且执意解释他没有逃跑。这可如何是好？

> 正末向元吉云：兄弟，如今我也难做主张。叫你那同去赶那敬德的军士们来，我试问他一番；待他说出真情来，便着敬德也自然心服。
>
> 元吉背云：这个却是苦了也！他哪里曾走？我哪曾赶他？便走我也不敢赶他去。如今叫了军士们说出实情来，却是怎了？也罢，我有了！（回云）哥哥，你差了也。那时节听的这厮走了，还等的军士哩，我只骑了一匹马，拿着个鞭子，不顾性命赶上那厮。那厮道"你来怎么？"我道："你受我哥哥这等大恩，你怎逃走了？你下马受死。"他恼将起来，咬着牙拿起那水磨鞭，照着我就打来。哥哥，那时节若是别个，也着他送了五星三，谁想是你兄弟老三，我又没甚兵器，却被我侧身躲过，只一拳，当的一声把他那鞭打在地下，他就忙了，叫"三爷饶了我吧"。我也不听他说，是我把右手带住马，左手揪着他眼扎毛，顺手牵羊一般拈他来了。[1]

这谎撒得可谓周天圆彻，要是李世民耳软，尉迟恭难留活命。所幸，李世民不信，问军师可有这事？徐懋公精明过人，说一比试就清楚。这便有了尉迟恭单鞭夺槊的故事。

> 尉迟云：三将军也不消怎地，我如今单人独马前行，你拿搭来，你捉得住，我情愿认罪；你刺得我死，我情愿死。[2]
>
> 元吉强露笑脸，装作并不在意，和尉迟恭一起去往演

---

[1] 关汉卿剧作《尉迟恭单鞭夺槊》第二折。
[2] 同上。

武场。

第一次交手，敬德先行，李元吉伸槊去刺被夺掉，坠下马来。

元吉云：我马眼叉。

换过马，二次交手，仍如前次。

李元吉云：我手鸡爪风儿发了。

再来第三次，一如先前科。

李元吉云：俺肚里又疼，且回去吃盅酒去着。

真相大白，尉迟恭没有为小人所害，还深得李世民信赖。古人云，明枪易躲，暗箭难防。放暗箭，历来是小人的伎俩。不过，小人的暗箭不是直接射人，而是借刀杀人。刀能不能借到，人能不能杀死，还取决于被借者。李克用和李世民都是被借者，前者借成了，后者借败了。成败的关键在于胸怀，在于肚量。海纳百川，有容乃大。容量的大小决定事业的气象，同样都为王，秦王李世民可以登上皇帝的宝座，继而创造贞观之治的盛唐，而李克用却止步于自称的晋王。

关汉卿真把历史熟悉到家了，拿捏到家了。历史在他眼中乖巧得像是羔羊，顺手牵来，任意驱赶，便是一台生动迷人的好戏，便是一台发人深省的好戏。

但不知道元代朝野内外有没有人在沉思，在深省？

殿前欢

《尉迟恭单鞭夺槊》演出的效果如何？

《戏剧泰斗关汉卿》一书做了这样的描述：演出获得成功，尉迟恭的形象活在百姓口中。最具代表性的细节是，大都的孩子们纷纷模仿戏台上的打斗，拿出长棍做槊，拣个短棒当鞭，街头巷尾热闹非凡。这情形是对作家最好的褒奖，不亚于科考夺魁。为此，书会的才人聚集一起设宴祝贺。酒酣耳热，话题谈到写戏。

白朴说："汉卿兄写武人的戏，从关云长到尉迟恭，个个英姿勃发，口碑林立。如今你的神笔是不是该给文人贤士画画像啦，不要忘了咱读书人啊！"

杨显之说："汉卿兄自吹过：'一管笔在手，敢搦孙吴兵斗。'这话自有他关大王祖宗的气概。现如今当朝排列人的等级，将文人列为第九儒，排在八娼后头，只比十丐强些，视为下等末流。你早该让咱们这些可怜虫伸伸腰，露露脸，吐吐气了！"

关汉卿听了，端起一大盅酒，一饮而尽，兴奋地告诉文友们："人同此心，我已经打好一部戏的腹稿，写唐宪宗时候宰相的故事，暂时取名为'裴度还带'。"

《戏剧泰斗关汉卿》一书的作者，由此将关汉卿写作《山神庙裴度还带》的动机展示出来。这已触摸到了关汉卿的精神层面，既然如此，不妨把方方面面都触摸到。

《山神庙裴度还带》故事不算复杂。裴度发迹前父母双亡，家境贫寒。姨父王员外要他一块儿做生意，他不愿随波从俗，只得继续寄居在山神庙中困苦度日。幸有白马寺长老供他斋饭，尚能饱腹。道人赵野鹤常来往于寺庙，遇见裴度，为他相面，竟断言他命该横死，而且明日不过午，一命掩泉土。巳时前后，将在那乱砖之下板僵身死。裴度认为他衣衫褴褛，故遭藐视，气愤还庙。

尘世上的可怜人何止裴度？他在白马寺讨吃斋饭时，有一女子琼英走进了山神庙。琼英是韩太守的女儿，父亲廉洁为官，不给国舅傅彬送礼，遭诬陷下狱。要赎命苦于没钱，琼英闻知朝廷采访使李邦彦在此地邮亭中赏雪观梅，特意前去献诗。李邦彦知其不幸，慨然赠给玉带相助。琼英路过山神庙歇息，不慎失落玉带。裴度冒着风雪回到庙中，恰好捡到。韩氏母女赶来寻找，裴度归还玉带。就在裴度出庙送韩氏母女时，道人赵野鹤推算的横祸如期降临，山神庙轰然倒塌，裴度得以逃脱。后来裴度赴京赶考，得中状元。韩太守得救出狱，升为都省参知政事，结起彩楼，招裴状元为婿。裴度与韩琼英结为夫妇。

古人说，人生有四大喜事：金榜题名时，洞房花烛夜，久旱逢甘霖，他乡遇故知。贫寒的书生裴度，一举成名，双喜临门。关汉卿写这样一出戏，无疑是给读书人长脸，是给儒士长脸。倘若坐在勾栏观赏，精心领悟那些戏文，绝不是这么简单。先看一段：

姨夫问裴度为人的道理，裴度唱道：正人伦，传道统，有尧之君大哉；理纲常，训典谟，是孔之贤圣哉；邦反坫，树塞门，敢管之器小哉。整风俗、遗后人，立洪范、承先代，养情性、抱德怀才。①

这是裴度的心声吗？或许是，但我更觉得这是关汉卿的志向。这志向令我想起数百年后的一位明朝遗民。他叫顾绛，因为亡国的原因，改名顾炎武，矢志反清复明。甚而，连年亲赴明陵拜谒，为亡故的前朝招魂。然而，最终他跳脱了朝代兴亡的囹圄，大化到一个拯救人性心魂的境界，发出惊天动地的感慨："有亡国，有亡天下，亡国与亡天下奚辨？曰：易姓改号谓之亡国。仁义充塞，而至于率兽食人，人将相食，谓之亡天下。……是故知保天下，然后知保其国。保国者，其君其臣，肉食者谋之；保天下者，匹夫有责。"②他在这里说得清楚明白，亡国和亡天下有着本质的不同，亡国不过是易姓改号，而亡天下麻烦就大了。那是仁义充塞，率兽食人，人将相食的可怕景象。可怕就可怕在道德沦丧，弱肉强食，这比亡国恐怖得多。我不知道顾炎武看没看过关汉卿的戏剧，但是我敢断定，写《山神庙裴度还带》的关汉卿，是给儒士书生长脸扬名，又不止于此，更高的层面在于为儒学正名，呼唤道德的复归。

裴度是儒学道德的守护者。

裴度也是儒学道德的实践者。

实践的结果是善有善报，一代寒儒，因为恪守诚信，拾带不昧，避免了被破庙砸死的横祸。而且，大难不死必有后福，一举高中皇榜，成为头名状元，还娶得美貌佳娘琼英。这恰如裴度所唱：

---

① 关汉卿剧作《山神庙裴度还带》第一折。
② 顾炎武《日知录·卷十三·正始》。

想着我二十年埋没洛阳尘，今日个起蛰龙一声雷震；一来文章好立身，二来是天子重贤臣。好德亲仁，束带冠巾，演武修文，温故知新，咱人要修天爵正方寸。①

居廊庙，当缙绅，习《诗》《书》，学《礼》《易》，从先进君子务本。忘身发愤，能正其身。酬志了白玉带紫朝服，茶褐伞黄金印。②

习《诗》《书》，学《礼》《易》，忘身发愤，是裴度成功的法宝，是世人效仿的榜样。醒目的主旨呼之欲出，关汉卿害怕人们记不住，记不牢，结尾又借朝廷命官李邦彦的嘴强调：

国家喜的是义夫节妇，爱的是孝子顺孙。圣明主加官赐赏，一齐的望阙谢恩！③

把一个国家需要遵循的道德伦理和盘托出，这是在演戏，可何为不是在布道？

关汉卿为儒士文人正名声，争名气，因为他们身上担当着人伦道义！

调笑令

阅读关汉卿的剧本，稍不留意就会和经书礼仪撞个迎面。他笔下的

---

① 关汉卿剧作《山神庙裴度还带》第四折。
② 同上。
③ 同上。

不少人物都是儒家学说的合格教授。

包待制说，似此三从四德可褒封，贞烈贤达宜请俸。还说，五刑之属三千。查考此语，出自《孝经·子曰》，原句为："五刑之属三千，而罪莫大于不孝。"戏文竟然将经文原盘原碗端了出来。

窦天章教诲窦娥说，我当初将你嫁与他家呵，要你三从四德。三从者：在家从父，出嫁从夫，夫死从子；四德者：事公姑，敬夫主，和妯娌，睦街坊。礼仪道德在戏台唱遍千家万户。

这样的教授还多，在《状元堂陈母教子》里就有几位。教子的陈母领衔布道，她的立身之本是：

> 我爱的是那《孝经》《论语》得这《孟子》，我喜的是那《毛诗》《礼记》《春秋》。后园中有地栽松竹，有书堂书舍，书院书楼。①

她的经典言论是：

> 才能谦让祖先贤，承教化，立三纲，禀仁义礼智，习恭俭温良。定万代规模遵孔圣，论一生学业好文章。《周易》道谦谦君子，后天教起此文章。《毛诗》云《国风》《雅》《颂》，《关雎》云大道洋洋。《春秋》说素常之德，访尧舜夏禹商汤。《周礼》行儒风典雅，正衣冠环珮锵锵。《中庸》作明乎天理，性与道万代传扬，《大学》功在明明德，能齐家治国安邦。《论语》是圣贤作谱，《礼记》善问答行藏。《孟子》养浩然之气，传正道暗助王纲。学儒业，守灯窗，望一举，把名扬。袍袖惹桂花香，琼林宴饮霞觞，亲夺的状元郎。威凛凛，志昂昂，则他那一身荣显可便万人知，抵多少五陵豪气三千丈！②

---

① 关汉卿剧作《状元堂陈母教子》第二折。
② 关汉卿剧作《状元堂陈母教子》第一折。

陈母的教导立竿见影，长子陈尧叟先中状元，"志气凌云彻碧霄，攀蟾折桂显英豪。昨夜布衣犹在体，谁想今朝换紫袍！"他教导未中状元的小弟：

> 为人者要齐家治国，修身正心；人心不正，做事不能成矣。人以德行为先。德者，本也；财者，末也；"德胜财为君子，财胜德为小人"。①

次子陈尧佐再中状元，"黄卷青灯一腐儒，九经三史腹中居。学而第一须当记，养子休教不看书。"他教导未中状元的小弟：

> 俺家素非白屋，累代簪缨，汉陈平之玄孙，祖宗拜秦国公。为子者，当以腰金衣紫。俺二人皆第状元，唯你不第者，何也？为子才轻德薄也。……孔子居于乡党，见长幼礼法恂恂。②

就连高中状元的女婿王拱辰也是模范教授，他教诲未中状元的陈尧咨更是引经据典，热心布道：

> 《中庸》有言："喜怒哀乐之未发，谓之中；发而皆中节，谓之和。中也者，天下之大本也；和也者，天下之达道也。"《论语》云："君子不重则不威。"轻乎外者，必不能坚乎内，故不厚重则无威严，而所学亦不坚固也。……蜂蛛有丝，损人利己；蚕腹有丝，裕民润国。但凡为人三思，然后再思可矣。③

---

① 关汉卿剧作《状元堂陈母教子》第二折。
② 同上。
③ 同上。

你方唱罢他登场，登场都在讲道义。但是，不管上场的面孔有多少，教授都是关汉卿。关汉卿俨然成为一位国学大师，孜孜不倦，诲人不厌。仅此而论，他简直堪称铁肩担道义，妙手著戏文。如今，一和道义联系，似乎就要板着面孔，正襟危坐。倘若真是这样，关汉卿的日子过得实在太沉重。是太沉重，一个国家应该担当而无人担当的重量，他一次又一次荷载在肩上，一声又一声呼喊，呼唤良知复苏，呼唤道义归来，呼唤一个温良恭俭让的时代再现。而且，常常是千呼万唤不出来，希望之树结出的往往是失望之果。如此沉重的打击，是否会泯灭掉他的良知？是否会暗哑了他的歌喉？不会，关汉卿用内心的幽默化解着世事的沉重，疗治着碰壁的伤痛。

是的，大都的才人不会把肢体搞得倦怠不堪，不会把精神搞得疲惫不堪，关汉卿更是如此。

那是个秋日，或许还是重阳登高望远的时节，关汉卿邀玉京书会的同仁登上了大都郊外的香山。近看红叶片片，远望火红如海。一个个山头高高低低，起起伏伏，都红得层林尽染。似乎是微风吹过，将霞光遍洒人间。站在山巅，心旷神怡。俯瞰大地，房舍如箱箧，路人似蚂蚁，顿觉忙于万事万物的世人，真是尘心未了，凡俗庸碌。马致远有感而发，率先吟诵：

> 林泉隐居谁到此？有客清风至。会作山中相，不管人间事。争甚么半张名和纸！[①]

白朴紧随其后：

> 不因酒困因诗困，常被吟魂恼醉魂。四时风月一闲身。无

---

① 马致远散曲《清江引·野兴》。

用人，诗酒乐天真。①

王和卿忍不住了，也吟：

　　恰春朝，又秋宵，春花秋月何时了。花到三春颜色消，月过十五光明少，月残花落。②

关汉卿开口劝导，不要伤感，说着吟出：

　　南亩耕，东山卧，世态人情经历多，闲将往事思量过。贤的是他，愚的是我，争甚么！③

众人都说好，催他接着吟，关汉卿又道：

　　适意行，安心坐，渴时饮饥时餐醉时歌，困来时就向莎茵卧。日月长，天地阔，闲快活！④
　　……

　　你一首，他一曲，随闲云飘悠，与莺声和鸣。高兴时笑一笑，激动时拍拍掌，人世烦恼九霄云外抛，好不乐哉，好不痛快！
　　杨显之高兴地冒出一句："要是有出这么闲逸快乐的戏多好！"
　　说者无心，听者有意，于是这话成就了关汉卿的一出新戏。

---

① 白朴散曲《中吕·阳春曲·知几》。
② 王和卿散曲《双调·拨不断·自叹》。
③ 关汉卿散曲《南吕·四块玉·闲适》。
④ 同上。

第三折

小桃红

关汉卿写出的新戏是《温太真玉镜台》。

《温太真玉镜台》不是关汉卿的凭空想象，而是《世说新语》里记载的一则故事。看过这个故事，谁都会敬畏关汉卿，这么直白的文字竟能写成戏，而且还写得妙趣横生，实在是太难了。不信你也读读这段故事：

> 温公丧妇。从姑刘氏家值乱离散，唯有一女，甚有姿慧。姑以属公觅婚，公密有自婚意，答云："佳婿难得，但如峤比，云何？"姑云："丧败之余，乞粗存活，便足以慰吾余年，何敢希汝比？"却后少日，公报姑云："已觅得婚处，门地粗可，婿身名宦尽不减峤。"因下玉镜台一枚。姑大喜。既婚，交礼，女以手披纱扇，抚掌大笑曰："我固疑是老奴，果如所卜。"玉镜台，是公为刘越石长史，北征刘聪所得。

这段故事唯有一个情节，即丧妻的温公看上聪慧的表妹，谎称说媒，却娶之为妻。表妹怀疑他是给自个儿保媒，所幸猜中，一笑了之。情节简单，平淡无趣，这样的故事如何能写成戏？真让人为难。

别人为难，不一定关汉卿为难。这或许就是天才和凡夫俗子的差别。

平淡的情节他能波澜起伏，无趣的故事他能谐趣迭出。

关汉卿是如何起伏波澜的？

起伏一：温峤任职翰林院，"万里雷霆驱号令，一天星斗焕文章。武夫前喝，从者塞途；无欲不得，无求不成；喜时节鹓鸾并进，怒则虎豹平驱。生前不惧獬豸冠，死后图画麒麟像；分茅列土，拜将封王"，可谓起也。然而，这么春风得意的人却中年丧妻，"开着金屋，空着画堂"，大为不幸，可谓伏也。

起伏二：表妹长得花容月貌，温峤一见倾心，"恰才立一朵海棠娇，捧一盏梨花酿"，让他心猿意马，可谓起也。然而，别说拥入怀抱，刚刚近前教表妹写字触到娇嫩的手腕，人家就嗔怪，"男女七岁，不可同席"，温峤不无尴尬，可谓伏也。

起伏三：姑母请温峤给女儿说媒，他趁机谎称有个同僚匹配，却将自个儿与表妹锁定终身，还以玉镜台作为聘礼，可谓起也。然而，锣鼓喧天娶回家里，别说亲昵，刚觑一眼，人家便生气地说："这老子好是无礼也。"再往前就要抓破他的脸皮，可谓伏也。

……

如此，一而再，再而三，死水微澜竟被关汉卿搅得情波滔天，陡生悬念。看过前面，还惦后面，即使雄兵压境也不愿丢开。

关汉卿是如何谐趣迭出的？

手段多多，情节起伏为一；预设科范，即预设表演为二；最拿人的是三：唱词。唱得人如临其境，感同身受，将心比心，随着戏里人物笑一笑，愁一愁；愁一愁，笑一笑，落幕时整场欢笑，余音绕梁。

谐趣一：孤身一人唱恓惶，唱得人几能落泪：

　　开着金屋，空着画堂。酒醒梦觉无情况，好天良夜成虚旷，临风对月空惆怅。不见可情人消受锦幄凤凰衾，堪消在玉枕鸳鸯帐！①

谐趣二：一见倾心唱钟爱，唱得人笑之媚颜：

　　兀的不消人魂魄，绰人眼光！说神仙那的是天上？则见脂粉馨香，环佩叮当，藕丝嫩新织仙裳，但风流都在他身上，添分毫便不停当。见他的不动情，你便都休强，则除是铁石肝胆，也索恼断柔肠！②

谐趣三：再看娇娘唱花容，唱得人形销骨立：

　　我这里端详，他那模样：花比腮庞，花不成妆；玉比肌肪，玉不生光。宋玉襄王，想象高唐，只不过蝶梦悠扬，朝朝暮暮阳台上，害得他病在膏肓；若还来此相亲傍，形销骨化，命丧身亡！③

谐趣四：洞房花烛唱无奈，唱得人笑之可怜：

　　则见他无发付氲氲恶气，急节里不能勾步步相随。我那五言诗作上天梯，首榜上标了名姓，当殿下脱了白衣，今夜管洞

---

① 关汉卿剧作《温太真玉镜台》第一折。
② 同上。
③ 同上。

房中抓了面皮。①

谐趣五：新婚之夜唱独身，唱得人啼笑皆非：

正堂里夫人寝睡，小官在书房中依旧孤恓。遮莫待尽世儿不能勾到他这罗帏，人都道谁家女被温峤娶为妻，落得个虚名儿则是美！②

谐趣六：甘拜下风唱侍奉，唱得人抹泪细揪：

初相见玉堂中，则想在天官内，则索向空闲偷觑，怎生敢整顿观窥？得如今服侍他，情愿待为奴婢。厨房中水陆烹炮珍馐味，箱柜内无限锦绣珠翠。但能勾与你插戴些首饰，执料些饮食，则这的我早福共天齐。③

……

如此，五而六，六而七，一曲一曲唱下去，一声一声笑出来。笑声如波，波涛滚滚，从头至尾，笑声不断，一笑到底。

在关汉卿诸多的剧本中，《温太真玉镜台》恐怕要列入唯一。唯一就唯一在，像轻音乐一般萦绕在耳，却逗得人忍不住要笑，而且从头笑到尾。看完了，回家了，说不定回味刚才的剧情一个人还在呵呵偷笑。

我看就是玉京书会、元贞书会的才人学士集聚品评，也得承认这是最轻松、最滑稽、最搞笑的一部戏。可是，千万不要一笑之。谁要是一笑了之，若是平民，那他辜负了关汉卿；若是才人，那他委屈了关汉卿。在快乐的笑声里，关汉卿悄悄装载进了人生思考。

---

① 关汉卿剧作《温太真玉镜台》第三折。
② 同上。
③ 同上。

　　表妹身上承载着关汉卿的人生思考。她对温峤的反抗是对自主择婿的渴望，是对传统"三从"的质疑。假如她恪守三从，在家从父母，出嫁从丈夫，夫死从儿子，奉行嫁鸡随鸡、嫁狗随狗的妇道，那还会不屈身于温峤吗？自然不会。即使温峤比她再年长好多，也只能逆来顺受。

　　温峤身上承载着关汉卿的人生思考。戏里的温峤是个滑稽人物，满腹诗文，却自甘跪拜侍奉可心的夫人。这举止无疑是对往昔家庭大丈夫陈规的颠覆，一己的沉沦却为世风蹚开一条新路。领异标新的二月花，悄悄绽放在笑声中了。岂止这些，还有关汉卿潜藏在内心深处的儒家情结。一对夫妻如何花好月圆？不能否认有王府尹从中调停，但扭转表妹思想的关键，不只是调停撮合，还有温峤高超的诗文才情。

　　王府尹设水墨宴，请温峤吟诗作赋。诗写得好，学士金盅饮酒，夫人插金凤钗，搽官定粉；诗写不好，学士瓦盆里饮水，夫人头戴草花，墨乌面皮。规则一出，夫人害怕墨乌面皮，赶紧嘱咐温峤，你用心着。温峤驾轻就熟，直抒胸臆：

> 翰林学士坐华堂，
> 挥笔吟诗动四方，
> 御酒吟来花插帽，
> 当今天子重贤良。①

　　喜得王府尹连声夸赞，温学士，不枉了高才大手，吟得好诗！赐金盅饮酒，夫人插凤头钗，搽官定粉。

　　夫人插凤头钗，搽官定粉哪能不喜？这一喜便心生爱慕，乐意与温峤琴瑟和鸣，白头偕老。

　　看看，最终讨夫人心欢的还是诗文，诗文令儒生讨得妙龄女娘的芳心。那些权贵富豪，不会缺少女人，可是能像儒生温峤那样令绝色女子

---

① 关汉卿剧作《温太真玉镜台》第四折。

倾心相爱、乐于委身的又有几人？

不过，倘若读不懂关汉卿，不明白他的心思，他也不会斥责，他只能继续发笑，笑天下可笑之人。

得胜令

元代，是中国历史上的畸形时期。朝廷中枢由蒙古和中原的皇权机构杂糅而成。怯薛、札鲁花赤、达鲁花赤，楔入各级衙府。那年代非常讲究根脚，也就是要看出身，论功行赏，赏给官职，统辖黎民。实际就是权贵们瓜分利益，蚕食民脂民膏。怯薛是蒙古贵族的高级官僚子弟，他们把持主要部门，占到官员总数的十分之一。元代荫叙法明确规定，正一品官，子孙可以荫叙正五品；从一品官，子孙可以荫叙从五品。往下以此类推。这些官员不懂汉语，缺少学识修养，自恃有功，或者自恃祖上有功，飞扬跋扈，骄奢淫逸，甚至为非作歹。在他们的卵翼庇护下，恶人凌善，司空见惯。记得先前我们写关汉卿回伍仁村时，本想伸张正义，却被下进牢狱，还搭进了腊梅的性命。那一次的惨败肯定是关汉卿心头永恒的伤痛，不触则罢，稍触就会痛苦难安。

腊梅卖身救他，跳淀而亡，他回到了大都，可那案情并没有结束。关汉卿从来人嘴里断断续续听到些后来的事情，零零星星凑在一起。没想到这一凑令他肃然起敬。他敬慕一位乡村的农家婆娘，不止一次给人讲说她的事情。

甲主窝都札横行无忌，快马踏死王老汉，还诬称王老汉惊吓了他的马，要赔一副马鞍。愤怒的王家长子抢起木棍，打死这个恶鬼。王老太和她的三个儿子，都被拿到县衙。县官本没有把这案子当事，欠债还钱，杀人偿命，天经地义，处死一个就能了结。可没料到处死谁，还真不好定点。更没料到的是，往常这送死的事，人人都往出推。而这王家人个个都往身上揽，抢着去送死。

王老太说，是她没管教好儿子，让他们闯祸杀人，她去死。

县官不准，她不是凶手，偿命的该是杀人犯。

长子说，我是杀人犯，我去死。

县官正要一拍惊堂木说声下狱，等候处死。就听二子喊冤，说打死窝都札的不是哥哥，而是他。

到底是谁？县官正要审问，就听三儿子叫唤，打死人与大哥、二哥无关，是他自个儿。

这可如何是好？县官还算精明，转脸对王老太说，反正要一个抵命，你决断吧！

王老太倒很干练，张嘴就说，老三。

老三就老三，只要能结案就行。县官随即宣判：老三抵命。话音刚落，长子吵闹，为娘不公，你偏护亲生儿子，让不亲的儿子送死。县官一怔，这是咋回事？细听明白了，原来这王老太不是老头的原配妻子，是续弦后婚。三个儿子有她生的，有前妻生的。

县官生怒，大胆的婆子，公堂之上还敢庇护亲生，虐待螟蛉。当即下令，重打十大板。话音未落，三子便喊叫，大人息怒，你搞错了，我那大哥、二哥才不是亲生的。

兄弟三人嚷成一锅粥，你说他不是亲生的，他说你不是亲生的，谁也不让谁，这该如何作结？

没法了结，干脆放下再说。再说不难，叫来乡邻一认，真相大白，老三是亲生的。这一下县官大吃一惊，王老太竟然庇护非亲子，愿意让自己的亲生儿子去死，世所罕见啊！

罕见的事情不翼而飞，传遍远近，关汉卿每给人说一次，便感动一次。后来他不再说，那是他写出了此事，并在戏台上唱响传开。戏名是《包待制三勘蝴蝶梦》。

关汉卿在戏里鞭笞丑恶。他把窝都札更名葛彪，送上戏台，一上场就狂妄地叫嚣：

我是个权豪势要之家，打死人不偿命，如常的则是坐牢。今日无甚事，长街市上闲耍去咱。

骑马撞倒王老汉，竟颠倒黑白地说：

这老子是甚么人，敢冲着我马头？好打这老驴！

抡鞭打死王老汉，竟满不在乎地说：

这老子诈死赖我，我也不怕；只当房檐上揭片瓦相似，随你哪里告来。

一个可恶的面目，透视出一个可怖的年代。笔墨简练，鞭辟入里，关汉卿真老辣！

关汉卿在戏里弘扬仁爱。他把包待制包拯请上戏台，来明断这桩冤案。断清后按照杀人偿命的刑律也得有个人该斩，可是三个儿子，亲与不亲都是王老太的心肝，怎么忍心下手开刀？包待制听着王老太的哭诉为难啊——

包龙图往常断事曾着数，今日为官不大古。枉教你坐黄堂、带虎符，受荣华、请俸禄。俺孩儿、好冤屈，不睹事、下牢狱。割舍了、待泼做：告都堂、诉省部，撼皇城、打怨鼓，见銮舆、便唐突。呆老婆、唱今古，又无人、肯做主，则不如、觅死处，眼不见鳏寡孤独，也强如没归着，痛煞煞、哭啼啼、活受苦！①

----

① 关汉卿剧作《包待制三勘蝴蝶梦》第二折。

思来想去，包待制网开一面，把王老太及她的儿子全放了。那谁来抵命？包待制不愧是包待制，拉出个偷马贼赵顽驴去替死。看似有些荒唐，却荒唐得大快人心。

更令人叹为观止的是，在这样一出鸣冤申屈的戏剧里，关汉卿还是丢不开他的儒士情结、道德礼仪。

长子的亮相语是，一举首登龙虎榜，十年身到凤凰池。

二子的亮相语是，十年窗下无人问，一举成名天下知。

而一旦打死葛彪，王老太痛心地说，再休想跳龙门、折桂枝，少不得为亲爷遭横死。

即使关在监狱，也不忘孔孟之道。长子说，母亲，家中有一本《论语》，卖了替父亲买些纸烧；二子说，母亲，我有一本《孟子》，卖了替父亲做些经忏。

这已把儒家供奉到一个高度了，关汉卿却还嫌不够，他要儒生出人头地，荣华富贵。他指使包待制下断：

> 你本是龙袖娇民，堪可为报国贤臣。大儿去随朝勾当，第二的冠带荣身。石和做中牟县令，母亲封贤德夫人。国家重义夫节妇，更爱那孝子顺孙。今日的加官赐赏，一家门望阙沾恩。①

关汉卿与黑暗抗争，与邪恶厮杀，战无不胜，攻无不克。

胡十八

元代底层农民的生活状况如何？看看关汉卿的剧本《刘夫人庆赏五

---

① 关汉卿剧作《包待制三勘蝴蝶梦》第四折。

侯宴》就会窥斑知豹。

可是打开剧本一读，哪里有元代的事情？关汉卿所写的故事发生在后唐时期啊！如果这么认为，那就大错特错。关汉卿是一位用历史写现实的高手。他把历史人物和事件的骨骼拿来，作为舟车，往里装进当下的社会实情，就是一出颇受欢迎的好戏。他既不偷梁换柱，也不改头换面，却抽骨易髓，借尸还魂。一出历史剧，往往是针砭现实的犀利之作。

这样做也是不得已而为之。《元史·世祖本纪》记有："凡大小故事，顺民之心所欲者行之，所不欲者罢之。"说得何其好啊！若是这样行之，关汉卿的大小故事、长短剧本，哪个不深受民众欢迎？纵情挥洒即可。然而，《元史·刑法志》还有记载："诸妄撰词曲，诬人以犯上恶言者处死。"把这条刑律往眼前一摆触目惊心，谁知道什么是"妄撰词曲"、"犯上恶言"？关汉卿自从写戏起，都是有感而发，放悲而歌。有感，当然是对时下的感慨；放悲，当然是对时下的悲叹。若要是有人上纲上线，和"妄撰词曲"、"犯上恶言"挂靠在一起，岂不是飞蛾扑灯，自焚其身？关汉卿才不那么憨傻，于是就张开历史的画皮，借尸还魂。《刘夫人庆赏五侯宴》就是借尸还魂的绝妙手笔。

关汉卿所借的尸体是李从珂。

李从珂是后唐末帝，原来姓王，是镇州人，今河北正定。他出生于平山，后唐明宗李嗣源登基之前跟随李存勖征战，路过平山，看上他的母亲魏氏，就将她母子一起掳走。当时，李从珂十岁出头，李嗣源非常喜爱他，像亲生儿子那样对待。李从珂小名二十三，幼年时谨慎稳重，沉默寡言。后来长得身材魁梧，相貌端庄。从小跟着李嗣源习武练枪，打起仗来骁勇彪悍。当年李嗣源追随的李存勖也夸他："阿三像我一样敢于死战啊！"别看李从珂打仗英勇过人，当皇帝却拙劣误国。后唐葬送在他手里，他也落了个焚火烧身的下场。

那么，关汉卿要借李从珂的什么？借他的身世，借他的英勇，却不提他的末路。借这些干什么？讲一个因果报应的故事，劝告世人行善积福，切莫唯利是图，危害他人。而且，将一个恶果赤裸裸揭示在世人面前，由此警示人们：多行不义必自毙。

如何借？关汉卿自有办法。既要借助李从珂，就离不开李嗣源。李嗣源出场时，李从珂还在襁褓里。怀抱他的母亲不是魏氏，变成了李氏。李氏的丈夫靠杀猪宰羊为生，突然去世撇下了孤儿寡母。怀抱着嗷嗷待哺的幼子，无钱埋葬丈夫的尸体，李氏想卖掉小儿换点钱。凑巧，富户赵太公新丧妻子，没人哺乳小儿，便看中李氏。赵太公说得特好："你若肯典与我家中，我又无甚么重生活着你做，你则是抱养我这个小的，我与些钱钞埋殡你那丈夫，可不好？"

走投无路的李氏看到唯一的出路，哪能不走？她"寻思咱，我要将这孩儿与了人来呵，可不绝了他王家后代？罢、罢、罢，宁苦我一身罢！我情愿典，太公！"就这么商定典身三年，还写下"一纸文书"。她哪里知道这唯一的道路是通往无边的苦海，而且这苦海还无法回头，回头也无岸。

原因在于，"那无端的豪户，瞒心昧己使心毒"。李氏进入赵太公家门，人家把"典身三年的文书"，暗暗"改做了卖身文契，与他家永远使用"。有了这个卖身文契，到何处去讨公道？是啊，"当日个约定觅自家做乳母，今日个强赖做他家里的卖身躯"。卖身躯也罢，竟然还要无辜"受禁持、吃打骂"，李氏只能终日以泪洗面："我如今短叹长吁，满怀冤屈，难分诉。则我这衣袂粗疏，都是些单疏布无棉絮。"

多么可怜呀，"孤孀子母，更和这瘦弱身躯"，不以泪洗面又能怎样？这样的苦日子就苦苦熬吧，熬到儿子长大，或许希望就在他身上。偏偏，赵太公要破灭她这希望。破灭的由头是，李氏"将有乳食的奶子与他孩儿吃，却将那无乳食的奶子与俺孩儿吃"，便挥拳"好打这泼贱人"！打得李氏哭哭泣泣：

> 打拷杀咱家谁做主？有百十般曾对付：我从那上灯时直看到二更初，我若是少乳些则管里吖吖地哭，我若是多乳些灌得

他啊啊地吐。这孩儿能夜啼不犯触，则从那摇车儿上挂着爷单裤，挂到有三十遍倒蹄驴。①

听听这哭诉何等冤屈，何等悲苦！就这，赵太公还不放过她，抱起她的儿子就要往地上摔。李氏赶紧拽住胳膊苦苦哀求：

> 员外可怜见！便摔杀了孩儿，血又不中饮，肉又不中吃，枉污了这答儿田地。员外则是可怜见咱！②

哀求还算有点效果，赵太公没有摔死小儿，却怒气冲冲地说："兀那妇人，我还你，抱将出去，随你丢了也得，与了人也得，我则眼里不要见他。你若是不丢了呵，来家我不道的饶了你哩！"

荒郊野外，雪紧天寒，李氏抱着小儿惊魂未定地走来。"恰才得性命逃，速速地离宅舍。我可便一心空哽咽，则我这两只脚可兀的走忙迭。"是的，刚才不是跑得快，小儿就有当下的祸害。可是，要一位母亲将自己的亲生骨肉抛在寒天荒地，怎能忍心？"我把这衣袂来忙遮，俺孩儿浑身上绵茧儿无一叶。"冷的是儿子的身，疼的是母亲的心：

> 哎，儿也！咱两个须索今日离别，这冤家必定是前生业。这孩儿仪容儿清秀，模样儿英杰。我熬煎了无限，受苦了偌些。我和他是吃了人多少唇舌，不由我感叹伤嗟！我、我、我，今日个母弃了儿，非是我心毒，是、是、是，更和这儿离了母如何的弃舍！哎！天也，天也！俺可便眼睁睁子母每各自分别，直恁般运拙。这冤家苦楚何时彻？谁能够暂时歇？若是我无你个孩儿伶俐些，那期间方得宁贴。③

---

① 关汉卿剧作《刘夫人庆赏五侯宴》第一折。
② 同上。
③ 关汉卿剧作《刘夫人庆赏五侯宴》第二折。

写到此，扔孩子的痛苦不是在撕扯母亲的心，是在撕扯每一个有良知者的心，撕扯得心里滴血，脸上流泪！就这，关汉卿还嫌不够，继续往疼痛处撕扯：

> 我这里牵肠挂肚把你个孩儿舍，跌脚捶胸自叹嗟。望得无人拾将这草料儿遮，将乳食来喂些。我与你且住者，儿也！就在这官道旁边敢将你来冻煞也！①

天寒人囧疑无路，疑无路！偏在此时，荒山雪岭遇贵人。李嗣源来了，收养了苦命的孩子。真该替李氏庆幸，真该松一口气。

然而，李氏的痛苦还在，苦海熬到头谈何容易？赵太公虐待李氏，还教唆他的儿子虐待李氏。

十八年光阴过去，李氏的苦海没边没岸。这日，赵太公的儿子赵脖揪唤李氏："你与我饮牛去，休湿了那牛嘴儿；若湿了我那牛嘴儿呵，回家来打五十黄桑棍！"②

刁难，无耻地刁难！刁难也无奈，李氏只得去。又是个寒日，雪花飞扬。李氏说："下着这般国家祥瑞，好冷天道也呵！"瑞雪兆丰年，下着国家祥瑞，多美好的愿望啊！可这国家祥瑞带给穷人的是什么？③

是——"风飕飕遍身麻，则我这笃簌簌连身战，冻钦钦手脚难拳。走得紧来到荒坡佃，觉我这可扑扑的心头战。"④

是——"我这里立不定虚气喘，无筋力手腕软，瘦身躯急难动转。恰来到井口旁边，雪打得我眼怎开，风吹得我身倒偃，冻碌碌自嗟自怨，也是咱前世前缘。冻得我拿不的绳索拳挛着手，立不定身躯耸定

---

① 关汉卿剧作《刘夫人庆赏五侯宴》第二折。
② 关汉卿剧作《刘夫人庆赏五侯宴》第三折。
③ 同上。
④ 同上。

肩，苦痛难言！"①

是——"我这里立不定吁吁的气喘，我将这绳头儿呵得来觉软。一桶水提离井口边，寒参参手难拳，我可便应难动转。"②

是——"将这吊桶掉在这井里，我也不敢回家去，到家里又是打又是骂。罢、罢、罢，就在这里寻个自缢！"③

李氏没死，被人救下了，救下她的是她的儿子。儿子已成长为赫赫有名的战将，是在打败敌将王彦贵凯旋时碰见母亲的。儿子的复归使她时来运转，儿子的复归使作恶多端的赵脖揪面临灭顶之灾。要不是他那个作恶多端的父亲赵太公早早死去，那遭受灭顶之灾的不光是儿子，还有他老子。

赵家为何会遭受灭顶之灾？赵脖揪有几句自白可以回答这个问题："祖传七辈都是庄稼出身，一生村鲁，不尚斯文。"这里的不尚斯文，涵盖广阔，包含着不尚道德，不尚礼仪。说穿了，是枉披着一张人皮！关汉卿让这样的人遭受灭顶之灾，让饱受磨难的人苦尽甘来，将因果报应活生生展现在世人前面。

谁还敢作恶多端？谁还敢欺压良民？

关汉卿借个人物说故事，说个故事明世理：作恶多端，欺压良民，就是潇潇洒洒地直奔灭顶之灾！

金蕉叶

读关汉卿剧本《望江亭中秋切鲙》，我面前出现了两个人。一位是王和卿，另一位是杨显之。他们两人在议论关汉卿写过的剧本，赞佩一阵，王和卿说：

---

① 关汉卿剧作《刘夫人庆赏五侯宴》第三折。
② 同上。
③ 同上。

"汉卿兄真称得上救苦救难的菩萨，你看救出个宋引章，救下个王家兄弟，这又救活了王屠的浑家李氏，下一步不知该救谁呀！"

"他心肠软，受苦的他想救，受难的也想救。"杨显之附和两句，逗趣说，"他就没想救救咱？"

王和卿嘿嘿发笑："你还用救啊？你能救翠鸾，还不能救自己？"

翠鸾是杨显之《临江驿潇湘秋夜雨》落水遇救的千金小姐，王和卿本是调侃，不承想这么一说，倒引发杨显之沉思，他一顿就说：

"没准，汉卿兄真会写出个自救的戏文。"

这种设想不算意外，《望江亭中秋切鲙》确是一出自救的剧本。之前，在关汉卿笔下众多的女性画廊里，诸多佳娘，各具风采，每一个都花枝招展，不无可爱。最为招眼的是赵盼儿，她如一朵令箭荷花，身带侠义，纤尘不染。关键时刻，赵盼儿挺身而出，不畏风险，救出宋引章，令人称赞。这《望江亭中秋切鲙》里的谭记儿虽不是令箭荷花，却也似一朵娇艳的刺玫瑰。危急关头，她沉着冷静，斗败了仗势欺人的杨衙内。

写这戏关汉卿用心良苦。他要让一位弱势女子斗败一个强权男子，这事岂是容易的？然而，靠果敢，靠智慧，抓住那小子贪色的软肋，斗得他成了条落水狗。无疑，这是在宣称：正义必定战胜邪恶！当然，关汉卿把他的思想隐藏得很深，融化得很活，不琢磨还真不明白里面的机趣。

剧本里的故事不甚复杂，美貌寡居的谭记儿嫁给前去潭州赴任的白士中。哪会料到看中谭记儿的大有人在，杨衙内就是一个。按理说，知道名花有主就该退避三舍，可这杨衙内不仅不退避三舍，还非要棒打鸳鸯。不仅要棒打鸳鸯，还非要将情敌白士中置之死地。而且，谎奏圣上骗取了皇帝的势剑金牌，来势汹汹地捉拿白士中。白士中闻讯，愁眉不展，束手无策。危急关头，谭记儿临危不惧，假扮鱼娘登船去给杨衙内切鲙。她卖弄风情，挑逗得那厮神魂颠倒，醉如烂泥。谭记儿趁机拿到势剑金牌离船而去，帮丈夫躲过了飞来的横祸。

故事就这么简单，简单得未免有些直白。若是就如此直白地表演，台下的观众不一哄而散才算怪。说到此，你不得不佩服关汉卿，他将自己的生活一筛选，一提炼，往情节里一放，那故事顿时就鲜活得胜过真实的。试看两个主要人物：杨衙内和谭记儿。

杨衙内这样的人关汉卿治病出入官宦门庭并不少见。前面谈元代的官府状况时说到过根脚，说到过怯薛。那时候没有根脚当不上官，是怯薛不当官不由你，这自然惯坏了怯薛的脾胃。蛮横无理，肆意横行，凡使横的词语冠之于他们皆无不妥。杨衙内不会例外。衙内之称来自五代时期，那会儿的藩镇亲兵卫队设有衙内都指挥、衙内都虞候，这些官职都由藩镇子弟担任，就有了衙内一词。宋代沿袭旧称，高官、权臣的儿子都以衙内相称。这些儿子依仗老子的权势，为所欲为，因而，衙内就成为一个惹人讨厌的角色。关汉卿稍稍一梳理，把往日见到的那些公子哥的模样一拼凑，就活捏出个杨衙内。他捏出的杨衙内是啥眉脸？且看：

> （净扮杨衙内引张千上，诗云）花花太岁为第一，浪子丧门世无对。街下小民闻吾怕，则我是势力并行杨衙内。某乃杨衙内是也。闻知有亡故了的李希颜夫人谭记儿大有颜色，我一心要他做个小夫人。颇奈白士中无理，他在潭州为官，不期倒娶了谭记儿做夫人。常言道："恨小非君子，无毒不丈夫。"量他的那里。你妒我为冤，我妒他为仇。小官今日奏知圣人：有白士中贪花恋酒，不理公事。奉着圣人的命，差人去标了白士中首级。小官道：别人去不会干事，小官亲自到潭州取白士中首级。①

这杨衙内为啥能坏得头上生疮，脚底流脓？个中原因多多，但一

---

① 关汉卿剧作《望江亭中秋切鲙》第二折。

个重要的因素是身边的人把他们惯坏了。狗一般下贱的人围在这些东西的身边，低三下四，奴颜婢膝，巧舌如簧，摇尾乞怜，他们能不被惯坏么？使用多少词汇，也不如关汉卿给这个小丑写的白语逼真：

> 如今我亲身到潭州，标取白士中首级。你道别的人为甚么我不带他来？这一个是亲随，这一个是张稍。这两个小的，聪明乖觉，则是我心腹人，我因此上只带了这两个人来。（亲随去衙内鬓边做拿科）（衙内云）哏！亲随，你做甚么？（亲随云）相公鬓边一个虱子。（衙内云）这厮倒也说的是。我在这船只上个月期程，也不曾梳篦的头。好儿乖乖也！（稍去衙内鬓上做拿科）（衙内云）张稍，你也怎的？（张稍云）相公鬓上一个狗鳖。（衙内云）你看这厮！（亲随、张稍同去衙内鬓上做拿科）。①

狗在世上是奴化最彻底的动物。自从寄人篱下，尝到不愁吃食，还能躲避风雨的滋味，就以逗乐献媚为己任。自从世上有了狗，就有人以狗为楷模，过着锦衣玉食的日子。每逢改朝换代，由草寇盗贼，攻城略地，登上权力高峰的人，极想获得置身人上的享受，便搜罗狗一般的人待在身边奉迎自个儿。狗化的人越忠于职守，越丧失人格，就越发宠坏了那些权贵。这一比衬，谭记儿的果敢、聪明越加珍贵。

谭记儿果敢、聪明。果敢在不畏权贵，冒险前往。那聪明又在哪里？看看她与杨衙内的周旋就一清二楚：

> （衙内云）小娘子，我出一对与你对：罗袖半翻鹦鹉盏。（正旦云）妾对个：玉纤重整凤凰衾。……（衙内云）小娘子，你莫非识字么？（正旦云）妾身略识些撇竖点画。（衙内云）

---

① 关汉卿剧作《望江亭中秋切鲙》第三折。

小娘子原来识字。小官出一题：鸡头个个难舒头。（正旦云）妾对：龙眼团团不转眼。谭记儿哄得杨衙内几个连连夸妙，而后又说，妾身难得遇着相公，乞赐珠玉。杨衙内便叫亲随将纸笔砚墨拿来，得意地写下词寄〔西江月〕：夜月一天秋露，冷风万里江湖。好花须有美人扶，情意不堪会处。仙子初离月浦，嫦娥忽下云衢。小词仓促对君书，付与你个知心人物。谭记儿看到，连声夸说着高才，高才，回敬词即〔夜行船〕：花底双双莺燕语，也胜他凤只鸾孤。一刹恩情，片时云雨，关联着宿缘前注。天保今生为眷属，但则愿似水如鱼。冷落江湖，团圆人月，相连着夜行船去。①

……就这么甜言蜜语地夸哄，哄得杨衙内亮出了皇帝给他的势剑金牌。然后，给他们频频敬酒，直灌得一个个醉如烂泥。谭记儿就这么将那圣上势剑金牌拿到手，从容离去。临走还幽他一默：我且回身将杨衙内深深地拜谢，您娘向急飐飐船儿上去也。到家对儿夫尽说，那一番欢悦。

谭记儿胜了，弱小胜过了强霸。

关汉卿分明是用谭记儿的胜利向世人宣告，一个人只要不丧失人格，不畏惧强权，凭借自个儿的智慧完全能化险为夷，独立生存。

杨显之猜对了，关汉卿在他的剧作里大声疾呼人格尊严，大声疾呼挺身自救。

---

① 关汉卿剧作《望江亭中秋切鲙》第三折。

第四折

哪吒令

一个作家的最后成就决定于他的精神高度。

这说法似乎忽略了写作技巧，其实，技巧是进入创作的入场券。初入门最需要的就是这个证件，后来随着写作的延续，技巧已经成为不经意的操练，和无意识的提高。这提高总是随着思想境界的升华而水到渠成，总能基本准确地延展自我的意图和构想。

评价关汉卿亦然。

关汉卿创造的高度之所以当时的人无法超越，固然由于他技法过人，还在于他的思想行走在别人无法企及的峰峦。《包待制智斩鲁斋郎》就是站在峰峦俯瞰尘寰的感慨之作。

俯瞰尘寰，世事混沌，人妖颠倒，皂白难辨，挣扎在苦海的何止是他笔下王屠的浑家李氏？大鱼吃小鱼，小鱼吃虾米，欲望的妖魔在肆无忌惮地扩展弱肉强食的凶险。治理乱世是皇家的要务，皇家却没能承担这副重担。关汉卿不是看客，是挣扎在苦海的一员，可是，他偏要负载这副重担。他无法驱赶人们的肢体，只能洗涤他们的灵魂，这是他入仕主政意识的另一种显现。

有道是社会大舞台，舞台小社会。关汉卿就在舞台上激扬文字，指点社会。他鞭笞贪官的丑行，是他的目光盯住了吏治这个命题。或许，他不会在逻辑的显微镜下这么清楚地观看，但是却深深明白上梁不正下梁歪的道理。官不正吏难正，吏不正民难正，民不正国难泰，国不泰民难安。要想国泰民安，必须从严治官。治理的办法是施用重典，一句话兵不斩不齐。关汉卿要开刀问斩了！斩谁？就斩鲁斋郎。为啥要斩鲁斋郎？他奸淫掳掠，无恶不作。他为什么敢无恶不作？这先要说说斋郎。

斋郎本是个名难见经传的小官。北魏已有太常斋郎、祀官斋郎，但均为七八品的小官。唐代太常寺所属郊社署有斋郎一百余人，均无品级，供郊庙祭祀使唤。宋代也有此官，员数无定。一个如此低下的小官为何竟敢为所欲为？回答是有恃无恐。恃什么？恃皇权。《元典章》和《通制条格》都有"权豪势要""倚强凌弱，以众害寡，妄兴横事，罗织平民，骗其家私，夺占妻女，甚则伤害性命，不可胜言"的记载。一个人倘若没有道德修养，一旦恃上皇权就会为所欲为，无法无天。鲁斋郎如何？关汉卿采用两种手法为之画像，平面素描和立体雕刻。

平面素描从两方面入手，正面写和侧面写。正面则剖析他的阴暗心理：

> 花花太岁为第一，浪子丧门世无双。街市小民闻吾怕，则我是权豪势要鲁斋郎。小官鲁斋郎是也。……小官随朝数载，谢圣恩可怜，迁除授今职。小官嫌官小不做，嫌马瘦不骑，但行处引的是花腿闲汉，弹弓粘竿，鹞儿小鹞，每日飞鹰走犬，街市闲行。但见人家好的玩器，怎么他倒有，我倒无，我则借三日玩看了，第四日便还他；也不坏了他的。人家有那骏马雕鞍，我使人牵来，则骑三日，第四日便还他，不坏了他的。我

是个本分的人。①

　　关汉卿真是个幽默巨匠，一个每日飞鹰走犬、巧取豪夺的无赖，竟然让他自称"我是个本分的人"。那要是不本分，又该狂妄到何种地步？
　　侧面写是以别人的眼光来看鲁斋郎。谁看？张珪，这还不是个平民，是州衙里六案孔目。不算官，也是吏。正由于是吏，听见刚刚认下的弟弟李四受人欺负，马上耀武扬威地说：

> 谁欺负你来，我便着人拿去，谁不知我张珪的名儿！
> 李四云：不是别人，是鲁斋郎强夺了我浑家去了。姐姐、姐夫，与我做主！
> 张珪忙掩口，云：哎哟，唬杀我也！早是在我这里，若在别处，性命也送了你的。我与你些盘缠，你回许州去罢。这言语你再也休提！②

　　眨眼间张珪判若两人，刚还气焰嚣张，一听鲁斋郎就腿软骨酥。畏惧鲁斋郎畏惧到畏之如虎，胆小如鼠。为何畏之如虎？还是让张珪来说：

> 说那个鲁斋郎胆有天来大。他为臣不守法，将官府敢欺压，将妻女敢夺拿，将百姓敢踏蹃，赤紧的他官职大的忒稀诧！③

　　一个恶棍鲁斋郎的形象已跃然而出，不过这还是平面的，要想印象深刻，还需以事实说明。这就要进入情节演绎，也是立体雕塑。关汉卿

---

① 关汉卿剧作《包待制智斩鲁斋郎》第一折。
② 同上。
③ 同上。

使用的第一个情节是鲁斋郎霸占银匠李四的妻子。鲁斋郎见到银匠妻子马上垂涎三尺，色迷迷地说：

> 一个好女人也！与他三盅酒吃。我也吃一盅。张千，你也吃一盅。兀那李四，这三盅酒是肯酒；我的十两银子与你做盘缠；你的浑家，我要带往郑州去也，你不拣那个大衙门里告我去！①

说完，撕扯着李四妻子走了。李四哭道，清平世界，浪荡乾坤，拐了我浑家去了，更待干罢！不问那个大衙门里，告他走一遭去。然而，求告无门。就是张珪那在州衙还有点脸面的人也无可奈何，他一个银匠不忍气吞声又能如何？

第二个情节则是鲁斋郎霸占张珪的妻子。关汉卿笔下的张珪不像李四那么简单，张珪一复杂，情节就复杂了。张珪出场的形象不错，李四心口疼躺倒在地，他热心救起，还带回家里让妻子诊治，是个好人。可就是这么个好人，竟也不干人事。他有一段唱词，泄露出内心的秘密：

> 冒支国俸，滥取民财，禁持父母，冻饿妻儿，经旬间不来家，破工夫在柳陌花街串，积攒下金银富贵，花月团圆。
>
> 我置下家私买下田，桃杏一二千，真是连枝带叶尽埋冤。逼得人卖了银头面，我戴着金头面；送的人典了旧宅院，我住着新宅院。②

为何敢这样？正如他说："则俺这令史当权，案房里面关文卷，但有半点儿牵连，那刁蹬无良善。"

权力炮制出一个有恃无恐的小吏。这确实复杂，倘若张珪是个蛇蝎

---

① 关汉卿剧作《包待制智斩鲁斋郎》第一折。
② 同上。

心肠，那他胡作非为好理解。可为何这样一个良知尚未泯灭的人，也会胡作非为？难道权力就是堕落，官场就是染缸？这未免有些绝对。可是在特定年头，缺失了对权力的羁绊和限制，一旦进入那个圈子，心底的善良会被淹没，而贪欲则肆意放纵。这就会有恃无恐。说张珪有恃无恐不太准确，因为他恐怖鲁斋郎。鲁斋郎能给他富贵荣华，能使他妻离子散。他虽然迷恋娼楼，经旬间不想到家来，可也怕妻离子散。怕什么，什么偏来，鲁斋郎看上了他的妻子，还要他亲自送去。这该是多么撕裂心肝的痛楚？张珪悲唱：

　　[南吕·一枝花]全失了人伦天地心，倚仗着恶党凶徒势，活支刺娘儿双拆散，生各札夫妇两分离。从来有日月交蚀，几曾见夫主婚、妻招婿？今日个妻嫁人、夫做媒，自取些奁房断送陪随，那里也羊酒花红缎匹？

　　[梁州]他凭着恶哏哏威风纠纠，全不怕碧澄澄天网恢恢。夜间摸不着陈抟睡，不分喜怒，不辨高低。叫我人离财散，宅乱家番，对浑家又不敢说是谈非，行行里没乱徘徊。你、你、你，做了个别霸王自刎虞姬，我、我、我，做了个进西施归湖范蠡，来、来、来，浑一似嫁单于出塞明妃。正青春似水，娇儿幼女成家计，无忧虑，少萦系，平地起风波二千尺，一家儿瓦解星飞！[1]

　　悲苦啊，悲苦，关汉卿勾画出一幅大鱼吃小鱼的悲苦图。朝百姓平民使横的张珪被鲁斋郎拿捏得毫无脾气。至此，一个权豪势要有恃无恐的丑恶面目活脱跃现，对鲁斋郎的塑造完满成功。关汉卿不是寻求角色塑造的成功，而是要暴露鲁斋郎有恃无恐的丑行。他深知这天下不是一个鲁斋郎，是无数个鲁斋郎都在有恃有恐，欺凌百姓。因而，关汉卿不

---

[1]　关汉卿剧作《包待制智斩鲁斋郎》第二折。

得不动杀机，杀掉一个鲁斋郎，震慑千万个鲁斋郎。杀这样一个权贵势必不是易事，必须有个铁面无私的清官出面，所以，在九泉下安卧的包待制又被他推进府衙，坐在公堂。哪知，坐在公堂的包待制也感到要杀权贵棘手，好在包待制并不退缩，而是想了个法子，将鲁斋郎改名"鱼齐即"奏请圣上，开刀问斩。

包待制又干了一件大快人心的好事！

哪里是包待制想了个好法子，那是关汉卿的聪明才智。在观众拍手称快的鼓掌声里，关汉卿实现了严治官吏、确保天下太平的用意。

乌夜啼

关汉卿唤醒沉睡的往事，写出了惊天动地的悲剧，这就是《感天动地窦娥冤》。

那沉睡的往事发生在东汉年间，多种古籍屡见不鲜。《列女传》记载：

> 汉时，东海孝妇养姑甚谨。姑曰："妇养我勤苦。我已老，何惜余年，久累年少。"遂自缢死。其女告官云："妇杀我母。"官收系之，拷掠毒治。孝妇不堪苦楚，自诬服之。时于公为狱吏，曰："此妇养姑十余年，以孝闻彻，必不杀也。"太守不听。于公争不得理，抱其狱词，哭于府而去。
>
> 自后郡中枯旱，三年不雨。后太守至，于公曰："孝妇不当死，前太守枉杀之，咎当在此。"太守即时身祭孝妇冢，因表其墓。天立雨，岁大熟。
>
> 长老传云："孝妇名周青。青将死，车载十丈竹竿，以悬五幡。立誓于众曰：'青若有罪，愿杀，血当顺下；青若枉死，血当逆流。'既行刑已，其血青黄，缘幡竹而上标，又缘幡而下云。"

关汉卿将之复活，改头换面，移花接木，装进了自己的感情悲剧。

悲剧于关汉卿笔下不罕见，如果将《感天动地窦娥冤》视为第三部，那前两部是《关张双赴西蜀梦》《邓夫人苦痛哭存孝》。谢柏梁先生将这些悲剧称为"正直的人被毁灭，善良的人被诬陷，美好的人被诛灭"，这深得其精髓。我之所以将《感天动地窦娥冤》视为关汉卿悲剧的第三部，是因为其承载的内容和情感远远超过前两部。在《关张双赴西蜀梦》里，关云长和张飞之死，是奸佞小人酿成的悲剧，剪除歹徒世道自会清明；李存孝被害的情节虽然与关张之死，时代有异，故事不同，但也是小人所致，精神含量没有超过前者。而窦娥冤这冤屈则和前两个剧本有着天壤之别。别就别在世事混沌不堪，诛杀一两个奸佞小人，哪怕是将之五马分尸，千刀万剐，也无法拯救混乱的人世。

在《感天动地窦娥冤》里，人心溃败，良知泯灭，为活着可以出卖肉身，为利益可以出卖灵魂，为金钱可以出卖权力。一个"卖"字主宰了世道人心，谁还敢企盼有好日子过呢？说不定闭门家中坐，祸从天上来。我们跟着关汉卿去看看那时的社会，那时的人。

看官，官贪成风，桃杌就是典型。上场几句话就暴露了贪婪无赖的嘴脸：我做官人甚殷勤，告状来的要金银。若是上司当刷卷，在家推病不出门。

告状的张驴走进衙门，跪见他，他亦下跪，祗候不解，问他，他回答得入木三分：你不知道，但来告状的，就是我衣食父母。

轮到审案，认准一个打字，反正收下张驴的银钱，不打招窦娥怎结此案？这样的无赖贪官主管世事，社会岂能不混乱？

看民，民心蒙尘。赛卢医、张驴如此，即使蔡婆婆也好不到哪里去。

赛卢医的阴暗心理是，行医有斟酌，下药依本草。死的医不活，活的医死了。可恶行为是，欠银两不还，竟然动了杀念，将蔡婆婆骗至野外，取出绳子行凶，如不是张驴儿父子赶到，就勒死了她。他的丑行，被张驴儿抓住把柄，人家一讹诈，慌忙卖给毒药。一个以治病救命为天职的医生沦丧到这种地步，其他人可想而知。

张驴儿呢？更是一副流氓相，满嘴地痞腔。救命本是好事，可一听蔡婆婆儿子身亡，与媳妇苦度时光，就心生歹意。对他爹说，不若你要这婆子，我要他媳妇儿，何等两便？蔡婆婆不从，他翻脸呵斥：赛卢医的绳子还在，我仍旧勒死你罢。吓得蔡婆婆只好带他父子回家，张驴儿得意地道：帽儿光光，今日做个新郎；袖儿窄窄，今日做个娇客。好女婿，好女婿，不枉了，不枉了。见到窦娥，张驴儿伸手便拉扯，被人家推开，竟无耻地说：这歪剌骨！便是黄花女儿，刚刚扯的一把，也不消这等使性，凭空地推了我一交，我肯干罢！以至于下手投毒要药死蔡婆婆，霸占窦娥。岂料他贪吃的父亲误食毒汤，当即亡命。这便诬陷窦娥，终致引发冤案。张驴儿是个赖得不能再赖的人，坏得不能再坏的人。

那蔡婆婆呢？看似不恶，还逆来顺受的不无柔弱。可就是这个柔弱婆婆，放高利贷引起这场人祸。幼习儒业，腹有文章的窦天章，功名未遂，一贫如洗。因无盘缠，曾借了她二十两银子，本利该还四十两。被逼无奈，只有将女孩儿端云送与蔡婆婆做儿媳妇。那个赛卢医也是她高利贷的受害者，借给十两银子，本利加到二十两。赛卢医还不起，才萌生杀人恶念。而一旦遭受危机，为了活命，什么丢人现眼的事也敢答应。在那个年头，柔弱也能蜕为柔恶。

这世上还有好人吗？有，就一个：窦娥。她年不高，却颇懂礼仪；身柔弱，却颇有骨气。婆婆答应她俩分别招赘张驴儿父子为婿，她坚决不从，还怒加驳斥：

> 遇时辰我替你忧，拜家堂我替你愁。梳着个霜雪般白荻
> 髻，怎戴那销金锦盖头？怪不的可正是女大不中留。你如今六
> 旬左右，咱人到中年万事休！旧恩爱一笔勾，新夫妻两意投，

枉着别人笑破口。①

她冤屈受刑，咬碎痛苦，绝不招供，那情形叫人目不忍睹：

> 是谁人唱叫扬疾，不由我不哭哭啼啼。我恰还魂，才苏醒，又昏迷。挨千般打拷，见鲜血淋漓，一杖下，一道血，一层皮。……打得我魄散魂飞，命掩泉世，则我这腹中冤枉有谁知！②

就这窦娥也咬碎痛苦，坚决挺住。可是一听梼杌说，既然不是你，与我打那婆子！她赶忙说："住、住、住，休打我婆婆，我招了罢……"

明礼、坚贞、善良集于一身，这就是窦娥。这窦娥是关汉卿呵护的一点星光，让世人看到良知尚存，好人还有，还不至于黑暗得见不到一丝光亮。

然而，这世上什么龌龊都能容纳，就是容纳不了窦娥这样的纯净；这世上什么坏人都能容纳，就是容纳不了窦娥这样的好人。窦娥竟然要被施刑杀头，这还有天道王法吗？关汉卿满腔怒火，要爆发，要呐喊。他让柔弱的窦娥替他发出惊天地、泣鬼神的呐喊：

> 没来由犯王法，不提防遭刑宪，叫声屈动地惊天！我将天地合埋怨？……有日月朝暮显，有山河今古鉴。天也，却不把清浊分辨，可知道错看了盗跖、颜渊！有德的受贫穷更命短，造恶的享富贵又寿延。天也，做得个怕硬欺软，却天地也顺水推船。地也，你不分好歹难为地！天也，你错勘贤愚枉做天！哎，只落得两泪涟涟。③

---

① 关汉卿剧作《感天动地窦娥冤》第一折。
② 关汉卿剧作《感天动地窦娥冤》第三折。
③ 同上。

　　两泪涟涟的窦娥死了，冤屈死了！死得让人泪水洗面，死得让人愤愤不平！虽然，关汉卿模拟《东海孝妇》的结局，让窦娥的父亲窦天章为女儿洗净冤屈，还以清白。可是，冤屈能平，窦娥不再，这不能不令人深思：这混沌世道咋就容纳不下一个好人？！

　　绝望，绝望，实在绝望。《感天动地窦娥冤》就是关汉卿对世道、对人生绝望的呐喊！

　　呐喊得神气飞扬，毛发洒淅！

　　呐喊得鹏搏九霄，神鳌鼓浪！

　　呐喊得世界悲剧的大殿裂帷幕，破俎豆，隳廊瓦，无不惊撼！

雪里梅

　　《感天动地窦娥冤》倾泼出关汉卿郁结多时的悲情，呐喊过后，他长出一口气复归平静，平静得心如止水。将那止水溅起浪花的是演出，每次演出都能收获观众的掌声和叫好声。而且，那声和喊好声，一阵接一阵，尤其是当窦娥喊出："地也，你不分好歹难为地！天也，你错勘贤愚枉做天！哎，只落得两泪涟涟。"简直能震撼得屋瓦也往下掉。珠帘秀扮演窦娥，起初关汉卿逢场必到，看着那熟悉的身姿，那娇媚的容颜，和那出神入化的戏路，他竟然也会落泪。他不是为自己的戏文感动，而是为能有珠帘秀这样的知音演唱自己的戏文感动。珠帘秀，不再是行院的珠帘秀，不再是戏台上的珠帘秀，而是深深嵌进他情感世界的珠帘秀。

　　关汉卿梦寐以求能和珠帘秀做个比翼鸟，做个连理枝。或许就是此时，他四处奔走，张罗为她赎身。他奔走的身肢疲惫了，脚步迟缓了，也枉费心机。或许就是此时，珠帘秀再也不忍心关汉卿拖着老迈之身奔波，她一咬牙，打定了主意，谁为她赎身就跟谁走。她跟着道士洪丹谷走了，走向遥远的南国。关汉卿摇摇满是白发的头，怅望蓝天上飞归的大雁，似乎听到了珠帘秀的歌吟：

> 花含笑，柳带羞。舞场何处系离愁？欲传尺素仗谁修？把相思一笔都勾，见凄凉芳草增上万千愁。休、休，肠断湘江欲尽头。①

有人肠断湘江欲尽头，有人肠断大都欲尽头。又一队大雁飞过，仍似声声啼泣：

> 寂寞几时休，盼音书天际头。加人病黄鸟枝头，助人愁渭城衰柳。满眼春江都是泪，也流不尽许多愁。若得归来后，同行共止，便是牡丹花下死，做鬼也风流。②

做鬼也风流，做鬼难风流。难在不会牡丹花下死，更不会牡丹花下同生死，晚景随着白发日日浓，日日浓。忽一日，杨显之去了，送走故人，拂去泪水，刚刚坐定，又闻王和卿去了。去了，去了，迟早都会去，忧伤又何必？关汉卿摇摇晃晃朝王和卿家里走去，及至门前，竟然摆脱了伤悲，一脸的坦然。

进得门来，始知老友无疾坐逝，只见鼻孔下垂着尺余长的双涕。先来的文友既悲切，又好奇，不知垂挂何物？白朴说是：玉箸。

关汉卿摆摆手，说声不是。有人再问，他笑着回答：不是玉箸，是嗓。

嗓是六畜劳累受伤，鼻中流出的脓水，关汉卿调侃了老友一把。在众位文士才人的笑声中，关汉卿伸手给老友擦掉。然后，平静地告诉大伙儿，我等都老了，风风雨雨一辈子，告别尘世是欣慰，再不要悲悲戚戚，像个女人。和卿兄这是喜丧，我们高高兴兴送他升天好吧！

---

① 珠帘秀散曲《正宫·醉西施·赛观音》。
② 同上。

　　众人都应好，一扫伤感，安葬了王和卿。

　　事后，关汉卿邀集玉京书会的才人相聚，一起小斟同饮。酒酣耳热，吟诗唱曲。轮到关汉卿，他唱的是：

　　　　到头这一身，难逃那一日。受用了一朝，一朝便宜。百岁光阴，七十者稀。急急流年，滔滔逝水。①

　　关汉卿唱得好是好，众人却不免忧伤，尤其是那些一把年纪的才人，关汉卿凄淡一笑，又吟：

　　　　落花满院春又归，晚景成何济！车尘马足中，蚁穴蜂衙内，寻取个稳便处闲坐地。②

　　听见关汉卿吟诵"寻取个稳便处闲坐地"，众友一怔，莫非他要归隐了？就听梁进之出声追问：

　　"汉卿兄是要离开大都？"

　　依稀记得那田陌里传来的农人歌声：磁河清清向北流，弯弯曲曲过桥头；穿梭鱼儿水里游，农人晚归洗脚手。

　　依稀记得，自个张嘴和上的那一曲：东边路西边路南边路，五里铺七里铺十里铺。行一步盼一步懒一步，霎时间天也暮日也暮云也暮……

　　那是怎么一种迷人的场景啊！锄地的汉子直起了腰，洗衣的女子抬起了头，都停下手中的活儿醉心静听啊！如今，缺齿透风，唱不出了，那些听歌的故人也见不到了。行走在村巷里，儿童相见不相识，忽闪着眼睛打量他这少见的不速之客。盛年不再，往事不再，关汉卿尝到了人生苦短的滋味。

　　人生苦短，暗夜却长，老来觉少，睡在炕上久久难眠，窗外的风

---

① 关汉卿散曲《双调·乔牌儿·碧玉箫》。
② 关汉卿散曲《双调·乔牌儿·歇拍煞》。

声雨声声声入耳。早先这风声雨声会伴随他捧读诗书，那是何等踌躇满志，透过书卷，他家事国事天下事事事关心啊！可如今，他和风烛残年的杜甫没有二致，即使风卷屋上三重茅，即使南村群童公然抱茅入竹去，也只能独个倚杖自叹息。他没有杜甫的叹息，却和那叹息没有两样：

> 风飘飘，雨潇潇，便做陈抟睡不着。懊恼伤怀抱，扑簌簌泪点抛。秋蝉儿噪罢寒蛩儿叫，淅零零细雨打芭蕉。[①]

秋风一起，吹散细雨，吹散乌云，吹开了晴天。可那晴天上的太阳再也没有往日的温热，渐渐严寒笼罩了整个天地。冬天来临了，漫天飞舞起雪花，关汉卿站在屋檐下的阶前，仰首观望。他看见了漫天雪花，却又像什么也没有看见；他听见了簌簌雪飘，却又像什么也没有听见。唯有一个声音在血脉里回环婉转，仔细听是他的散曲《双调·大德歌·冬》：

> 雪纷纷，掩重门，不由人不断魂，瘦损江梅韵。那里是清江江上村？香闺里冷落谁瞅问？好一个憔悴的凭阑人！

哭皇天

雪纷纷，掩重门，不由人不断魂。

关汉卿去了，一代戏剧宗师走完了人生历程，静静躺在了磁河边的土地上。他生命的韵律和着磁河的脉流涌动，坐在河边似乎可以听见他那不息的心律。倘要是打开他那墨色里的纸卷，思绪就会随着他的心律跃动。

---

① 关汉卿散曲《双调·大德歌·秋》。

品鉴关汉卿的剧本，将之烂熟于心，我们会发现，曾经以"斗"为核心理解关汉卿，虽然高大了他，却没有繁复了他，反而简单了他。简单地理解，无疑是对他疏离。要准确理解关汉卿，最好的办法是打消功利性，静心回味，返璞归真。若是如此探究，就会发现关汉卿的心灵运行轨迹。这轨迹，叠积着剧作建构的一块块级石，那是他灵魂攀升的阶梯。

《关大王单刀会》——那里有关汉卿的热血渴望。他渴望英雄再世，横刀立马，抵御强虏，平熄战火，完整山河，让广众过上安居乐业的日子。因而，他疾呼"古刺刺彩磨征旗，扑冬冬画鼓凯征鼙，齐臻臻枪刀如流水，密匝匝人似朔风疾。直杀得苦淹淹尸骸遍郊野，哭啼啼父子两分离。恁时节喜孜孜鞭敲金镫响，笑吟吟齐和凯歌回"，甚至还要"急切里倒不了俺汉家节"。他要复国，复归的不是金国，还要是大汉帝国！

《状元堂陈母教子》——那里有关汉卿的青春梦想。他梦想科举入仕，一举成名。或登坛为帅，扫妖氛，平蛮貊；或登堂拜相，立国威，安邻邦。因而，他怨叹这红尘万丈困贤才，他立志"九经三史腹中居，学而第一须当记"，他坚信拿状元是"掌上观纹，怀中取物"，他向往"志气凌云彻碧霄，攀蟾折桂显英豪。昨夜布衣今犹在，谁想今朝换紫袍"。他要直步青云，紫衣加身！

《山神庙裴度还带》——那里有关汉卿的精神信仰。他信仰孔孟之道，儒家经书，那是立身之本，定国指南。因而，面对社稷不整、道德沦丧的境况，他召唤"正人伦，传道统，有尧之君大哉；理纲常，训典谟，是孔之贤圣哉；邦反坫，树塞门，敢管之器小哉。整风俗、遗后人，立洪范、承先代，养情性、抱德怀才"。他要华夏复礼，孔孟行世，让仁义道德，重现人间。

《刘夫人庆赏五侯宴》——那里有关汉卿的良知仁爱。他关爱世人，关爱成功的英才，更关爱普通的百姓，尤其关爱那些贫苦的弱者。他为之动情，为之垂泪。他哭喊"我如今短叹长吁，满怀冤屈，难分诉"；

他憎恶"我堪那无端的豪户，瞒心昧己使心毒"；他谴责"你富得每有金珠，俺穷得每受孤独"；他渴求"望京师云雾霭，朝帝阙胜蓬莱，共享荣华美事谐"。他要人们积德行善，弃恶从善，让善良的光辉普照尘寰。

《钱大尹智宠谢天香》——那里有关汉卿的身心关爱。他关爱每一个人，即使沦落风尘的烟花女子也不例外。他出入青楼，迷恋娼妓，却从不歧视她们，更没有将她们视为泄欲的对象。始终以一颗纯洁的心关爱着她们，他让谢天香展示她们的聪明才智，他让赵盼儿展示她们的侠义胆识，他让杜蕊娘展示她们急切走出这水火囹圄的渴求。他曾负气地说："我是个蒸不烂煮不熟捶不扁炒不爆响当当一粒铜豌豆"，"则除是阎王亲自唤，神鬼自来勾，三魂归地府，七魄丧冥幽，天哪，那期间才不向烟花路儿上走！"可是，为拯救堕入青楼的风尘女子，在《杜蕊娘智赏金线池》里，他恨不能斩断烟花路！

《尉迟恭单鞭夺槊》——那里有关汉卿的思想转折。他醒悟了战火狼烟对无辜平民是最大的摧残，是最大的灾难。他不再图谋颠覆蒙元，复兴大汉，而是正视现实，寻求平安。而且，保平安的关键是称雄华夏的统治者要打消顾虑，放心任用汉人的贤才。他耸起李世民这根标杆，愿他成为楷模，成为表率。还嫌此说给力不够，他又推出李存孝，让他的悲剧警示大权在握的官宦，千万不要重蹈覆辙，毁掉忠良，毁掉江山社稷。

《包待制智斩鲁斋郎》——那里有关汉卿除恶惩奸的意愿。他清楚社会的不安，百姓的苦难，不是来自权贵的为非作歹，就是来自贪官的横征暴敛；不是来自富绅的巧取豪夺，就是来自恶棍的无赖搜刮。他将这丑恶的嘴脸集于一身，膨化出一个恶贯满盈，而又为皇权庇佑，平民百姓无不畏之如虎的鲁斋郎。然后，借得包待制包拯那口名闻千秋的铜铡，将之一刀两断，痛痛快快地向世人宣告，铲除邪恶，天下太平。他追求清平世道，朗朗乾坤。

......

这每一个台阶都镌刻着他的梦想，他的希望。

关汉卿的梦想和希望，一个接一个，接连不断地攀升，最终跃上的是悲天悯人的最高境界！

在文学艺术的天地里，品类众多，花色各异，五彩缤纷，争奇斗艳，似乎难有一个标准区分高下。但是，若要界定高品位的力作，悲天悯人可能是众目注视的璀璨光芒。戏剧亦然。正是这璀璨的光芒，让人们一眼能够盯住置身元代诸多戏剧家中的关汉卿。奔走、游渡、挥洒在悲天悯人长空的关汉卿，用璀璨的光芒照亮了元代戏剧的殿堂，也让他的生命放射出璀璨的光芒！

散

场

楔子

散场，也就是尾声，按照元代戏剧收尾的惯例，我们将这种体式进行到底。

然而，这里的散场却是一个永远无法散去的场所。关汉卿笔下的戏剧大作，永永远远唱响人间；他创造的精神勾栏，永永远远存留人间。毫无疑问，这已成为人类文学艺术的瑰宝，成为人类精神天地的瑰宝。

如此看来，晚年的关汉卿真该仰天大笑辞别尘世，含笑苍穹俯瞰人寰。然而，走进关汉卿的内心世界，却未必这样。

雁儿落

急急流年，滔滔逝水。百岁光阴，七十者稀。到头这一身，难逃那一日。

那一日无法排遣地来临了，悲天悯人的关汉卿渐近人生的终点，病身躯憔悴损，而且日甚一日。若道伤情，今年更比年时甚。

从他的剧作和散曲回望，进入我眼中的竟是怨叹一声接着一声的晚景。

这是何故？

我们不是曾看到，关汉卿的梦想和希望，一个接一个，接连不断地攀升，最终跃上了悲天悯人的最高境界吗？是这样，可是我们更应该看到，关汉卿的梦想和希望，一个接一个，接连不断地破灭，最终只能发出天地混沌的无奈呐喊！

首先破灭的是复国希望，不仅金国不能收复河山，连南宋也土崩瓦解，自己还沦为略胜于南人的三等人；

其次破灭的是科举希望，战火狼烟的消散并没有开启科考取士，满腹诗文，报国无门，还沦为连娼妓也不如的九等腐儒；

再次破灭的是精神信仰，孔孟之道惨遭践踏，仁义道德土崩沦丧，人妖颠倒，是非不分，皂白不辨；

接着破灭的是除恶惩奸的愿望，权贵依然有恃无恐，豪富依然巧取豪夺，平民依然战战兢兢，饱受着水深火热的煎熬。

破灭！

破灭！！

希望一个个破灭！！！

《感天动地窦娥冤》不再是希望的呼唤，而是绝望的呐喊！

关汉卿为自己呐喊！为平民呐喊！为一切受苦受难者呐喊！

关汉卿用笔墨呐喊！用身心呐喊！用灵魂呐喊！

在绝望的呐喊声中，在血肉迸溅的呐喊声中关汉卿走到了生命的终点。

他的生命本该破碎于血肉迸溅的呐喊声中，可是，躯体里微弱的气息让那呐喊弥散为凄哀的怨叹。瞑目之际，他只能遗憾地告诉后人，一生的抱负没有实现，没能科举入仕，没能指点江山，更没能报国安民……

他只能痛苦地离开人世。

随煞尾

自去年盛夏接受撰写关汉卿传记的重任以来，我的生命便漩进了他生命的涡流。如今，又一个盛夏过去，我依然在他生命的涡流里不可自拔。我极不情愿让关汉卿痛苦地辞别人世，然而，舍此无法给他的生命画上一个完整的句号。

我不得不屈从于这痛苦。细细琢磨，恰恰是这痛苦成全了关汉卿，使他的生命大化为一个跨越时空的高昂灵魂！中国历时数千年，从来不缺官宦，缺少的就是他这样感天动地的人才，这样惊天动地的人才！

却顾所来径，挣扎在尘寰。

在痛苦中挣扎，无疑是关汉卿生命的主旋律。这旋律是在他呱呱落地，和落地不久就已设定。设定他人生行迹的不是自己，而是一个看不见的主管，一个无形的主宰。我们权且把这个主管称为惯性。惯性笼罩着关汉卿，将左右他的一生。

二〇一二年夏末，我行走在运城市解州镇，来捕捉设就关汉卿人生惯性的端点。他出生在这里，一个关姓锁定了世代显赫的门庭。幼读经典，腹藏诗书，头脑里注满了孔孟之道。四书五经，道德礼仪，安邦定国，纵横天地，早就滋生融化在他的血脉里，贯通在他的身魂里。这成为主导他一生的惯性。

这惯性的运行，无疑需要另一种惯性，也就是外在时局的惯性。外在惯性和他内在惯性的切合，才会使他的运行畅行无阻，一路通达，实现最初的抱负和理想。可惜，在关汉卿设定内在惯性的时刻，外在的惯性却被打破了，铁蹄践踏，金国灭亡，他失去了安定的环境，他偏离了应有的轨道。他只能颠沛，只能流离，而且，颠沛和流离的不只是肢体，还有精神灵魂。即使肢体的颠沛和流离终止了，精神灵魂的颠沛和流离仍在继续。面对这生命过程，关汉卿无一日、无一处不在痛苦，不在挣扎。

挣扎摧折着他，挣扎历练着他，挣扎成就着他，无休止的挣扎使之登上元代戏剧的峰巅，中国文学的峰峦。

然而，这一切只是我辈的清醒理解，对于关汉卿来说，他一生都在迷茫，都在困惑，不识庐山真面目，只缘身在此山中。若是他清醒地知道自己将会登上他人难以企及的戏剧高峰，那他还会挣扎吗？可是，不挣扎就不会有现在的关汉卿，一个无声无息的关汉卿怎么会在千年后屡屡进入世人的眼帘？

这是一个无法解析的悖论。

悖论潜伏在关汉卿的杂剧、散曲间，是否悄悄地发笑，不得而知。世人所能感知的是，关汉卿对亡国磨难刻骨铭心地痛恨，可没有亡国的磨难哪里会有他对英雄豪杰的怀恋？世人所能感知的是关汉卿对废除科举取士刻骨铭心地痛恨，可没有废除科举的磨难他怎么会成为浪子班头、梨园领袖？世人所能感知的是关汉卿对儒学废弛、道德伦理沦丧刻骨铭心地痛恨，可没有儒家道德伦理的废弛，杂剧铺天盖地的流行就是未知数，他怎么会搏击潮头，冠领群芳，以致千百年后仍然在人们的精神世界里昂首奔走？

关汉卿一生无时无刻不在他的惯性思维里挣扎，再挣扎也挣扎不进最初设定的科举入仕，报国安民的美梦，因而，他痛苦，痛苦地活着，痛苦地死去。

我站在解州关帝庙隐隐感到，关汉卿行将就木的怨叹里深深怀着歉疚，歉疚有负先祖基业，有负父母厚望，怎么就会终生迷恋烟花，沉醉梨园呢？即使不能蟾宫折桂，也该自守清贫啊！

可是，若不迷恋烟花，若不沉醉梨园，元代杂剧哪里会有彪炳青史的风流？关汉卿哪里会有名垂千秋的盛誉？

黄钟尾

二〇一二年冬日的北京城水瘦人寒，街头的树枝在凛冽的冷风里瑟瑟抖动，零星的雪花穿过抖动的枝条忧郁地落地。眼中是酷寒之景，而我的心中却热烈得几近亢奋。我从太行山那边的古平阳追踪探寻关汉卿来到了曾经的元大都。在我获得的资料中，关汉卿的戏剧创作有两个爆发点，一个在平阳，那时他刚刚起步上手；一个就是元大都，关汉卿生命绚丽的花朵在这里绽放，绽放出元杂剧的喷薄景象。

北京对于关汉卿实在太重要了，活着时成就了他，死后还风光了他。他的诸多殊荣华彩都是从这里放射而出，波及全国，乃至世界。最为荣盛的莫过于一九五八年。这一年，世界和平理事会将关汉卿列为"世界文化名人"，倡议全世界爱好和平和友谊的人们，关心世界文化遗产的人们，热烈纪念十三世纪中国大戏剧家关汉卿的创作生活七百周年（1258—1958）。六月二十八日，北京隆重举行了纪念大会。国务院副总理陈毅出席大会并讲话，各国驻中国使节也出席了这个文化盛典。活动期间，在故宫神武门楼上举行了关汉卿创作七百周年纪念展览会开幕式，在北方昆剧院演出了关汉卿剧作《单刀会》。北京的纪念活动，是全国活动的集中体现。就在当晚，各地有一百多个剧种、一千五百多个剧团同时演出关汉卿的戏剧。这个高潮是波澜迭涌的体现，之前的"关剧"展演周，在广州、上海、武汉等城市拉开帷幕。就连黄土高原上的小城临汾也不例外，蒲剧改编的《窦娥冤》唱红城乡，而且搬上银幕，成为地方戏的一大亮点。

何止是中国如此，前苏联的纪念活动同样热烈隆重，城市乡村各种演讲纷纷开展。六月二十日晚上作家协会牵头召开的纪念大会更是盛况空前，苏中友好协会理事会主席安德烈耶夫在开幕词中指出："关汉卿的著作已成为世界文化宝库的组成部分，成为整个进步人类的财富。"

前苏联文学博士费德林的评价更是高人一筹："关汉卿是中国最伟大的戏剧作家之一。这位生活在莎士比亚以前三百年的剧作家的天才，完全可以和世界最伟大的戏剧家相比。"

置身北京，关汉卿过往的荣盛联翩浮现，我止不住为之而自豪。不过，此次京都之行，我不是来搜罗他的资料，也不是来分享他的荣盛，而是想感受、捕捉关汉卿往日的心境。当年，关汉卿是否曾为他的成就而陶醉，而自豪？我不无迷惘。

走在北京的街头，拥堵在身边的车辆，挤压在头顶的高楼，总让我有股憋闷的感觉。关汉卿走进的元大都不是这番风景，可是一个颠沛流离的游子要扎根生枝谈何容易，何况还要生长得枝繁叶茂？此时我想起了王国维，这是一位身上闪耀着无数光环的国学大师，仅我知道的名号就有史学家、文学家、词学家、金石学家和翻译理论家。这些名号炫目耀眼，令无数学人顶礼膜拜。就是这位令人顶礼膜拜的国学大师，对关汉卿却无不顶礼膜拜。在他的《宋元戏曲史》中评价《感天动地窦娥冤》："列之于世界大悲剧中亦无愧色"。进而将关汉卿视若屈原，仰慕他"一空依傍，自铸伟词，而其言曲尽人情，字字本色，故当为元人第一"。

这仰慕赞誉固然让我热血沸腾，足以抵御气温的严寒。可是，我的思绪没有滞留于此，却飞越楼宇在颐和园的昆明湖畔久久徘徊。因为就是这个誉满神州的国学大师王国维，一头扎进湖中，浸泡在清水中结束了自己的生命。炫目的光辉和异常的终结，虽然不可思议，但恰恰是眺望关汉卿人生的一隙通道。

顺着这隙通道，我又一次看到并拿起了《录鬼簿》。我阅读《录鬼簿》不是一次两次，然而，往日看到的只是钟嗣成对关汉卿的赞誉，将他列入"前辈名公才人"第一名，却忽略对这部书的咀嚼。不，不能说是咀嚼，而是对书名也没有很好地沉思。是啊，《录鬼簿》明明是写关汉卿及其同时代的戏剧精英，为什么要叫"录鬼簿"这样一个阴森的名字呢？尽管作者在序中辩称："人之生斯世也，但以已死者为鬼，而不知未死者亦鬼也，酒罂饭囊，或醉或梦，块然泥土者，则其人与已死之鬼何异？"以此讥讽那些浅薄之士为"酒罂饭袋"、"未死之鬼"，而盛赞那些才华横溢的戏曲家是"不死之鬼"、"虽死而不鬼者"，但是也悄然透出和戏曲作家一样屈居下僚、备受歧视的境遇。由钟嗣成的心境，我捕获到关汉卿内心的悲苦。

不可否认，关汉卿会为某一出戏剧的成功而兴奋，而陶醉，甚而，在才人、艺妓的捧喝中频频举杯，狂放大笑。只是，这兴奋、这陶醉是短暂的，相反，长期与之相伴的则是主宰他人生的那惯性所带来的悲苦。那惯性命他科举成名，命他主理国事。可惜，他非但不能实现鸿鹄之志，却流落烟花，与文士放浪形骸，同艺妓放纵歌舞。短暂的悲苦与长久的悲苦纠结了他的一生，为此他才挣扎和呐喊。锁定这心境，我似乎领悟了关汉卿的人生密码。

在北京的高层楼房上，我思考琢磨，夜来难寐，辗转反侧。当思绪凝定于脑际时，我豁然而起，踱步于窗前。俯瞰窗外，北京的夜空绚烂多彩，全然没有白昼丝毫的忧郁和寒冷。我不无兴奋，脱口将贾仲明《续录鬼簿》中评价关汉卿的词作《凌波仙》诵出口来：

> 珠玑语唾自然流，
> 金玉词源即便有，
> 玲珑肺腑天生就。
> 风月情、忒惯熟，
> 姓名香四大神州；
> 驱梨园领袖，
> 总编修师首，
> 捻杂剧班头。

步步娇

　　站在伍仁村东的关汉卿墓前，艳阳照出漫天的碧蓝。碧蓝的天空下，是已收过的玉米和刚出土的麦苗。玉米垂着枯黄的叶子，继续着枯黄的日子。麦苗则抖搂出嫩绿的生机，扩展着蓬勃的嫩绿。这死亡和新生交替的田野，似乎在向我呈现一种变易的世理。不然，我怎么不迟不早偏在这个特别的季节出现在关汉卿的墓地？

　　墓冢突兀在阔野上，平坦的四周将之捧举而起，举成一爿高坛。

　　高坛的两侧有细瘦的柏树，看上去还很年轻，不像是和关汉卿一起落土生长的。就这也令我感动，一个当世只能记载于《录鬼簿》的低下文士，过了近千年仍能找到他的墓址，还有人为之撮土护冢，栽植几株新绿，这已非常难得。关汉卿不是王侯，不是将相，不可能用权势和金钱为自己堆砌豪华的墓圹，熬到油尽灯残，再躺进去。甚至可以想象，他去世后的葬礼也如同秋风落叶一般平常。

　　是这样，一个纯粹的文人，绝不会有落日飞霞似的辉煌辞世。

　　时令虽已初冬，阳光的温暖驱散了应有的寒意，给了我流连回味、反刍往事的时机。

　　不可否认，在中国文学的殿堂里，同唐诗宋词一般，元杂剧亮丽醒目。但凡提到元杂剧，关汉卿就呼之欲出，谁也无法绕过去。一个人能引领一个时代的风骚，诚可谓名声显赫。只是这显赫的名声，是穿过岁月的风尘磨砺出来的。不能忘元代熊自得在《析津志·名宦》中对关汉卿"生而倜傥，博学能文，滑稽多智，蕴藉风流，为一时之冠"的评价；不能忘元代周德清在《中原音韵·序》中对元代戏剧"自关、郑、白、马一新制作"的排名；不能忘明代孟称舜对"汉卿曲如繁弦促调，风雨骤集，读之音韵泠泠不离耳上，所以称为大家"的赞赏；不能忘清代阮葵生、朱彝尊对元曲大家"关郑马白"排名的继承延续……

岁月沧桑，大浪淘沙，随着时光的淘洗，关汉卿杂剧、散曲更见光彩，他的文学地位日渐夺目。

二十世纪初关汉卿进入中国文学史，之后他的地位一路飙升。一九二六年出版的葛遵礼《中国文学史》提到关汉卿及其三部剧作，一九三二年出版的胡行之《中国文学史讲话》推举关汉卿"为元剧创作最多而最著名的人"。同年岁尾，郑振铎《插图本中国文学史》出版，不仅专节论述关汉卿，而且冠之于"伟大的天才作家关汉卿"。

从此，关汉卿与伟大结缘，戏剧泰斗、戏剧宗师、戏剧巨匠的桂冠不请自到，光华万丈。

历史进入新时期，对关汉卿的研究回归历史原貌，平和却在潜深。学者们运用文化学、心理学、哲学等多种学科理论，更新观念，转换视角，走近本真的关汉卿，取得了尤为丰赡的成就。就是在这个时期，成立了中华关汉卿研究会；就是在这个时期，刘除荒草，关汉卿墓冢修复一新，竖起碑石……

这正应验了一个定理，一个作家活着的时候，他的地位决定名声；死去后，他的作品决定名声。

活着的时候，关汉卿无法走出国门，漂洋过海，可是逝去的他却依凭自己的杰出剧作周游四海。早在一八二一年关汉卿就随团去了英国。说随团是因为他被组合在图理琛的《异域录》中，内文介绍的不仅仅是他，还对《窦娥冤》的故事梗概做了推介，名为《士女洗冤录》。

苏联时期的读者对关汉卿的热情，不是在一九五八年突然升温的。早在俄国时期就已开始预热，一八二九年《雅典娜神庙》杂志第 11 期刊载《学者之女雪恨记》的剧情，那学者之女就是关汉卿笔下的窦娥。窦娥并非带着关汉卿直抵俄国，而是搭乘英国的图书航船漫游欧洲转道前往。说到此你可能不解，为啥不说关汉卿带着窦娥出国，而说窦娥带着关汉卿巡游？这是尊重事实，因为译介者不是先看中关汉卿，而是先看中《窦娥冤》这剧作。因而，是关汉卿跟着窦娥游走世界。

关汉卿抵达法国也不算迟，热情接纳他的是托万·巴赞教授。他先是在巴赞教授的《中国戏剧选》露脸，露脸的原因还是他的剧作《窦娥冤》。没想到窦娥成为关汉卿漫游天下取之不尽、用之不竭的游资和最佳通行证。随后，巴黎皇家印刷所推出巴赞教授的《元曲选解题》，这一次出现的不仅有《窦娥冤》，还有《玉镜台》《谢天香》《救风尘》《蝴蝶梦》《鲁斋郎》《金线池》和《望江亭》等剧本。

德国也没有慢待关汉卿，汉学家鲁道夫·冯·戈特查尔翻译了巴赞教授的《中国戏剧》，自然也就接纳了关汉卿和他的《窦娥冤》。有意思的是一八八七年面世的该书，不是刊印于德国，而是刊印于波兰冯艾德华特出版社。汉学家汉斯·鲁德尔斯尔贝格则另起炉灶，节选翻译了关汉卿《玉镜台》《谢天香》，并收入译著《中国喜剧》。

自十九世纪二十年代，关汉卿走进日本，青木正儿、吉川幸次郎、入矢义高、田中谦二等一批学者对他钟爱有加，不弃不离，至今还有人锲而不舍地探究他和他的戏剧。甚而，还有人参与他的生平和作品的考证。关汉卿辗转多国，美国自然不会漏掉。更为令关汉卿想不到的是，世界各国的经典图书中都有他的合法席位。《美国大百科全书》《英国大不列颠大百科全书》《法国拉鲁斯大百科事典》无不赞誉关汉卿为第一流的伟大戏剧家。

关汉卿光荣至极！

……

关汉卿的光荣感染着我，激励着我，我在关汉卿的墓地思绪万千，久久不愿离去，深感关汉卿的光荣，何止是他一个人的？何止是他一个家族的？而是全民族的，全人类的！他的作品早已成为世界文化宝库的瑰宝，早已成为人类共同的精神文化财富。他的人性光芒透过他的剧作，辉映寰球，辉映人寰。

倘若关汉卿英灵有知，当作何想？

倘若视文士为九儒，视关汉卿为草芥的那些元代权贵地下有知，当作何想？

无须他们作答，苏轼词作就是最好的说明：大江东去，浪淘尽，千古风流人物。

　　我要告慰关汉卿的是：岁月风尘淘尽的是帝王将相，是权贵豪富，淘不尽的是像你一样的文化宗师、艺术泰斗。

　　关汉卿将在文坛永生，将在梨园永生，将在艺苑永生！

　　我端端站在他的墓前，鞠躬，鞠躬，深深鞠躬！

附录一 关汉卿创作年表

大安二年（1210）前后出生　一岁

大约此时出生于山西解州。

正大八年（1231）　十七岁前后

在山西解州开始戏剧写作，并写出剧本《关大王单刀会》。

正大九年（1232）　十八岁前后

进入平阳散乐大行院，写作剧本《关张双赴西蜀梦》。

开兴元年（1232）　十九岁前后

前往金都汴京，写作剧本《状元堂陈母教子》。

天兴二年（1233）　二十岁前后

蒙古军占领汴京。

天兴三年（1234） 二十一岁前后

流落河北祁州伍仁村，此间写作《闺怨佳人拜月亭》《汉匡衡凿壁偷光》《孙康映雪》《管宁割席》《白衣相高凤漂麦》等剧本。

中统元年（1260） 四十七岁前后

进入燕京，定居于此，写作《邓夫人苦痛哭存孝》《尉迟恭单鞭夺槊》《包待制三勘蝴蝶梦》《钱大尹智宠谢天香》《诈妮子调风月》《赵盼儿风月救风尘》《望江亭中秋切鲙》《包待制智斩鲁斋郎》等剧本。

至元十二年（1275） 六十二岁前后

在此前后南下苏州、杭州等地，写作《范蠡姑苏台进西施》《感天动地窦娥冤》等剧本。

至元二十二年（1285） 七十二岁前后

前后返回元大都，写作《杜蕊娘智赏金线池》《刘夫人庆赏五侯宴》《温太真玉镜台》等剧本。

大德二年（1298） 八十五岁前后

去世于祁州伍仁村。

（注：此年表参考了众多关汉卿研究专家的论著，并根据自己阅读其剧作的体会综合而成。）

附录二　参考文献

1.《宋元戏曲史》，王国维，岳麓书社。

2.《中国戏剧演义》，罗晓帆，上海文艺出版社。

3.《中国戏剧史长编》，周贻白，上海世纪出版集团。

4.《元杂剧史》，李修生，江苏古籍出版社。

5.《元杂剧研究》，吴国钦等编，湖北教育出版社。

6.《关汉卿》，黄伊、严慧勤编写，人民文学出版社。

7.《关汉卿》，田汉著，中央戏剧学院。

8.《关汉卿戏剧集》，施绍文、沈树华著，中国国际广播出版社。

9.《关汉卿的传说》，知人等编著，大众文艺出版社。

10.《关汉卿全传》，庐山著，长春出版社。

11.《关汉卿评传》，李占鹏著，南京大学出版社。

12.《珠玑语唾自然流》，林喦著，中国文联出版社。

13.《中国戏剧》，王长安著，安徽教育出版社。

14.《世界古典悲剧史》，谢柏梁著，中国戏剧出版社、上海交通大学出版社。

15.《关汉卿研究学术史》，赵建坤著，中山大学出版社。

16.《汇校详注关汉卿集》，蓝立蓂校注，中华书局。

17.《戏剧泰斗关汉卿》，王汝海、吴继璐著，首都师范大学出版社。

18.《剑桥中国辽西夏金元史》，（德）傅海波、（英）崔瑞德编，中国社会科学出版社。

19.《元明杂剧》，顾学颉著，上海古籍出版社。

20.《宋词的历史》，钱发平著，重庆出版社。

21.《唐诗的历史》，张恩德著，重庆出版社。

22.《诗经的历史》，钱发平著，重庆出版社。

23.《乐府的历史》，吴德新著，重庆出版社。

24.《元大都上都研究》，陈高华、史为民著，中国人民大学出版社。

25.《元史丛考》，方龄贵著，民族出版社。

26.《元朝其实很有趣》，江月著，中国经济出版社。

27.《最是元曲销魂》，上官紫微著，石油工业出版社。

28.《水镜神相》，右髻道人，世界知识出版社。

29.《二十四史金史元史》，吉林摄影出版社。

30.《山西通志》，中华书局。

31.《关于关汉卿的人道主义思想及里籍问题的通信》，王季思、常林炎，《河北师范学院学报》1988 年第 3 期。

32.《为"关汉卿祖籍河东"说援一例》，王雪樵，《山西师范学院学报》1982 年第 3 期。

33.《关汉卿是安国县伍仁村人》，杨国瑞，《河北师范学院学报》1982 年第 1 期。

34.《谈关汉卿的〈鲁斋郎〉杂剧》，王季思，《光明日报》1957 年 9 月 29 日。

35.《〈窦娥冤〉故事源流漫述》，祝肇年，《戏曲研究》1982 年，第六辑。

36.《关汉卿笔下妇女性格特征》，戴不凡，《戏剧论丛》1958 年第一辑。

37.《对关汉卿研究的几点意见———在关汉卿学术讨论会上的书面发言》，吴小如，《河北师范学院学报》1987 年第 4 期。

38.《关汉卿在世界戏剧和文学史上的地位》，徐子方，《河北学刊》1990 年第 3 期。

39.《关汉卿杂剧中的民俗文化遗存》，吴国钦，《戏剧艺术》1999 年第 3 期。

40.《关剧时空结构析评》，黄钧，《中国文学研究》1995 年第 4 期。

41.《关汉卿喜剧初探》，许灏，《求是学刊》1996 年第 6 期。

42.《论关汉卿在散曲发展史中的地位》，蒲向明，《甘肃社会科学》1996 年第 3 期。

43.《市井平民的真情与失意文人的悲怆——关汉卿、马致远叹世、情爱散曲比较》，张进德，《河南大学学报》1999 年第 1 期。

44.《关汉卿杂剧结构艺术》，陈绍华，《扬州师范学院学报》1980 年第 1 期。

45.《别具一格的讽刺喜剧：关汉卿〈陈母教子〉新探》，黄克，《文学评论丛刊古典文学专号》第 16 期，中国社会科学出版社 1987 年版。

46.《惊天动地的呐喊：谈〈窦娥冤〉的悲剧精神》，宁宗一，《语文教学通讯》1982 年第 2 期。

47.《论关汉卿戏剧的美学思想》，朱光荣、廖凌召，《首届元曲国际研讨会论文集》，河北教育出版社。

48.《关剧神髓臆说》，董上德，《中山大学学报》1998 年第 5 期。

49.《关汉卿的创新人格》，周国雄，《华南师范大学学报》1995 年第 4 期。

50.《关剧文化意蕴发微》，郭英德，《戏剧研究》1989 年第 30 辑。

后记

　　凡事是不是都有缘分？我不敢断定，但是写作这本关汉卿传记，我认为绝对是缘分所致。

　　大抵是二〇一二年五月，我在《文艺报》看到百位文化名人传记工程启动的消息，当时就心头一热。不过只一刹就凉下来，惯有的卑微主宰了自身。百位文化名人，个个成就煌煌，名声赫赫。赫赫名人自然要名声显赫的作家去写，这样才相匹配。自己虽然扑腾文字三十余年，可都是业余为之，且多是散文，极难引起社会的广泛关注，要著名难，要唱红更难。因而，便打消了念头。

　　让我挺身进入这个行列缘于著名的报告文学家赵瑜先生。忽一日，他从北京打来电话，推荐我写关汉卿。推荐我的原因是他读过我写的《山西古戏台》一书，以为我对戏剧有点研究。说研究是对我的拔高，我只是在写这本书时下了一点功夫。读过几本关于戏剧史的图书，重要的是带车跑遍大半个山西，在偏僻的远山荒村寻找观赏每一座古代戏台。走访的时间，数倍于写作的时间。没办法，我就是如此笨，将一个事物吃不透、玩不转，愣是下不了笔。所幸这番功夫没有白下，《文艺报》的图书排行榜上曾出现过该书的名字。此事已经过去，哪料却没有走出赵瑜先生的记忆。

　　写关汉卿我是有些犯怵，对之所知太少，唯恐亵慢了这位戏剧大师。我倒是对柳宗元很感兴趣，就他那一首"独钓寒江雪"便足以走进他的内心，活画他的身魂。我赶紧和主办此事的黄宾堂先生联系，可是已有人认写。再着眼刘禹锡，也名花有主。返回来再写关汉卿吧，还是信心不足，真怕矮化了这位巨匠。可就在此时，何西来老师打来电话鼓励我写。一九八八年在鲁迅文学院研修，入学就是何老师给我们授课。后来，我的散文集《豆蔻岁月》出版，又是他作序点化。我数十年的创作历程，何老师悉心指点，他的鼓励增加了我的勇气，便打定主意来写关汉卿。

真正面对关汉卿大有高山仰止、望而却步之感。我只好埋头学习，先阅读他的杂剧散曲，再阅读研究他的图书，一本一本读了三十余部。读得如醍醐灌顶，身心畅怡，关汉卿好好将我滋养了一把。不过，我迟迟不敢动笔草拟提纲。按照规定，认写的作者拟定的提纲经专家组通过才能进入正式写作。直到读过几种元代戏剧史、中国文学史、世界古典悲剧史，我才有了初步把握。我以为对关汉卿不能拔高，拔高是对他的虚妄；不能贬低，贬低是对他的亵渎；不能照搬，照搬是对他的无奈。必须用心中的感悟重铸历史的真实，写出关汉卿的精气神。而最基本、最重要的依据，就是他的剧本、散曲，真正切入进去，他的许多谜团都可以破译。比如关汉卿的出生时间、地点一直是专家学者反复探究的课题，虽然他的作品没有标明，但是，把握了他的心路历程，也就领悟了他的身路历程。

有了这样的底气，我于二〇一二年国庆时节开始撰写提纲，一气写成两万余字。提纲初成，写作的蓝图基本绘就。不日，我去北京出席全国散文代表大会，前来祝贺的李炳银先生告我，我的提纲通过了。他是丛书编委会特请的专家。这平添了我的信心，随即我前往河北省安国市伍仁村、山西省运城市解州、常平等地考察。又隔些日子，我赴京参加丛书创作会。会上何建明、张陵、何西来、王春瑜、田珍颖、郭启宏等先生的指导发言，对于我把握虚与实、史与文的关系有很大启示。可是回来，我还是没敢动笔。我连读三遍关汉卿的作品，越读越觉得自己太矮小，以矮小肢体去仰视他魁梧身躯，怎么也难把握得体。我得垫高自己，垫高的办法是读元曲、读宋词、读唐诗、读楚辞、读《诗经》，溯源而上，一直读到《南风歌》《击壤歌》。整整一个冬天，我用古典营养哺育自己，丰满自己。不知不觉新年的钟声响起，我突然身心豁亮，坐在窗前开始敲击……

自正月初一下午起，埋头写作。中间唯有正月十六去了一趟太原，赵瑜先生召集山西参与传记丛书写作的作家座谈。各位的高见给予我颇多启迪。两个多月后，我完成了第一稿。写作如庙殿塑神像，提纲是绑缚龙骨，初稿只是挂起粗泥，要完工还需敷细泥、描色彩，而且一道工序比一道细致，丝毫含糊不得。我将精细到底。

写到《感天动地窦娥冤》时蓦然想起，一九六〇年改编的蒲剧《窦娥冤》拍成电影，红遍城乡。正上小学五年级的我，被这股热潮激荡得身心难安，居然在算术演抄的背后写起剧本。内容是洪汛涛的神话《神笔马良》。这可能是我生平首次创作，可惜那个本子不知流落到了何方。如此一想，原来我走上创作道路，还是关汉卿引领呀！如今我写关汉卿的传记，似乎是早已命定的缘分。

这缘分还维系在诸多老师关爱上，六月底收到刘彦君老师和白烨老师审稿的指导意见，我当即认真拜读，进而深深反思。我深知自己对关汉卿的理解还有距离，于是没有急于涂改，而是再度潜心阅读史料，走进那个年代，努力贴近关汉卿的心灵世界，三个月后才又坐在桌前修改。如今书稿即将付梓枣梨，我衷心感谢不断通讯联系指导的黄宾堂先生、原文竹女士，感谢费心审稿的各位老师，感谢付出辛劳的责任编辑冯京丽老师，以及带我走近关汉卿的各位老师！

2013 年 4 月 30 日　尘泥村初稿

2013 年 10 月 31 日　修改

2014 年 4 月 12 日　再修改

	1	《逍遥游——庄子传》 王充闾 著
	2	《书圣之道——王羲之传》 王兆军 著
	3	《千秋词主——李煜传》 郭启宏 著
	4	《草泽英雄梦——施耐庵传》 浦玉生 著
第一辑已出版书目	5	《戏看人间——李渔传》 杜书瀛 著
	6	《心同山河——顾炎武传》 陈 益 著
	7	《孤独的绝唱——八大山人传》 陈世旭 著
	8	《泣血红楼——曹雪芹传》 周汝昌 著
	9	《旷代大儒——纪晓岚传》 何香久 著
	10	《烂漫饮冰子——梁启超传》 徐 刚 著
	11	《忠魂正气——颜真卿传》 权海帆 著
	12	《花红别样——杨万里传》 聂 冷 著
	13	《感天动地——关汉卿传》 乔忠延 著
	14	《西风瘦马——马致远传》 陈计中 著
第二辑出版书目	15	《此心光明——王阳明传》 杨东标 著
	16	《梦回汉唐——李梦阳传》 泥马度 著
	17	《天崩地解——黄宗羲传》 李洁非 著
	18	《幻由人生——蒲松龄传》 马瑞芳 著
	19	《儒林怪杰——吴敬梓传》 刘兆林 著
	20	《史志巨擘——章学诚传》 王作光 著

图书在版编目（CIP）数据

感天动地：关汉卿传 / 乔忠延 著. -- 北京：作家出版社，
2014.7

（中国历史文化名人传丛书）

ISBN 978-7-5063-7436-1

Ⅰ.①感… Ⅱ.①乔… Ⅲ.①关汉卿（? ~1279）-
传记 Ⅳ.①K825.6

中国版本图书馆CIP数据核字（2014）第132465号

感天动地——关汉卿传

作　　者：乔忠延

责任编辑：冯京丽

书籍设计：刘晓翔＋韩湛宁

责任印制：李卫东　李大庆

出版发行：作家出版社

社　　址：北京农展馆南里10号　　　　邮　　编：100125

电话传真：86-10-65930756（出版发行部）

　　　　　86-10-65004079（总编室）

　　　　　86-10-65015116（邮购部）

E-mail:zuojia@zuojia.net.cn

http://www.haozuojia.com（作家在线）

印　　刷：北京汇林印务有限公司

成品尺寸：152×230

字　　数：280千

印　　张：20.5

版　　次：2014年7月第1版

印　　次：2014年7月第1次印刷

ISBN 978-7-5063-7436-1

定　　价：60.00元（精）

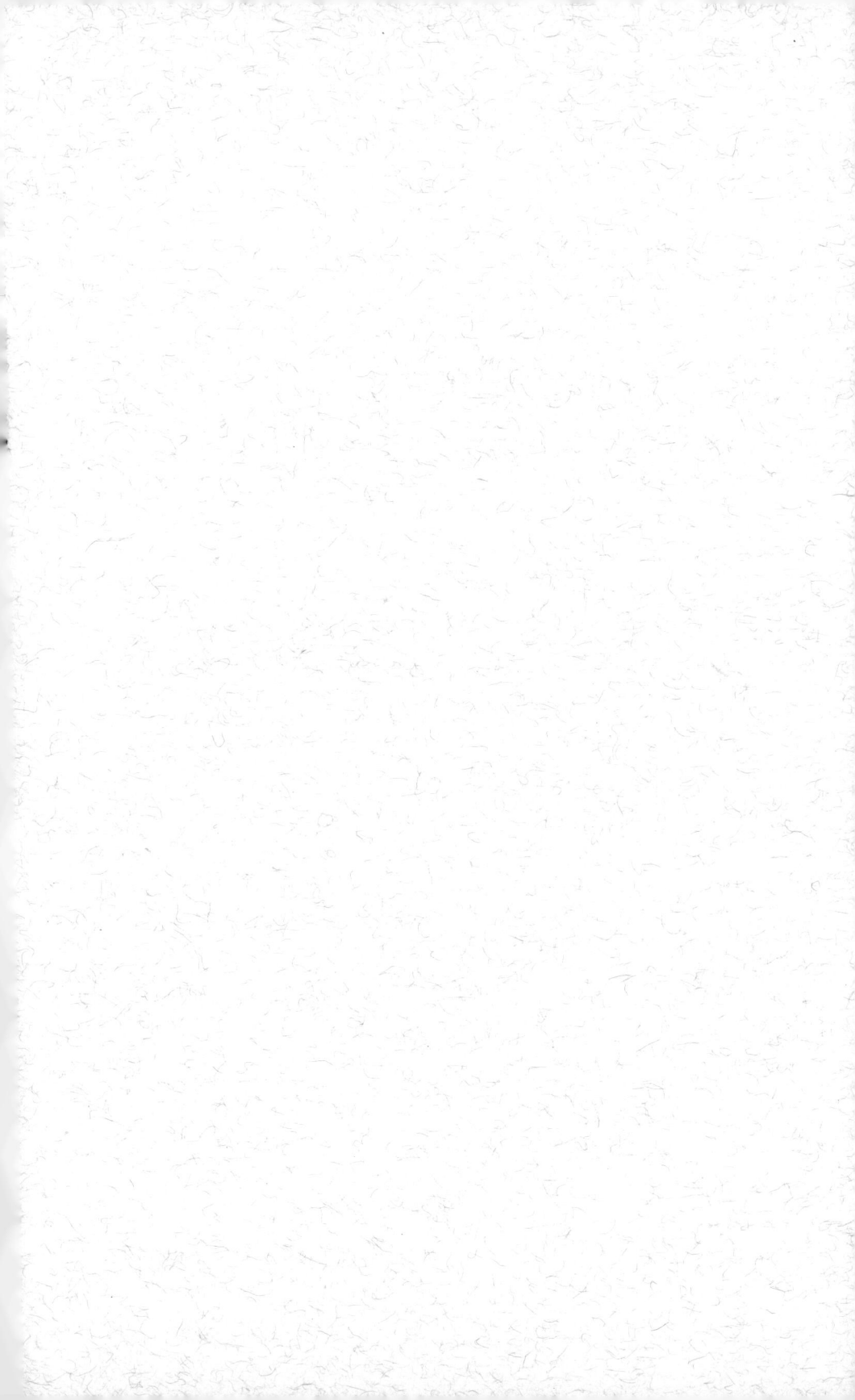